（CSSCI 2017-2018来源集刊）

中德法学论坛

Jahrbuch des Deutsch-Chinesischen
Instituts für Rechtswissenschaft der Universitäten
Göttingen und Nanjing

方小敏　主编

第14辑·上卷

法律出版社
LAW PRESS·CHINA

中德法学论坛

第 14 辑 · 上卷(2017 年)

Jahrbuch des Deutsch-Chinesischen Instituts für Rechtswissenschaft der Universitäten Göttingen und Nanjing

Band 14 Heft 1 Jahr 2017

感谢德国阿登纳基金会
对《中德法学论坛》的支持
Gefördert vom Konrad-Adenauer-Stiftung(KAS)

序

南京大学中德法学研究所和德国阿登纳基金会分别于2015年9月和2016年3月在南京联合举办以"垄断行业改革:竞争与规制"和"现代社会农业问题的法律应对"为主题的国际学术研讨会。本辑《中德法学论坛》集中选登在这两次研讨会报告基础上形成的学术论文。受连续出版物篇幅限制,此次主要选登外国参会代表的论文,向中文读者推介德国学者的最新研究成果,这也符合《中德法学论坛》专注于德国法和欧盟法研究、立足于促进中外法学交流的特色。[1]

"垄断行业改革:竞争与规制"国际学术研讨会,是中德法学研究所承担的国家社科基金研究项目的一项重要学术活动。中外学者通过直接深入的交流,探索处于变革之中的网络型产业及其他具有规制必要的重要行业和领域改革和发展的法律框架、实践和理论。参加会议的有中德两国反垄断法学界、规制法学界和经济学界代表、中国反垄断执法机构代表以及国内反垄断法实务界代表50余人。中外学者提交了高质量的论文,总体呈现出研究视角多样性、研究方法跨学科性、研究内容原创性的特点。囿于篇幅,本辑仅能出版5位外国专家的论文以及中国反垄断法学、规制法学和经济学专家的论文各1篇。这里出版的8篇论文视角各不相同,向读者展现了中外学者对网络型产业改革中若干全球性难题的深度思考。

孟雁北的论文提出,在我国目前政府主导建构型的市场经济背景下,应在政府与市场关系的重构中进一步深化垄断行业改革。论文着力阐述了政府和市场不是此消彼长而是优缺互补的力量,指出我国经济转轨时期的"市场失

---

[1] 本连续出版物原名《南京大学中德经济法研究所年刊》,1991年起由南京大学出版社出版,2003年更名为《中德法学论坛》,从2010年"研究所成立二十周年特刊"开始转由法律出版社出版,2016年起改为一年两辑。

灵”,实质是市场经济制度缺失与政府失灵的混合物。骆梅英的论文从行政法学和规制法学角度,结合公用事业民营化的改革,对我国公用事业领域行政接管制度的立法、实体条件和程序设计进行了分析,清晰呈现了垄断行业系统性改革中引入竞争和优化管制相辅相成的重要性。

于立等合作的论文运用经济政策分析法,从产业组织和企业组织两个层面分析中国高铁产业和企业过去、现在和未来的竞争性,主张反垄断法对高铁产业具有越来越广泛的适用性。Säcker 的相关论文重点关注通过规制保障铁路和能源等网络型产业市场的开放性、确保公共利益的实现,还讨论了公私合作、激励性监管、分拆等具体规制措施。Lange 的论文细致讨论了德国能源网络特许经营权法的最新改革尝试,相关法律问题的研究在我国基本还是空白。其中,“网运分离”以确保网络运营商的经济中立性和独立性则是三位中外学者一致强调的改革核心内容。

Wolff 的论文使用跨文化研究与组织行为学研究方法对竞争倡导和竞争文化进行研究,得出了与很多人通常的愿望不一致的结论:竞争倡导并不至于产生特定的竞争文化;竞争倡导也不可能取代竞争监管以遏制反竞争行为,竞争倡导只能起补充作用。

Zimmer 发表该论文的时候是德国垄断委员会主席。为此可以理解这篇论文主要建立在德国垄断委员会 2015 年第 68 期专题调研报告基础上的原因。论文提出的互联网领域相关市场和支配地位界定具有特殊性,不仅要考虑现有竞争还应重视潜在竞争,不仅要考虑企业的市场份额还要重视企业的经济潜力的观点,以及互联网领域企业集中申报门槛应与交易额挂钩、滥用市场支配地位案件应适用紧急程序等主张都是比较新颖的。经济学家 Schwalbe 的论文对双边市场及其界定、双边市场上的定价、竞争和垄断以及双边市场对竞争法提出的新挑战进行了深入浅出、细致清晰的经济分析,并为德国垄断委员会的建议提供经济学分析和支撑。两位作者的论文相得益彰,读过他们合著著作[1]的读者对此当会会心一笑。

2016 年春耕时节举办的“现代社会农业问题的法律应对”国际学术研讨会,吸引了中德两国该领域的顶尖专家学者约 30 人。与会代表就农业法相关

---

〔1〕 [德]施瓦尔贝、齐默尔:《卡特尔法与经济学》,顾一泉、刘旭译,法律出版社 2014 年版。

的农村土地法、农业与生态环境保护、农村社会可持续性发展、农产品质量法等诸多专题进行报告和深入研讨,获得丰硕的成果。

无论是在中国还是在德国,农村土地的使用和流转比起其他财产都受到更多的限制,相关的法律制度重要而复杂。农业与环境保护之间的相互关系也是对农业法的很大挑战。农业发展和环境保护并非天生相克,但是毫无疑问,一方面,农业给土地、水、空气都带来很大的负担,从而影响到广大农村的动植物生态;另一方面,农业又是其他原因造成的环境污染和气候变化的受害者。无论是在中国还是在德国,人口变化和经济转型都给农村社会带来翻天覆地的改变,农村人口老龄化和年轻劳动力的流失对未来农业发展和农村建设提出了挑战。促进农村经济发展和社会建设成为全球共同面临的政治、法律、社会问题。虽然各国的国情和面临的挑战不尽相同,但通过交流和合作可以打开视野、坚定信念、优化问题解决思路和方案。

这次农业法会议上的8篇外方专家论文选登在《中德法学论坛》中,部分中方学者的论文则将在德国发表。[1] 农业法领域的国际学术交流在中国才刚刚开始,中德双方的学者对此都表现出极大的兴趣和热情,希望以后能够有持续的、进一步的交流和合作。在农村土地制度、农业生产经营方式和农民社会生活正在发生重大变化的今日中国,我们希望通过会议和论文的交流为农业法治建设和农业法学研究作出一些实质性贡献。

感谢参加“垄断行业改革:竞争与规制”和“现代社会农业问题的法律应对”学术研讨会的所有专家学者成就了我们共同的学术盛宴,留下了宝贵的学术财富!感谢专家学者惠赐文稿,感谢翻译者和审读者的辛勤付出!感谢王晓晔教授麾下的中国经济法学研究会竞争法学专业委员会和Martinez教授麾下的哥廷根大学农业经济法研究所为会议举办和论文发表作出的贡献!感谢阿登纳基金会对会议和论文集的慷慨资助和对中德比较法学研究数十年如一日的大力支持!

祝大家阅读愉快!

方小敏

2016年9月5日

---

〔1〕 Martinez/Fang(hrsg.),Landwirtschaft in einer modernen Gesellschaft-Herausforderungen an das Recht in China und Deutschland,Nomos-Verlag,Baden-Baden,2016.

·外国法译介专栏·

Jahrbuch des Deutsch-Chinesischen Instituts für Rechtswissenschaft der Universitäten Göttingen und Nanjing

Band 14

Inhaltsverzeichnis

· Inhaltsverzeichnis

·竞争法专栏·
垄断行业改革——竞争与规制

中德法学论坛
第 14 辑,第 3 ~12 页

政府与市场关系重塑中的我国垄断行业改革问题研究*

孟雁北**

我国的市场经济目前还是政府主导建构型的市场经济,而我国经济体制改革过程是一个不断调整政府与市场关系并将其调整结果予以体制化、机制化的过程,纯粹的计划管制与纯粹的自由市场均不符合我国经济实践的需要,政府和市场并非简单的此消彼长关系,而应当形成互补共生的关系。尽管我国垄断行业改革中市场机制已呈强化趋势而政府的作用已呈现弱化趋势,但仍存在政府与市场关系的错位亟需重塑,因此,我国垄断行业改革应在政府与市场关系的重构中进一步深化改革。

关键词:垄断行业;政府干预;规制改革

China's market economy has been structured under the guideline of government-oriented policy by far. However, the process of China's economic system reform has gone through a series of transformation with regard to the relationship between government and market, in which the feasible outcomes have been systematized and institutionalized. Thus, it comes to our vision that the

---

* 本文为教育部2010 年人文社会科学研究青年项目《垄断行业改革法律问题研究:以石油天然气产业为例证》(项目批准号:10YJC820083)的阶段性成果;国家社会科学基金2012 年一般项目《垄断行业反垄断执法问题研究》(项目批准号:12BFX097)的阶段性成果。

** 孟雁北:中国人民大学法学院副教授,法学博士。

propaganda of sole government plan or market-orientation cannot match the needs of our economic practice because the relationship between government and market shall not be contradictory and incompatible but complementary and coexistent. Much as during the process of reform of monopolistic industries, by which the economy-oriented system has been strengthened, as opposed to government intervention, there is no escaping the fact that the relationship between government and market is still in the wrong position, which needs further reform regarding the transformation of the relationship between the government and the market.

Key Words: monopolistic industry; government intervention; regulatory reform

政府与市场的关系问题是政治经济学和发展经济学关注的焦点问题之一。关于政府与市场关系的争论,肇始于英国经济学家亚当·斯密1776年出版的《国民财富的性质与原因的研究》,在该书中,亚当·斯密概括了"看不见的手"的市场机制,从而奠定了市场决定资源配置的理论框架与学理基础。1929~1932年美国爆发的经济危机,使凯恩斯1936年出版的《就业、利息和货币通论》强调政府对经济的干预作用的理论备受重视。英国学者波兰尼(Karl Polanyi)的"双向运动"理论则认为,在一切都商品化的市场经济里,经济活动在社会关系中居于决定性地位,形成了经济自由主义的运动;而与此相对应,为了防止市场机制给社会带来的侵害,还存在反向的社会自我保护运动,因而需要政府对市场经济进行干预。[1] "近年来,国内外对政府规制理论的研究已经逐渐成熟,主要理论基础是环绕市场失灵理论、自然垄断理论、信息不对称等理论进行展开。而早在20世纪40年代,萨缪尔森就提出"当代社会中所有的社会都是既带有市场成分也带有指令成分的混合经济",[2] 在政府成为一种"内生因素"嵌入经济与社会改革的现代市场经济和民主政治背景下,纯粹的计划管制与纯粹的自由市场均不符合实践所需,如何处理好政府和市场的关系、实现公私融合是任何一个国家及政府均孜孜以求的终极目标。

---

〔1〕 参见[英]波兰尼:《大转型:我们时代的政治与经济起源》,冯刚、刘阳译,浙江人民出版社2007年版,第114、136、164页。

〔2〕 [美]萨缪尔森、诺德豪斯:《宏观经济学》(第16版),萧琛等译,华夏出版社1999年版,第5页。

一、我国经济体制改革的实质是政府与市场关系的不断调整

我国经济体制改革过程是一个不断调整政府与市场关系并将其调整结果予以体制化、机制化的过程。在我国,从“让地方和工农业企业在国家统一计划的指导下有更多的经营管理自主权”,[3]到“我国实行的是计划经济,即有计划的商品经济,而不是那种完全由市场调节的市场经济”,[4]再到“市场在资源配置中的作用迅速扩大……计划经济体制逐步向社会主义市场经济体制过渡”,[5]从“要使市场在国家宏观调控下对资源配置起基础性作用”,[6]到“更大程度地发挥市场在资源配置中的基础性作用……健全国家宏观调控”,[7]再到“使市场在资源配置中起决定性作用和更好发挥政府的作用”。[8] 国务院发展研究中心课题组 2013 年 10 月在为十八届三中全会提交的“383”改革方案[9]也提出,政府和市场并非简单的此消彼长关系,而应当形成互补共生的关系。政府发挥作用的合理范围是随着经济增长阶段和经济形势的变化而变化的。在经济发展的较低阶段,政府在外部性突出、确定性较强的领域,如基础设施建设领域可以发挥重要作用,为企业发展创造有利条件,支持经济的高速增长。而当大规模基础设施建设时期结束,更多依靠产业升级和创新驱动的时

---

[3] 《中国共产党第十一届中央委员会第三次全体会议公报》(1978 年 12 月 22 日通过)。

[4] 《中共中央关于经济体制改革的决定》(1984 年 10 月 20 日中共中央十二届三中全会通过)。

[5] 《中共中央关于建立社会主义市场经济体制若干问题的决定》(1993 年 11 月 14 日中共中央十四届三中全会通过)。

[6] 《中共中央关于建立社会主义市场经济体制若干问题的决定》。

[7] 《中共中央关于完善社会主义市场经济体制若干问题的决定》(2003 年 10 月 14 日中共中央十六届三中全会通过)。

[8] 《中共中央关于全面深化改革若干重大问题的决定》(2013 年 11 月 12 日中共中央十八届三中全会通过)。

[9] “383”改革方案是指“三位一体改革思路、八个重点改革领域、三个关联性改革组合”的新一轮改革的基本思路和行动方案。

候,政府就应当减少对经济活动的直接参与,主要致力于培育有利于创新的制度和政策环境。在某些特殊情景如应对金融危机冲击时,政府有必要采取一些行政措施,但转入常规增长后,就要把本应由企业和市场来办的事情交还给企业和市场。〔10〕现代社会要求现代政府既非全知全能,也不是简单的国退民进,而是对自身进行改造,重新界定和调整政府与市场关系,并在此基础上完成现代国家的构建,〔11〕我国垄断行业改革也应在政府与市场关系的重构中进行改革。

二、我国垄断行业仍存在政府与市场关系的错位亟需重塑

曼斯费尔德认为:"我们不能仅仅依靠证明市场力量在经济的我国现阶段的市场失灵及其与政府干预的关系研究某一领域不能完全奏效来为政府干预提供证明。为什么呢?因为还必须证明政府干预利大于弊。"〔12〕市场机制与政府调控都不是万能的,都有内在的缺陷和失灵的客观可能,关键是寻求市场机制与政府调控的最佳结合点,使政府行为在匡正市场失灵的同时,避免和克服政府失灵,而我国垄断行业中的政府与市场关系存在一定程度的错位。目前,我国政府的转型仍滞后于经济的转型,政府转型的滞后可分为制度性缺陷和政府能力缺陷两个方面。制度性缺陷突出表现为政府功能的"错位""缺位",政府既当运动员,又当裁判员是导致"政府失灵"的制度性原因;而政府功能缺位是推动"政府失灵"的又一重要原因,在以 GDP 为政绩考核标准的背景下,对于事关社会发展的基础性本质工作,政府官员出于个人短期升迁的考虑,很少或不愿行使这部分政府职能。〔13〕同时,政府机构如果仍然用计划经济体制下全能

〔10〕《官方智库公布"383"改革方案总报告全文》,载 http://www.js.xinhuanet.com/2013-10/27/c_117888132.htm,最后访问日期:2015 年 1 月 9 日。

〔11〕参见梁治平:《国家、市场、社会:当代中国的法律与发展》,中国政法大学出版社 2006 年版,第 7 页。

〔12〕[英]斯费尔德:《微观经济学》,黄险峰译,中国人民大学出版社 1999 年版,第 559 页。

〔13〕参见苏林波:《"政府失灵"与转型期政府职能重构》,载《理论导刊》2006 年第 8 期。

政府的观念,也会导致政府职能和政府角色的错位,混淆政府职能与市场职能。例如,在石油天然气产业链的不同环节的上、中、下游,有的环节属于自然垄断领域,有的环节属于非自然垄断领域甚至是市场竞争领域,在石油天然气产业链的不同环节,政府和市场的关系以及作用应当具有明显的差异性,应当基于自然垄断领域和非自然垄断领域,分别采取不同的监管政策,既保证自然垄断领域的规模经济性,又保证非自然垄断领域的竞争活力,使行业处于有效竞争状态,但目前这种差异性在我国体现得不够明显。

20 世纪 90 年代中后期开始,我国的垄断行业就开始实施了大规模的以提高效率为目标,以引入竞争为主题的改革,多数垄断行业实现了政企分开、主体多元、绩效提升和规模扩大的改革效果。但与此同时,社会公众对我国垄断行业的不满却日益增加。例如,社科院发布题为《中国经济体制改革报告 2012 - 建设成熟的社会主义市场经济体制》的报告认为,垄断性行业改革进展缓慢,近年来垄断性行业改革虽然推出了一些举措,但总体判断,还只是在既有的体制框架内进行的初步改革,没有真正冲破传统体制的束缚。社科院在报告中称,从目前来看,非公有资本的进入程度仍然比较低。从 2010 年垄断性行业固定资产投资的情况来看,由地方政府所管理的供气、供水等市政公用事业,民营资本进入稍多一些。而主要由中央管理的行业,民营资本则进入困难,至今在政企不分的铁路部门,私人资本进入微乎其微。报告还称,我国要启动垄断行业新一轮改革,应加快垄断行业改革,重点是铁路运输行业和盐业改革,同时也应继续放宽石油、电力、民航、电信等行业的市场准入,重点清理和取消限制竞争、保护垄断的政策,改革进出口环节和国内市场经营环节等保护垄断企业的政策。[14] 无论如何,我国垄断行业都需要继续进行改革。

三、我国垄断行业改革中市场机制作用的强化和政府作用的弱化趋势

经济学主流思想认为,市场竞争是提高配置效率、技术效率和促进技术进步的可靠机制(哈耶克,1945;阿尔钦和凯瑟尔,1962;威廉姆斯,1963;利比斯

〔14〕 参见沈玮青、李蕾:《国内外学者“呼吁打破垄断启动改革”》,载《新京报》2012 年 12 月 15 日第 A17 版。

坦,1966)。[15] 但是市场的力量并不能解决垄断行业出现的一切问题,例如,由于石油天然气产业的特殊性,也因为石油天然气市场易受地缘政治的扭曲,各国石油天然气产业体制的市场自由化都有一定限度。在我国,石油天然气产业改革的方向之一就是强化市场机制的作用,石油天然气产业的市场化程度还需要进一步发展并呈现出强化的趋势,但需要关注的是,石油天然气产业市场机制作用的强化并不是市场机制自身能够完成的任务。在我国经济体制改革中,石油天然气行业并没有像多数国家那样形成以民营企业为主的竞争主体,而是通过引入竞争和拆分重组形成了国有企业独占的竞争性市场。我国目前正在推进的石油天然气领域的市场准入改革就是石油天然气产业改革的关键环节,也是进一步推进石油天然气产业改革的重点和难点所在。而市场准入制度改革的基本方向就是要进一步放宽市场准入,激发市场投资活力,增强石油天然气产业的竞争性,并以此促进石油天然气产业整体竞争力和效率的不断提升,改革的过程就是石油天然气产业不断强化市场机制作用的过程。

我国垄断行业改革中政府的作用会呈现弱化趋势。公共利益因为涉及不特定多数人的利益,因此常常处于无人管理的状态,同时每个个体都会出于利己的本性而榨取公共资源,所以怠于管理的公共利益最易受到侵害而得不到救济。[16] 政府、国家是社会利益、公共利益的天然代表者。除政府、国家以外,没有其他组织、政党、机构、团体、个人、企业能够天然地代表社会和公共利益。政府自始就不外于市场,在现代市场经济中,政府已不能仅仅是市场的“守夜人”,政府对市场经济的参与和影响是不可或缺的。美国著名经济学家萨缪尔森也曾提出:“市场可以是我们驾驭下的一匹好马。但是马无论怎么好,其能量总有个极限……如果越过这个极限,市场机制的作用必然会蹒跚不前。”[17] 这也是在探讨政府与市场的关系中,市场失灵现象常常被提及的原因,因此,政府在垄断行业的改革和发展中具有重要作用。例如,2014 年 11 月 28 日是我国成品油调价的窗口时间,按照调价机制,国内成品油价应根据国际油价下跌情况再次

---

[15] 参见张昕竹、马源、冯永晟:《中国电信行业规制(上卷):电信竞争时代》,中国社会科学出版社 2012 年版,第 7 页。

[16] 参见陶卫东:《检察机关提起环境公益诉讼之原告资格探究》,载《中国检察官》2011 年第 3 期(上)。

[17] 杨永平:《对市场局限和市场缺陷的分析与思考》,载《经济问题》1997 年第 9 期。

下调,迎来“九连跌”。按现行成品油价格形成机制测算,汽、柴油价格每吨可分别降低225元和220元。但同日,财政部、国家税务总局联合发布消息称,我国自11月29日起调整成品油等部分产品消费税,其中,汽油消费税单位税额提高0.12元/升;柴油消费税提高0.14元/升。国家发改委随即在其官网上发布消息表示,此次征税正好抵消国际油价下跌所带来的影响,国内成品油价格维持不变,不作调整。此次我国政府提高成品油消费税,正是利用税收的杠杆作用,阻击油价连跌带来的负面影响。[18]

当然,除了市场失灵之外,还存在政府失灵的可能性。随着我国垄断行业改革的逐步推进,我国垄断行业改革的方向之一就是弱化政府的作用。在经济高度社会化的前提下,市场经济不可避免地需要“代表社会”的政府的正当介入,介入的方式主要是财税、金融、规划、监管等手段,这也是为什么垄断行业常常被称为“管制行业”的原因。只是需要关注的是,基于权力异化的困境,以及政府的调控行为或保障行为并不必然能保证经济更好,甚至可能造成更大的经济波动,如为解政府财政的燃眉之急,中央银行滥发货币会造成通货膨胀;为扶持政府控制的公司,排挤、打压其他市场主体的准入等政府行为会被广为诟病等。政府是一些问题的解决方法,但也可能是另一些问题的产生根源,[19]政府作用的双重性值得关注。例如,我国《石油价格管理办法(试行)》是我国首次将成品油产品定价机制向社会公布,完善后的成品油定价机制与之前相比,有利于我国成品油市场的稳定,并有利于进一步推进成品油定价机制向市场化方向迈进,政府的作用与之前的政府定价相比,在逐步弱化。我国正在进行中的政府职能改革和垄断行业改革会使政府在垄断行业中的作用呈现出弱化的趋势,但并不会影响政府作用在垄断行业改革和发展中的重要性。

四、我国垄断行业改革任重而道远

“市场经济具有自由的载荷,计划经济理性具有专制和集权思维载荷……

---

〔18〕 参见《油价未迎来九连跌,归功于石油消费税提升》,载 http://www.in-en.com/article/html/energy_06430643492221331.html,最后访问日期:2014年12月2日。

〔19〕 参见[美]戈登·塔洛克:《公共选择——戈登·塔洛克论文集》,柏克、郑景胜译,商务印书馆2011年版,第28页。

市场不是可以随意替换的'范式',而是一种自由关联。"[20] 政府和市场是一种优缺互补的力量,在资源配置中两者有机会来促进和改善对方。荷兰经济学家简·丁伯根就从资源配置的视角为市场与计划的互补关系进行了"市场收敛于计划"的数学揭示,从数学机制上展示了市场与计划必须结合的前景。[21] 例如,在石油天然气产业上游的勘探开采阶段,并不存在自然垄断的环节,但具有极强的负外部性,因此,政府有必要合理规划石油天然气资源的开发利用。在石油天然气中游的管道运输环节,因其管网设施的网络性,属于自然垄断领域,但是石油天然气下游的炼制和销售环节是可以进行充分的市场竞争的。我国目前的情况是中游的管道运输业务与下游的炼制和销售业务混合在一起参与市场竞争,这对于形成公平的市场竞争秩序极其不利。一方面,企业可能会凭借优势地位将垄断延伸到竞争性环节;另一方面,纵向一体化会导致"交叉补贴"的长期存在。从国际经验来看,各国在垄断行业改革之初都会严格界定石油天然气行业的非自然垄断环节和自然垄断性环节,并将这两种业务根据改革的进程逐步分离。由此可见,实现垄断行业市场机制与政府作用的协调互动和有机结合不能一蹴而就。

我国经济转轨时期的"市场失灵",其本质不是在市场已经高度发育基础之上的内生性或功能性市场失灵,而是市场发育不足,市场经济制度缺失所导致的外生性、制度性"市场失灵",是制度缺失与政府失灵的混合物。因此,治理"市场失灵",不能简单强调政府干预,而应该首先培育市场,完善制度,充分发挥市场在资源配置中的基础性作用。在此,政府职能的转变起着至关重要的作用。受计划经济向市场经济转型过程中计划制度残留的影响,当前我国存在较严重的行业或部门垄断的现象,由此造成诸多经济和社会发展问题。垄断企业依靠其垄断地位获得较高的垄断收益,因而没有市场竞争压力。在这种情况下,垄断企业不会主动通过创新提高自身的技术竞争力或经营绩效。[22] 因此,

---

〔20〕 [德]沃尔夫冈·费肯杰:《经济法》(第一卷),张世明等译,中国民主法制出版社2010年版,第11页。

〔21〕 参见金晓斌:《从经济发展水平看计划与市场——资源配置方式的思考》,载《复旦学报》(社会科学版)1994年第4期。

〔22〕 参见魏杰:《对当前我国经济结构调整的一些思考》,载《郑州大学学报》2011年第1期。

垄断体制实质上阻断了行业之间的流动,阻碍了推动创新的市场倒逼机制发挥作用。政府应该从垄断行业改革尤其是国有企业改革入手,打破行业垄断体制,发挥民营企业的创新能力,使所有市场参与者受到充分的激励。有学者认为,经过20多年的理论和实践总结,对于在网络型垄断行业中打破垄断、引入竞争、减少政府直接干预的改革的"基本模式"(Joskow,1997)已经取得较为一致的意见:竞争性环节与自然垄断性环节应进行纵向分离(产权上或者业务功能上);对于竞争性环节,取消价格管制、市场进入与退出管制,让消费者拥有选择供应商的权利;基础设施网络则保留垄断,对所有市场参与者无歧视地开放接入,基础设施使用价格受政府管制,管制的方法是具有成本控制激励的基于绩效的激励性管制机制而不是传统的基于成本加成的收益率管制机制。〔23〕

另外,垄断行业中政府与市场的关系具有动态性,是一个逐步发展的过程。以美国为例,美国能源产业管制呈现出这样的轨迹。能源市场的自由竞争在初期促进了能源效率的不断提高、垄断的不断加强及与垄断紧密相连的市场支配力量的滥用,为摆脱垄断带来的负面影响,民众要求州和联邦政府加强对能源产业的管制。当政府过度管制或管制不当引起能源价格持续攀升时,能源产业就会出现市场化的呼声。而去管制化的市场运行一段时间后由于双重管制体制不协调和反复变化,导致对能源产业的投资减少,进而又威胁到能源安全以及相关的环境问题。为协调联邦政府、州政府、能源企业及消费者利益,美国又加强了综合性能源立法,对能源去管制化改革与新的挑战做出统筹安排。〔24〕 政府与市场的关系与市场机制的完善程度以及市场的发展状况密切相关,当市场发展存在困难,处在需求不振或供给不足的萧条、滞胀状态时,市场的效率下降,政府应适当填补市场收缩而出现的空白,提高市场效率,应对市场困难。

总之,我国的市场经济目前还是一个政府主导建构型的市场经济,中国的市场失灵问题直接取决于政府以什么样的理念去建构一个怎样的市场。从我国经济体制改革的理念、思路、措施的整体内容和总体趋势上看,政府和市场的

---

〔23〕 参见林卫斌:《政府失灵与市场失灵:网络型产业市场化的理论检讨与启示》,载《学术交流》2010年第1期。

〔24〕 参见文绪武:《美国能源产业规制的法律分析》,载《经济社会体制比较》2009年第1期。

关系呈现出明显的彼此消长并相互优化态势。[25] 政府的作用只能是适度和有限的调控和规制。市场能做什么不能做什么、政府可做什么不可做什么,这是社会运转、发展的动态要求,政府的经济职能,与一时一地的经济发展程度、市场的大小和层次、信息流通是否充分、产业结构合理与否、民众的素质等密切相关,也会面临多重挑战。由于市场的发展是一个动态的过程,政府与市场的关系也必然是动态的,因此,我国政府与市场关系重构中的垄断行业改革也将任重而道远。

〔25〕 参见陈甦:《商法机制中政府与市场的功能定位》,载《中国法学》2014 年第 5 期。

中德法学论坛
第 14 辑,第 13 ~27 页

论公用企业的行政接管*

骆梅英**

政府在紧急状态下对公用企业实施临时接管,是确保公用事业服务持续不间断的重要行政干预措施。作为一种新型政府规制工具,行政接管的运用伴随着我国公用事业民营化的改革而被引入。本文在行政接管行为的含义、性质、原则等理论界定的基础上,对我国公用事业领域临时接管制度的立法、实体条件和程序设计进行了分析。

关键词:行政接管;公用事业;政府规制

Taking over public utility temporarily during emergencies is an important intervention measure used by the government, in order to ensure the incessancy of public utility services. Administrative takeover, which was introduced during the reform of privatization of public utility, is used as a new tool for government regulation now. This article will firstly theoretically define the definition, nature and principle of administrative takeover. On this basis, this article will further analyze the legislation, condition of substantiality as well as procedure construction of the administrative takeover system in the public utility industry in China.

Key Words: administrative takeover, public utility, regulation

---

* 本文为浙江工商大学法学基地 2014 年度立项课题(2014B005)的阶段性成果。

** 骆梅英:浙江工商大学法学院教授,法学博士。

一、公用事业行政接管的引入

所谓接管,意为接收与管理。我国有关公用事业规制的实定法规范中,常常规定了政府在紧急状态下,可以实施对公用事业的临时接管。如原建设部颁布的《市政公用事业特许经营管理办法》第10条与第18条之规定,在危及或者可能危及公共利益、公共安全等紧急情况下,主管部门应当履行临时接管该特许经营项目之责任。本文所指"行政接管",即危及公共利益之紧急状态出现时,政府对公用企业实施的强制接收与管理行为。

公用事业领域的行政接管,主要是基于公用事业普遍服务的性质所需。公用事业的普遍服务(universal service),是指在一个社会中,国家通过产业规制和社会保障,确保人人能够获得满足生存之必需的水、电、气、暖、通信、公共交通等基本公共服务,并且不会因此而承担不合理的成本负担。简言之,就是持续可用的以及用得起的基本公共服务。为公众提供持续不间断的服务,是公用事业企业获得特许经营权的"对价",也是行政监管的重要内容。"对退出的禁止显然是一种在位者负担,它与公用事业的普遍服务密切相关。"[1]无论采何种服务供应体制和模式,世界各国一般都对公用企业退出市场实施严格的监管。[2]

我国行政许可法第67条为取得特许经营权的公用企业设定了普遍服务义务,同时也授予行政机关在企业违反普遍服务、擅自停业歇业时"依法采取有效措施督促其履行义务"的监管权限。基于普遍服务持续不中断的需求,由于管网型公用事业具有自然垄断的特征,往往很难在短时间内找到服务的替代供应者,因此作为服务供应继任者确定之前的过渡,政府在紧急状态下对公用企业实施临时接管,即成为确保服务持续不间断的重要行政干预措施。

有必要指出,在我国,作为一种现代行政法意义上的政府规制工具,行政接管的运用,是伴随着公用事业的民营化改革而被引入的。从性质上说,行政接

---

〔1〕[美]J.格里高利·西达克、丹尼尔·F.史普博:《美国公用事业的竞争转型:放松管制与管制契约》,宋华琳、李鸻等译,上海人民出版社2012年版,第125页。

〔2〕参见宋华琳:《市政公用事业特许契约中的退出规制》,载余凌云主编:《全球时代下的行政契约》,清华大学出版社2010年版,第57页。

管的本质是企业向政府让渡经营管理权。就决定的作出而言,它是一种高权行政,具有行政性、强制性、干预性的特点,是一种特殊的行政强制措施。因此,其前提首先要存在一个受制于行政规制的独立的市场主体,被接管的企业是相对于行政主体一方的私方相对人。在政企一体的国有化时期,产权清晰、权责明确、政企分开、管理科学的现代企业制度并未开始建立,当公用事业供应者同时即为行政当局,供应设施即为公有设施时,既无行政接管适用的前提,也无接管实施的必要。而当民营化改革通过多种形式将国家的监管者与供应者身份分离、私人直接或间接参与服务供应的机制建立以后,行政接管的运用才有了空间。

进一步,从实践层面,迄今出现的公用事业行政接管案例,几乎都与民营化改革的背景息息相关。我国"首例政府临时接管特许经营权案"就是一例。2009 年,因民营化改制过程中两家供暖企业发生了企业转让协议司法纠纷,导致供暖服务出现供应危机,"当地 37000 多名居民面对'滴水成冰'"的天气,将可能遭遇无法取暖的问题",[3]为保障冬季供暖服务的持续,黑龙江省哈尔滨市方正县人民政府决定组建城区供热临时接管委员会对供暖企业实施临时接管;[4]2010 年,因政府与供应企业产生收回特许经营权争议,内蒙古西乌珠穆沁旗人民政府对日源城镇供热有限责任公司实施强制接管;[5]2011 年,因改制后的民营供热企业——北京中标新型建材有限公司出现资金困难,导致无法正常供热,北京市丰台区政府委托第三方供热企业对中标公司实施临时接管。[6]此外,在城市公共交通、油气管道等领域,也先后出现了行政接管案例:2008 年,

[3] 郭毅:《供热企业纠纷危及近 4 万人取暖当地政府临时接管供热——首例政府临时接管特许经营权案背后深意》,载《法制日报》2009 年 8 月 4 日。

[4] 相关评论参见章志远、李明超:《公用事业特许经营中的临时接管制度研究——从"首例政府临时接管特许经营权案"切入》,载《行政法学研究》2010 年第 1 期。

[5] 相关报道参见郭素凡:《内蒙古西乌旗一家热电企业被政府强制接管》,载《法治周末》2010 年 8 月 11 日。对该案的评论参见李明超:《公用事业特许经营中的临时接管程序研究——从"内蒙古西乌旗政府临时接管民营热电企业案"切入》,载《西南政法大学学报》2013 年第 4 期。

[6] 相关报道参见饶沛:《政府接管供暖企业 1500 户居民不挨冻》,载《新京报》2011 年 11 月 19 日。

在全国第一个实行公交民营化的城市——湖北省十堰市,因民营化后的公交公司发生内部治理危机,司机集体停运,导致城市公交服务陷入瘫痪,十堰市人民政府决定收回特许经营权,全面接管公交公司,组建临时党委负责接管期间的工作;2010 年,因政府与供应企业产生解除特许经营权争议,珠海市政府成立临时接管领导小组对珠海中油管道燃气公司下属气化站实施强制接管。[7]

公用事业的民营化改革,旨在通过授予各种公私合作制企业或私人企业以特许经营权,从而引入竞争,以提高服务供应的质量和绩效。一方面,企业的优胜劣汰将逐渐成为竞争性市场的常态,在市场供应替代者不足的情况下,因企业经营危机导致的服务供应危机将不可避免;另一方面,民营化改变了过去由国家直接供应的二维模式,形成了政府、供应企业、消费者三方关系,私人资本的逐利性与公用事业服务的公共性之间的冲突加剧了政府监管的复杂性,这也是为什么在治理结构相对薄弱的国家,民营化改革就更加面临考验。[8] 从前述案例来看,造成服务供应危机都与民营化改制中的特许经营权纠纷相关,而部分案例也显示出政府行使接管权之正当性争议。可以预见,随着我国基础设施和公用事业民营化改革(PPP 模式)的不断深入,行政接管作为重要的政府监管措施,其制度实践将日益丰富,同时,其权力行使的过程也面临进一步规范化、法治化。

二、公用事业行政接管的一般原则

(一)法律保留原则

社会主义市场经济的发展要求处理好市场与政府的关系,充分尊重和发挥市场在资源配置中的基础和决定作用。而企业作为市场经济的基本主体,其财产权应当得到法律的充分保护,其经营自主权应当得到法律的充分尊重。只有当私人经济没有能力有序高效地完成某一任务时,国家对经济的调控才作为备

[7] 相关报道参见杨峻:《珠海政府强制接管中石油气化站遭抗议》,载 http://news.163.com/10/0322/16/62D31G2U0001124J.html,最后访问日期:2016 年 4 月 30 日。

[8] 参见骆梅英:《从“效率”到“权利”:民营化后公用事业规制的目标与框架》,载《国家行政学院学报》2013 年第 4 期。

用力量予以考虑。[9] 因此,政府的直接干预措施更应当作为最后手段来使用。行政接管作为国家直接干预企业自主经营权、限制企业财产权的行为,应当实行严格的法律保留,以确保公益与私益的平衡。

行政接管因其行政性、高权性、临时性等特点,因而成为一种行政强制措施。[10] 对此,行政强制法已经在法律保留方面作了要求,其在第4条规定:“行政强制的设定和实施,应当依照法定的权限、范围、条件和程序。”而在第10条更是明确规定:“行政强制措施由法律设定。尚未制定法律,且属于国务院行政管理职权事项的,行政法规可以设定除本法第九条第一项、第四项和应当由法律规定的行政强制措施以外的其他行政强制措施。尚未制定法律、行政法规,且属于地方性事务的,地方性法规可以设定本法第九条第二项、第三项的行政强制措施。法律、法规以外的其他规范性文件不得设定行政强制措施。”据此,行政接管应当由法律、行政法规设定。

在公用事业领域,行政许可法对特许经营者履行普遍服务义务以及政府的督促义务的规定,为公用企业的临时接管提供了法律依据。行政许可法第67条规定:“取得直接关系公共利益的特定行业的市场准入行政许可的被许可人,应当按照国家规定的服务标准、资费标准和行政机关依法规定的条件,向用户提供安全、方便、稳定和价格合理的服务,并履行普遍服务的义务;未经作出行政许可决定的行政机关批准,不得擅自停业、歇业。被许可人不履行前款规定的义务的,行政机关应当责令限期改正,或者依法采取有效措施督促其履行义务。”从相关解释性材料来看,该条授权行政机关可以采取的有效措施即包括行政接管。[11] 但本条仅为一般意义上的笼统授权,按照行政许可法的规定,为督促企业提供不间断服务而采取的接管措施仍应“依法”进行。但是我国目前还

---

〔9〕 参见[德]罗尔夫斯特博:《德国经济行政法》,苏颖霞、陈少康译,中国政法大学出版社1999年版,第114页。

〔10〕 与一般的行政强制措施相比,行政接管虽然也是一种临时的行政强制,但在具体方式上,往往表现为在接管期间内对被干涉对象之经营权的控制,这种控制需要因应不同企业的不同特性来实施,可能采用合同、交易、第三方托管等公私法融合的多种方式进行,这一动态、综合的过程是一般行政强制措施所不具备的,因而有其特殊性。

〔11〕 参见汪永清主编:《中华人民共和国行政许可法释义》,中国法制出版社2003年版,第211页。

没有出台规制公用事业特许经营的基本法律,而电力法、城镇燃气供应条例等部门基本法律、行政法规制定时间又相对较早,对公用事业市场化改革及相应引入新的监管手段回应不足。因此,当前,对公用企业的临时接管一般由地方性法规、行政规章等予以规定。例如,《黑龙江省城市供热条例》第22条规定,供热主管部门应当履行下列职责:在发生危及或者可能危及公共利益、公共安全等紧急情况时,组织符合条件的供热单位临时接管供热经营项目。《杭州市市政公用事业特许经营条例》第33条规定,市政公用事业行政主管部门应当制定临时接管方案,在特许经营者擅自停业、歇业及市政府撤销、收回特许经营权时,采取有效措施保证公共产品或者服务的连续性、稳定性。缺乏高位阶的部门法律为行政接管设定依据,在一定程度上削弱了当下我国公用事业行政接管制度的正当性。

就整体而言,我国公用事业民营化改革仍处于起步阶段,行政监管体制尚待成熟,因而行政接管的设定,整体法律位阶较低,当前立法也未能涵盖公用事业的全部领域和地域。从合法性角度来看,未来制定规范公用事业特许经营的基本法律或行政法规,应当对行政接管的法定条件、程序、救济等予以明确规定。

(二)比例原则

行政强制法第5条规定:“行政强制的设定和实施,应当适当。采用非强制手段可以达到行政管理目的的,不得设定和实施行政强制。”根据本条,行政接管的实施,还应符合合理性的要求、符合比例原则。如我国现行关于公用企业临时接管的实定法规范,最为关注也是着墨最多的问题,便是行政接管适用的法定前提条件。而在法定条件的规定中,诸如“公共利益”“紧急情况”“重大风险”等不确定法律概念既是其重要的构成要件,又是影响行政接管最终能够适用的重要因素,故对我国而言,当下行政接管的合理性问题最为重要的即为接管的条件是否符合“对法定情形的解释和适用”,对此,应当遵循比例原则予以评价。[12]

比例原则的适用,根本问题在于平衡企业自主经营权与公共利益保护之间的关系,以合比例的方式实施接管,即应当坚持“以对企业自主经营权和市场自由秩序侵害最小的具体方式,实现接管目标,保护公共利益”。具体可作如下要求:

---

〔12〕 关于比例原则在规制工具评价中的运用,参见蒋红珍:《论比例原则——政府规制工具选择的司法评价》,法律出版社2010年版,第209页以下。

1. 手段与目标相适应。行政接管必须是为了避免或者化解已经或者极有可能发生的公共服务危机或金融风险而实施，且行政机关有合理理由相信，实施行政接管能够有效地促成这一目标的实现。

2. 穷尽其他行政措施。行政接管应当在警告、责令限期改正、罚款以及协调指导等一般性行政措施仍不能消除企业经营危机时方可使用，也即它是为了保证服务供应之持续而不得不使用之最后手段。若未穷尽其他干预措施，接管过早，则会使可以通过常规措施解决的问题复杂化；若经营危机已经处于十分紧迫之状态，接管过晚，则会贻误最佳时机，增加风险处置的财政开支和社会成本。

3. 审慎经营管理。接管的实施应当以"风险应对"为限，接管具有临时性、过渡性，通过接管直接干预企业经营的目的在于维持其紧急状态下的正常经营，因而不能代替企业自身作出关系企业自身发展的重大经营性决策。接管期间，应当审慎管理企业的财产、单独核算账务并接受监督、按照接管预案的内容使用经费等。例如，《北京市供热采暖管理办法》第28条规定："接管运营期间，接管单位应当向用户提供安全稳定的供热服务，对接管项目的收支情况单独记账，独立核算，接受有关部门的监督。接管单位为保障基本供热服务所产生的运行费用，由接管单位临时垫付，被接管单位负责足额偿还。接管单位接管期间临时垫付资金经审核后发生的净损失，经市人民政府批准，市、区两级财政给予一次性补助，具体办法由市财政部门和市市政管理行政部门制定。"

（三）正当程序原则

正当程序之于行政接管权行使的意义不言而喻。一方面，作为一种规制工具，实践中，行政接管常常需要结合不同行业的监管目标、不同企业的经济特点制定一个高度个案化的接管方案，因此，在实施过程中应当充分运用参与和协商程序，以确保其科学性。另一方面，作为一种行政权运行过程，行政接管对企业经营自主权的干预是全面的、直接的，因此，在实施过程中应当适当引入对抗、制衡程序，以防止其滥用。特别是在现行市场经济体制仍处于转轨，政府治理结构相对薄弱的当下，后者就显得更为重要。具体而言，行政接管的实施应当包括作出决定、拟定方案、依特定期限和方式进行、依条件解除等程序。

1. 接管方案的拟定，应当充分听取企业和行业专家等的意见。特别是在接管条件是否具备上，政府应当听取被接管企业的陈述和申辩，组织第三方企业、行业专家、其他部门等进行评估和论证。目的是确认私主体已无法独立应对风险、其他行政措施已经穷尽,且不进行接管会造成服务供应的中断。

2.接管应当遵循期限规定。行政接管因紧急状态而启动,其解除也同样意味着公共利益重新处于风险威胁下的可能性,因此在接管期间内,行政机关应当积极寻求解决方案,尽快恢复正常生产,否则,同样会造成行政退出而私主体接管无力的"公共利益保护空白"。为此,设定接管期限,一是敦促行政机关及时恢复市场秩序;二是防止不正当拖延,侵害企业财产权利。例如,《山西省市政公用事业特许经营管理条例》第34条规定:"特许经营者因不可抗力无法继续经营的,可以申请终止特许经营合同。市政公用事业主管部门应当临时接管该项目或者采取其他有效措施,保证该市政公共产品或者服务的正常提供,并于接管之日起3个月内,按照本条例的规定确定新的特许经营者。"

3.严格遵循行政接管的解除条件。当法定解除条件已经具备或者基本具备时,行政机关应在充分评估风险和接管绩效的基础上,及时终止接管,不得以任何非正当理由延长接管期限;如果确实需要延长接管期限,则应坚持听证、充分说明等正当法律程序要求。

4.救济不停止执行。本质上,行政接管为紧急状态下之法制,作为一种行政法律行为,企业对政府作出的接管决定不服的,自然可以提起复议、诉讼,享有救济权利,但由于其为非常状态下所实施之干预行为,因此,适用行政法上复议、诉讼期间不停止执行的一般原则。

三、公用企业行政接管的现行立法

我国现行关于公用事业行政接管的立法,主要规定在规范公用事业特许经营的一般立法和规范公用事业各部门的单行立法之中。由于我国公用事业民营化改革还处于起步阶段,现行立法还存在位阶不高、较为分散、细化规定不足等问题。

首先,我国尚未制定规范公用事业特许经营的基本法律。在中央层面,原建设部于2004年制定的《市政公用事业特许经营管理办法》首次规定了临时接管制度,但其因属于部门规章设定行政许可而使其合法性受到争议。[13] 2015

---

〔13〕 参见周汉华:《行政许可法:观念创新与实践挑战》,载《法学研究》2005年第2期,注释25。

年6月1日,国家发展和改革委员会、财政部、住房城乡建设部、交通运输部、水利部、中国人民银行联合制定《基础设施和公用事业特许经营管理办法》,报经国务院常务会议审议通过后施行。该办法将临时接管方案纳入特许协议的必备内容。尽管该办法被认为是我国"PPP模式推进的基本法",但在位阶效力上仍属于部门规章。而在地方层面,北京、湖南、山西、杭州、深圳等省市均制定了公用事业特许经营的地方性法规,作为行政许可法的下位法,虽一定程度上解决了特许设定和行政接管职权的合法性问题,但仅限于部分地域。

其次,我国现行公用事业采分散监管体制,电力、铁路等监管集中于中央一级,水务、供暖、燃气等则采中央与地方层级制管理,相应地,在公用事业的不同部门,立法也呈现出碎片化特征。前已述及,在中央一级,电力法、城市供水条例等基本法律、行政法规,由于制定时间较早,未能反映民营化改革及现代监管手段的最新内容。在地方一级,行政接管制度主要规定在供暖、供气、供水等民生必需型公用事业领域,如《浙江省燃气管理条例》第17条规定:"管道燃气经营企业根据特许经营协议终止经营或者因违法经营行为被依法取消特许经营权的,燃气主管部门应当实施临时接管,采取有效措施保证燃气供应和服务。"再如《安徽省城镇供水条例》《黑龙江城市供热条例》《北京市供热采暖管理办法》等地方性法规、规章,对供水企业、供暖企业的临时接管制度作了规定。总体上,关于行政接管的法律规范,在公用事业的不同部门之间、同一部门的不同地方之间,存在较大差异。

最后,我国当前尚未制定规范行政接管行为的专门立法。前已述及,规范行政接管的条款目前散见于各不同部门、不同层级、不同地域的法律规范之中,而从其内容来看,大多只有寥寥数条,且规定多较为概括、原则,对于接管的法定情形、接管的程序和期限、接管双方的权利和义务、经营亏损时由谁负责、接管期间的费用分担等方面,缺乏具体的、可操作性的具体规定。经检索,关于行政接管的专门规定,仅有江苏省原建设厅于2007年制定的《江苏省城市市政公用事业特许经营权临时接管制度》,[14] 虽对接管的法定条件、费用承担等作了一定的细化,但条文简单、粗疏,均为接管的一般性原则规定,且属于地方规范性文件,位阶效力较低。

由于行政接管的实施方案需要结合不同行业、不同企业特点进行,从而具

---

〔14〕 苏建城〔2007〕325号。

有高度个案性、灵活性。因此,在立法上,公用事业行政接管制度的具体内容,也应当因应公用事业内部不同行业的特点予以制定。例如,我国台湾地区"奖励民间参与交通建设条例"第 43 条规定:"本条例所奖励之民间机构,于兴建或营运期间,如有施工进度严重落后,工程品管重大违失、经营不善或其他重大情事发生,主管机关得为下列处理:(一)限令定期改善;(二)逾期不改善或改善无效者,停止其兴建或营运一部或全部;(三)受停止兴建或营运处分六个月以上仍未改善者,废止其兴建或营运许可。前项之处理于情况紧急,延迟即有损害重大公共利益或交通安全之虞者,得令其停止兴建或营运之一部或全部。依第一项、第二项停止其营运一部或全部或废止其营运许可时,主管机关应采取适当措施,继续维持运输服务,不使中断。必要时,并得予以强制接管营运,其接管营运办法,由'交通部'另定之。"据此,"交通部"于 2011 年发布"民间参与交通建设接管营运办法",对接管机构的委任、接管处分的公告、被接管人的配合义务、接管期间的债权债务归属被接管人、接管程序的终止等作了具体规定。这一通过"法律"授权主管部门制定单行规章的"立法"模式,能够因应行政接管之统一设定与分类细化的"立法"需求,可以为大陆立法所借鉴。

四、公用企业临时接管的公共利益标准

行政接管承载着紧急状态下之行政法制的意涵。作为"非常之法",对公用企业的临时接管意味着对私人企业之财产和经营的全面干预,这在一般竞争性市场中属于公法僭越私人领域,是受到严格禁止的。因此,即使有法律授权,紧急状态下之行政接管权的行使,仍需有充分的公共利益正当性。但是"公共利益"也有着一张"普罗透斯似的脸",特别是在个案意义上,公用事业产品和服务的特征各不相同,特许经营项目的业态和经营状况各不相同,判断行政接管的公益正当性是否已经成就,仍然必须诉诸行政机关的裁量权。也正因如此,法律规范关于公用企业接管之适用条件的规定大多采用"严重危害社会公共利益""重大违法""持续经营困难"等不确定法律概念。

如何在个案中把握这些不确定法律概念的内容,使裁量符合立法目标?本文认为,应当从行政接管的制度目的出发,当获得特许经营权的公用事业企业出现重大违法或严重的经营危机时,判断临时接管的公益正当性条件是否成就,取决于前述危机所产生的紧迫性程度,需满足两个标准:一是"危机的紧迫性足以威胁

到服务供应的持续性”;二是“穷尽其他措施仍不能消除这一紧迫性”。

第一,前已述及,公用事业领域的行政接管,是源于公用事业普遍服务的性质所需。当出现对一个潜在的和既有的公用事业服务供应的中断威胁时,国家基于保障义务,必须采取有效措施消除威胁、恢复供应。因此,行政接管是对公用事业企业不正常退出市场的一种干预,但只是干预的方式之一,其功能的核心是“确保服务供应不出现中断”。否则,即使出现管理不善、经营亏损、重大违法、服务质量不达标或特许协议争议等危机事件,其紧迫性不足以产生服务供应中断之威胁的,也不能采用接管方式,以免产生“公共财政为民营化改革失败埋单”的困局。

检视现行法律规范,对公用企业临时接管的法定条件主要有:(1)擅自停业、歇业,严重危害公共利益的;(2)因生产管理不善,发生重大质量、安全生产事故和环境事故,严重危害公众利益的;(3)擅自转让、出租、质押、抵押以及以其他方式擅自处分特许经营权的;(4)在可能危及公共利益,公共安全等情况下,不服从政府的统一指挥、调度的;(5)因不可抗力原因无法正常经营的;(6)因经营管理不善、财务状况严重恶化,无法继续履行特许经营合同的;(7)不履行普遍服务义务,或者产品、服务质量不符合标准,严重影响公众利益的;(8)达不到公用事业产品服务的标准和要求,严重影响公共利益的;(9)未按照城市规划建设市政公用设施,经市政公用事业主管部门责令限期改正而拒不改正的,等等。〔15〕从内容来看,首先,这些情形都是可能引起服务供应中断的原因,但并非必然结果,不足以构成行政接管权行使的充分且必要条件;其次,部分条件的设定,如质量不达标、违反建设规划等,将行政接管的前提定位于“惩戒违法”,容易混淆接管的制度目标;最后,将行政裁量权行使的重心置于“企业经营危机”而非“服务供应危机”的判断上,扩大了裁量范围,容易引发实践案例的争议。如在“内蒙古西乌珠穆沁旗人民政府对日源城镇供热有限责任公司实施强制接管案”、〔16〕“珠海市政府对珠海中油管道燃气公司下属气化站实施强制接管案”〔17〕中,仅因特许

---

〔15〕 高俊杰:《公用事业临时接管的行政法规制》,载《行政与法》2014 年第 1 期。

〔16〕 参见郭素凡:《内蒙古西乌旗一家热电企业被政府强制接管》,载《法治周末》2010 年 8 月 11 日。

〔17〕 参见杨峻:《珠海政府强制接管中石油气化站遭抗议》,载 http://news.163.com/10/0322/16/62D31G2U0001124J.html,最后访问日期:2016 年 4 月 30 日。

经营协议纠纷而实施强制接管,是否具备充分的公益正当性,均引发了来自企业和公众的质疑。

第二,行政接管必须是在穷尽其他措施仍不能消除服务供应危机的情况下,方能使用的最后手段。公用事业民营化改革的目标是引入竞争,培育具有独立市场主体资格和能力的现代企业,通过市场方式配置公共服务供应,因此,“市场+私法”的方式应成为调整服务供应法律关系的主要方式。从政府规制和公法角度,防止特许经营企业出现服务供应危机的措施,包括严格的准入监管、通过特许合同的制约、质量和安全执法监管、补贴和经济激励、企业自我规制等系列制度。即使企业出现了经营危机,其作为私法主体,也应当首先通过寻求其自身的财务、经营等改善来解决,必要时政府也可采用经济规制,如财政激励、税费优惠、产业政策扶持、国有持股增资等方式帮助企业渡过经营危机,而非直接强制介入经营实施接管。例如,我国台湾地区“奖励民间参与公共建设条例”针对公共运输服务的特征,对企业接管的适用采用了法益“层层递进”的方式。首先,特许经营项目的运行出现严重违约、经营不善等重大情事的,由行政机关责令限期改善;其次,逾期不改善或改善无效的,整体或部分停止运营;再次,受停止运营处分6个月以上仍未改善的,解除营运许可,紧急情况下除外;从次,因前述情况处部分或整体停止运营、解除运营许可的,行政机关应采取适当措施,继续维持运输服务,不使中断;最后,采取适当措施的同时,有必要的方可予以强制接管营运。

五、公用企业临时接管的程序与救济

在我国现行法规范相对粗疏的条件下,探讨公用事业行政接管的实体和程序,只能诉诸理论建构与案例实践。[18] 行政接管的“非常之法”性质使得其在实体规定外还须具备严格的程序规定,故应从正当法律程序原则出发,考察制度实践,对决定程序、实施程序、终止程序分别予以设定。

---

〔18〕 如李明超从典型个案入手,对我国公用企业临时接管的程序作了较为具体的制度设计。参见李明超:《公用事业特许经营中的临时接管程序研究——从“内蒙古西乌旗政府临时接管民营热电企业案”切入》,载《西南政法大学学报》2013年第4期。

（一）决定程序

在作出行政接管决定之前，监管机构应当履行下列程序，以确保接管决定具有合法性与合理性：

1. 协商与听证：在接管决定做出前，监管机构应当召开由被接管企业、行业专家、第三方企业、用户代表等参加的协商会、听证会，听取各方意见，对拟采取的接管方案进行评估，评估是否符合法益侵害最小原则、是否采用合比例的方式实施接管等。由于行政接管方案具有高度专业性，且问题复杂、实施期限长，充分听取意见以确保接管方案的科学性，具有重要意义。

2. 前期磋商：监管机构应当加强与接管涉及的中央和地方各部门间的协调合作，以确保接管的顺利进行。

3. 合理组建专业化、常规化的接管机构：虽然接管由监管部门单方面决定，但是为了接管的顺利进行仍然需要优化行政接管机构的人员构成，组建专业高效的具体负责机构。由于制度实践仍处于发展，我国的接管机构多为临时性机构，接管人员大多从监管当局、其他机构临时抽调，不免会在无形中加大问题机构管理的不稳定性，增加风险处置的成本。

4. 接管决定的公告：当接管决定做出后，有权接管机关应当以便于绝大多数公众知晓的方式及时、完整公告接管决定。其接管决定应该载明如下内容：被接管的机构名称、接管理由、接管组织、接管期限。

（二）实施程序

在行政接管决定做出后，为了保障接管的顺利进行，进而使被接管对象更迅速地度过危机，消弭风险，维护公共利益，同样需要考虑如下程序性装置。

1. 被接管企业对接管决定的配合义务

行政接管需要被接管企业的配合方能顺利进行，故应规定被接管企业的配合义务，特别是以董事、监事、高级管理人员为代表的企业管理人员熟悉企业事务，直接负责企业的日常经营，其配合与否对接管的顺利完成至关重要，故应当对其行为进行一定限制以保障接管的顺利进行。

2. 被接管企业现有债权债务关系保持不变

由于监管机构实施接管权时，只是全面介入被接管企业的日常运营管理，而不是撤销被接管企业。因此，在接管后，公用事业机构的名称、业务范围、法人资格等都没有发生法律上的变化，被接管机构仍旧继续经营，只不过是该机构的管理权发生了转移，即从原来的管理层转移到接管人手中，由接管人具体负责该公用事业企业的运营。正是由于被接管企业仍然作为独立法人实体,其仍旧以自身所有的财产为限承担责任,不仅要承担在接管前所发生的全部债务,也要承担接管期间所发生的债务。法定监管机构并不因接管而承担上述债务,也不能将接管期间收回的债权转入自己的"口袋",这些债权仍应归属于被接管企业。

(三)终止程序

行政接管意在通过维持经营,避免因其经营风险而危害公共利益。故当这一目的已经实现时行政接管自当解除。但是,当接管仍然无法消除此种风险时,为提高效率和节约公共资源,亦应尽快达成最终解决方案以终止接管。最终解决方案,包括收回或终止特许经营协议、清算资产或协商补偿、重新选择新的特许经营者等内容。[19]

(四)救济

我国现行立法还缺乏对接管机构具体经营管理行为的限制,因而接管期间的权力的实施存在较大的裁量权。因而,当行政接管侵害被接管企业的合法权益时,应赋予其救济权利,以保障其合法利益。

1. 申诉机制

在金融监管领域,针对具体负责接管事务的接管机构等侵害被接管企业的行为,企业可以向国务院金融监管机构投诉。例如,《证券公司风险处置条例》第57条便规定:"被处置证券公司的股东以及债权人有证据证明托管组、接管组、行政清理组以及其工作人员未依法履行职责的,可以向国务院证券监督管理机构投诉。经调查核实,由国务院证券监督管理机构责令托管组、接管组、行政清理组以及其工作人员改正或者对其予以更换。"

公用事业行政接管也可借鉴建立类似由企业或利害关系人向行业所属的监管机构或接管组织组建机构投诉的制度,这些机构本身并不具体实施接管行为,而是另行组织接管组等进行接管,并对具体实施接管的组织履行监督职责,故其有义务接受对接管机构实施违法行为的申诉。

---

〔19〕 如李明超从典型个案入手,对我国公用企业临时接管的程序作了较为具体的制度设计。参见李明超:《公用事业特许经营中的临时接管程序研究——从"内蒙古西乌旗政府临时接管民营热电企业案"切入》,载《西南政法大学学报》2013年第4期。

2. 提起行政诉讼或行政复议

如前所述,行政接管的性质为特殊的行政强制措施,就接管决定的作出而言,其为具体行政行为,当其侵犯被接管企业的合法权益时,自可提起行政诉讼或申请行政复议。行政诉讼法第 12 条第 1 款第 7 项规定,认为行政机关侵犯其经营自主权的,公民、法人或者其他组织可以提起行政诉讼。行政复议法第 6 条第 1 款第 5 项亦对企业合法的经营自主权予以保护。而行政接管恰是政府对被接管企业自主经营权的干预,这一干预在为公共利益而挽救企业、规避风险的前提下方具有合法性与合理性基础,但是一旦行政机关在不具备上述前提的情况下实施接管,或者违反法定程序,超越或滥用职权,侵害被接管主体合法权益,被接管企业和其所有人,可依照行政诉讼法与行政复议法之规定进行救济。

中德法学论坛
第14辑,第28~41页

中国高铁产业分析与反垄断法适用性*

于　立　徐志伟　徐洪海**

中国高铁产业取得了举世瞩目的发展,但从竞争政策角度的分析研究却比较少见。本文重点探讨中国高铁的产业组织特征与反垄断法适用性问题。具体分为三个方面:(1)在产业组织层面,为何高铁产业总体上不属于自然垄断产业?哪些业务环节可能具有自然垄断因素?(2)在企业组织层面,中国高铁从政府企业到特殊法人,再到股份公司的法律经济学逻辑和演变规律;(3)高铁产业的《反垄断法》适用性问题。本文从竞争政策的角度得到的研究结论,对电力、电信、供水、供气等类似产业都有一定的借鉴意义。

关键词:高铁产业;产业组织;特殊法人;反垄断法适用

The China Railway High-speed (CRH) industry has made remarkable achievements. Studies on CRH from the perspective of competition policy are rare. This paper analyses the industrial organization characteristics of high-speed railway

---

* 2015年9月,在南京大学中德法学研究所举办的“垄断行业改革:竞争与规制”国际学术研讨会上,作者曾经以此为题作专题发言。非常感谢南京大学中德法学研究所和相关专家的评论。另外,天津财经大学法律经济分析与政策评价中心成员刘玉斌、冯博、张杰、刘婵、王玥、杨童等参与了本文讨论。

** 于立:天津财经大学法律经济分析与政策评价中心主任,经济学博士,教授,国务院反垄断委员会专家咨询组成员;徐志伟、徐洪海:天津财经大学法律经济分析与政策评价中心研究人员。

industry and the application of Anti-Monopoly Law. Specifically, three kinds of questions are mainly discussed in this paper. (1) Why is the high-speed railway not a natural monopoly from the point of industrial organization? Which parts of the high-speed railway have the characteristics of a natural monopoly? (2) What are the evolution rules and principles of law and economics for CRH, based on the evolution of business organization from government undertaking to special corporation and then to joint-stock company? (3) Is the Anti-Monopoly Law applicable to high-speed railway? The conclusions of this paper from the perspective of competition policy are equally applicable to the analysis of power, communication, water and gas industry, etc.

Key Words: high-speed railway industry, industrial organization, special corporation, application of Anti-Monopoly Law

高速铁路产业(以下简称高铁产业)具有典型的纵向产业组织特征,一般可分为机车制造、路网施工、机车运营、路网管理四大环节(具体见图2)。[1] 中国高铁产业发展始于2004年1月通过的国家中长期铁路网规划。[2] 10余年后的2015年,在中国全部的12万公里铁路营运里程中,高铁运营里程达到1.7万公里,占到15%左右,高铁营运收入却占到铁路客运收入45%,而且这一比例还会继续提升。高铁产业在中国近年来实施的"一带一路"战略方面,也扮演着举足轻重的角色。

现有对高铁产业的研究,关注安全、技术和效益的较多,从竞争政策(产业组织和反垄断)角度研究的却很少。这必然会导致成功经验难以总结,需要改

---

[1] 在中国,高铁产业狭义上指时速300公里以上(G字头),广义上指时速200公里以上(包括D字头和G字头)的旅客运输专线及与其相关的生产、运营活动。在国外,日本的新干线、法国TGV高铁(Train à Grande Vitesse)等,均属于本文所指高铁产业。简言之,本文所指高铁产业是指包括D字头和G字头动车在内的广义高铁产业。

[2] 中国中长期铁路网规划提出了设计时速200公里的"'四纵四横'快速客运专线网"建设。其中,四横为徐兰、沪昆、青太、沪汉蓉客运专线;四纵为京沪、京港、京哈、东南沿海客运专线。"'四纵四横'快速客运专线网"建设规划的提出往往被视为中国高铁产业建设开始的标志。

进之处不知所在的问题出现。比如,仍然普遍认为高铁产业属于自然垄断产业,对中国铁路总公司(以下简称铁路总公司)的企业性质和职能在法理上认识不清,反垄断法对高铁产业应该整体豁免,等等。本文对高铁的产业组织特征、企业组织形式、反垄断法适用等问题进行法律经济学分析,试图澄清一些重要的法理观念,得出合乎逻辑的政策判断,为高铁产业的进一步发展提供法理支持和政策建议。

一、高铁产业的技术经济分析

(一)规模经济非常明显,但与自然垄断无关

高铁产业的规模经济性主要体现在幅员经济(外在经济)和密度经济(内在经济)两方面。[3] 其中,幅员经济是指随着高铁线路的延长和站点数量的增加,单位运输成本呈现出的下降趋势。密度经济是指随着特定高铁线路上运量的加大,单位运输成本呈现出的下降趋势。幅员经济与国土(地区)面积密切相关,国土(地区)面积越大,产生幅员经济的可能性就越大。密度经济与高铁运量密切相关,运量越大,密度经济就越明显。例如,2014年10月,在已经开通运营的1.2万公里中国高铁客运网络营业里程中,日均开行动车组列车超过1330对。中国高铁的运送旅客量在2013年就已经超过世界其他国家的总和,约为日本高铁客运量的2.5倍,法国高铁客运量的4倍。[4] 由此可见,中国高铁产业的幅员经济和密度经济都比较明显,规模经济性比较突出。这也是中国高铁取得快速发展的重要经验之一。但需要明确的是,产业组织理论早已证明,规模经济性既不是自然垄断的充分条件,也不是必要条件。[5] 其政策含义就是高铁产业虽然规模经济性比较明显,仍是可竞争的。

---

〔3〕 参见荣朝和:《关于铁路规模经济与范围经济的探讨》,载《铁道经济研究》2001年第4期。

〔4〕 参见世界银行2014年发布的报告:《中国高速铁路运量分析》。

〔5〕 参见于立、姜春海:《规模经济与自然垄断的关系探讨》,载《首都经济贸易大学学报》2002年第5期;于立、吴绪亮、唐要家等:《法律经济学的学科定位与理论应用》,法律出版社2013年版,第43页。

（二）低内部回报与高外部效益并存

一方面，高铁产业投资金额大、投资回收期长，属于典型的资本密集型产业，短时间内投资回报率较低。由于多种政治和社会原因，高铁票价一般会受到政府严格规制。中国设计和建设时速350公里的高铁线路的加权平均成本为1.29亿元/公里，时速250公里的项目为0.87亿元/公里。照此估算，仅中国京广高铁总投资概算就超过4000亿元人民币。[6] 高铁产业投资回报周期较长，以运营状况最好的京津城际高铁为例，如果以2013年全年发送旅客2585万人次，票价55元计算，即使不考虑任何利息支出、后期运营和维护成本、通货膨胀等因素，完全收回前期215亿元投资就需要15年左右时间。综合考虑巨额投资和超长回报期两方面因素，中国政府的高强资本筹措和征集土地能力，甚至短期内可以不重点考虑项目内部回报与本息问题，就成了明显的政策“优势”。另一方面，经验表明，高铁产业发展对沿线经济和国民经济的外部效益是非常明显的，政府主导发展高铁的综合经济效益大大高于项目的内部回报。当然，这并不是说不应关注高铁的巨额债务问题。

（三）技术难关众多，“举国体制”优势明显

高铁产业建设需要在牵引供电、列控系统、信号传输、轨道铺设等方面进行协同创新，突破诸多技术难关。在中国高铁产业建设初期，以原铁道部为主导的“举国体制”表现出了巨大的产业政策优势。例如，为了研制CRH380型高速动车组，中国科技部和原铁道部于2008年正式签署《中国高速列车自主创新联合行动计划》。该计划确立国家重大创新战略，坚持产学研用相结合，动员和集成全国优势科研及产业资源。在研发过程中，“两部”联合行动整合了25所大学、11个科研院所和51家国家级实验室和工程研究中心，以及包括68名院士、700多名教授和研究员在内的上万名技术人员，才在短时期内取得重大的动车组技术突破。可以说，中国高铁产业的快速发展更多体现的是国家创新战略或者说产业政策的优势，绝不是单个企业或项目之力。但这种产业政策的成功并不排斥竞争政策的作用，中国高铁技术的突破，正是巧妙地利用了国内外的技术招、投标和集成创新，立足于国际竞争。如果完全是闭关锁国、从头做起，不可能取得成功。

---

〔6〕 参见世界银行2014年发布的报告：《中国高速铁路：建设成本分析》。

(四)特定距离中面临强可替代性与外部竞争

高铁产业不仅存在内部竞争,还面临着外部竞争压力。高铁、公路和航空三种出行方式在特定的距离上具有较强的替代性。如图 1 所示,500 ~ 1000 公里范围内高铁出行与航空出行之间具有很强的替代关系。根据产业组织理论"产业 = 市场"的基本原理,在这个出行区间内甚至可以将高铁和航空界定为一个市场。超过 1000 公里航空出行优势明显,低于 500 公里高铁出行较为经济。但在低于 500 公里的范围内,高铁出行又会与公路出行形成新的替代关系,高铁与公路之间又可能构成一个新的市场。因此,虽然表面上中国高铁只存在铁路总公司一家企业提供运营服务,但从产业组织理论中"相关市场"界定角度看,实际上高铁运营在一些线路上与公路和航空等其他客运方式存在激烈的竞争关系。

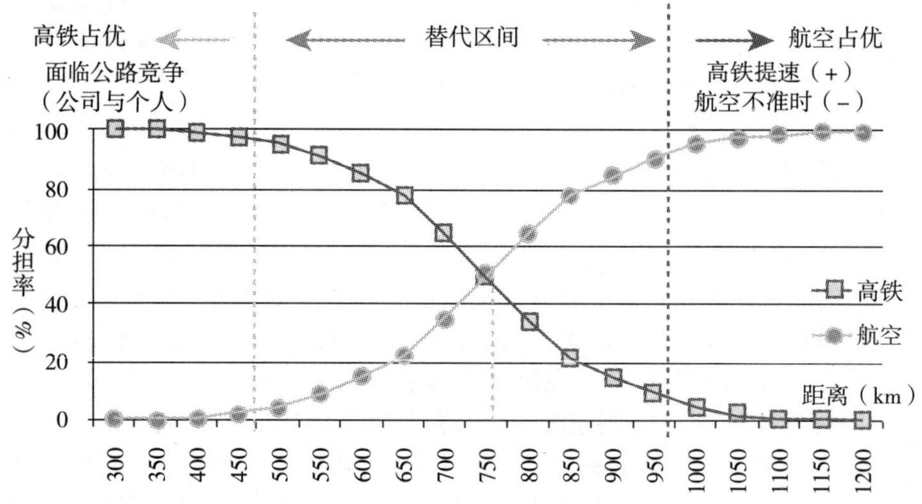

图 1 高铁与公路、航空替代关系示意〔7〕

〔7〕 参见丁金学等:《高铁与民航的竞争博弈及其空间效应——以京沪高铁为例》,载《经济地理》2013 年第 5 期。本文作者根据业内人士的建议有所调整。

二、高铁的产业组织与竞争分析

竞争与垄断关系是经济学的永恒主题,其基本原理同样适用于高铁产业。遗憾的是,至今仍有人错误地认为,高铁产业具有规模经济和自然垄断性,因此属于垄断产业。实际上,理论和实践早已证明,"规模经济既不是自然垄断产生的充分条件,也不是自然垄断产生的必要条件"。[8] 在现代经济中,已经很少有整体上属于自然垄断的产业。分析一个产业的竞争关系,需要对具体产业按横向或(和)纵向进行层层分解,再对具体环节进行具体判断,而不能笼统地将某一产业整体定义为竞争产业或是垄断产业。这对于高铁产业的反垄断法适用性分析至关重要。

对高铁产业来说,大体可以从纵向上按"二分法""三分法"和"四分法"分为三个层次,每个层次可再从横向上分为二、三、四个环节。如图 2 所示。按"二分法"可将高铁产业粗略地分为"机车"和"路网"两大环节。其中,"机车"环节的进入存在一定的技术障碍和资本障碍,在研发成本不变的条件下,随着机车制造和运营数量的增加,平均成本在一定范围内可能呈下降趋势,因此具有一定的规模经济性。但该环节并不具有任何的自然垄断性,不同经营主体之间可以展开高度的竞争。由于技术和资金因素的影响,"路网"环节同样存在一定的进入障碍,并且由于幅员经济和密度经济的存在,也具有较强的规模经济性。但关键问题是,也不能笼统地说"路网"环节一定具有自然垄断性。如进一步细分,会更有助于清楚地认识高铁产业及"路网"环节是否具有自然垄断性。

按"三分法",可将高铁产业划分为"机车制造""路网施工"和"运营管理"三大环节,当前中国高铁产业基本属于此种组织结构。其中,"机车制造"属于寡头垄断市场,如中国中车、日本新日铁、法国庞迪巴、德国西门子等公司在全球高铁机车制造市场展开激烈的竞争。虽然在某个局部市场内部不排除存在一定程度市场垄断的可能,但从全球市场角度来看,高铁机车制造市场不会较

---

〔8〕 参见于立、姜春海:《规模经济与自然垄断的关系探讨》,载《首都经济贸易大学学报》2002 年第 5 期;于立、吴绪亮、唐要家等:《法律经济学的学科定位与理论应用》,法律出版社 2013 年版,第 43 页。

长时期存在比较严重的市场垄断,更不存在自然垄断。[9] 与"机车制造"环节类似,高铁"路网施工"环节也属于高度竞争市场,不同国家、数量众多的承包商可以分段对路网施工进行激烈竞标,还可对承包建设项目进行分包或转包。至此,"机车制造"和"路网施工"属于竞争性环节应该没有争议,而对于"运营管理"环节也不能理所当然地认为具有自然垄断性。正如前文对高铁产业技术经济特征的分析,规模经济、低内部回报和高外部收益并存现象、技术和资本进入障碍等特征的存在,容易使人当然地认为高铁产业"运营管理"环节具有自然垄断性。目前中国高铁的"运营管理"由铁路总公司一家企业经营或许正是基于这一理由。但是"运营管理"环节是否具有显著的自然垄断性还缺乏充分的理论和实证研究。需要特别注意的是,理论和实践都表明,自然垄断性也不是一成不变的,随着市场机制的完善和技术进步,自然垄断特征也会逐渐变少。总体来说,几乎没有环节是不可竞争的。电力、电信和航空产业都经历了这种演变。中国高铁实行"网运合一"的运营管理模式可能也是过渡性的,不排除未来实行"网运分离"的可能。

未来完全可能按照"四分法",对高铁产业实行"网运分离",划分为"机车制造""路网施工""机车运营"和"路网管理"四大环节。"机车制造"和"路网施工"的高度竞争性此处不再赘述。可以设想,"网运分离"时,任何具有运营实力的公司都可通过从量或从价、分时支付"用网费"(通道费),再按统一的调度规则在高铁路网上运营并展开竞争。"路网管理"所涉及的信号管理、线路维护等工作任务,也可以分项目、分路段,引进不同的公司展开竞争,而路网的规划任务和调度任务则可能更多地属于政府职能,但也不排除有条件或部分地赋予事业单位和企业履行。[10]

综合上述分析,可以认为高铁产业整体上并不属于自然垄断行业,虽然短期内局部环节可能存在少量的自然垄断因素,但绝大多数环节在不同程度上都是可竞争的。进而可以得出更重要的结论,即反垄断法对高铁产业也是基本适

[9] 中国南北车合并的案例就很好地说明了这一问题,其关键在于相关市场的恰当界定,详见后文讨论。

[10] 2013年,国务院对铁路改革的总体部署是,原铁道部撤销之后,"拟定铁路发展规划和政策的行政职责"划归交通运输部,"拟定铁路技术标准""监管铁路安全生产、运输服务质量和铁路工程质量"和"铁道部的其他行政职责"划归新组建的国家铁路局,其企业职责划归新组建的铁路总公司。高铁产业的路网规划任务主要由调整后的交通运输部承担。

用的,只有对具有自然垄断性的环节,反垄断法可以给予豁免,但必须对其行为加以经济性规制。

三、高铁产业的企业组织演进规律

高铁产业的技术经济特征和产业组织特征在很大程度上就决定了该产业企业组织性质和形态的演变规律与趋势。[11] 大体上,中国高铁产业的企业组织基本遵循或正在遵循"政府主导→特殊法人企业主导→公司化"的发展之路,目前处于第二阶段。

相关理论研究早已提出,国有企业应当按照"政府企业""特殊法人企业"和"股份公司"三种企业组织形态进行改革和布局。[12] 如图 2 所示,中国高铁产业的发展历程基本印证了这一普遍规律。在中国高铁产业起步初期,作为中央政府的一个组成机构,铁道部按"政企合一"的原则,同时行使政府和企业的双重职能,其中的企业职能就是"政府企业"的模式。随后,按"三分法",铁道部的企业职能通过"分拆"和"脱钩",重点推进了"机车制造"和"路网施工"两大环节的公司化改造,与原铁道部脱离。[13] 进而,原铁道部于 2013 年撤销,其政府职能并入交通运输部,同时成立铁路总公司,承担原铁道部的企业职能,特别是高铁运营管理的企业职能。

铁路总公司是个典型的"特殊法人企业"。其成立的依据是工业企业法,而不是公司法。既无公司章程,也未清产核资。虽然称为公司,但在很多方面(如行政级别、治理结构、资本结构、运营目标、自主经营、自负盈亏等)不符合现代标准公司的要求,尤其是基本上没有产品和服务的定价权。这种"特殊法人企业"是国有企业的典型组织形态,在世界各国都有类似案例和存在必要。当然,

---

〔11〕 从企业组织角度对中国铁路的研究,参见汤浒、赵坚:《考虑组织结构的委托—代理模型研究——以中国铁路运输业为例》,载《中国工业经济》2015 年 4 月刊。

〔12〕 参见于立、马骏:《特殊法人企业有关问题的进一步探讨》,载《东北财经大学学报》1999 年第 1 期;于立、马骏:《中国国有企业改革与治理结构的构建新思路》,载梁能主编:《公司治理结构:中国的实践与美国的经验》,中国人民大学出版社 2000 年版,第 143 ~ 159 页。

〔13〕 中国铁路及高铁产业企业组织变革和演进的大事记可参见文后附录。

中国目前对这类“特殊法人企业”仍处于“摸着石头过河”阶段。预计未来,铁路总公司还会继续演变分解,通过发展分公司和子公司的途径,适应市场竞争的业务逐渐向独立核算和股份公司的方向发展,具有自然垄断性或存在市场失灵的业务继续存在于总公司。

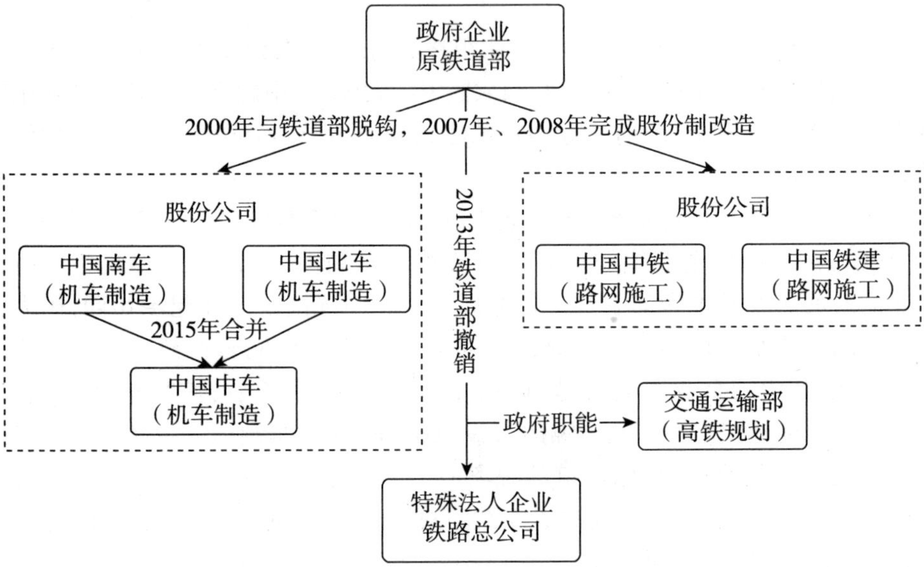

图 2　中国高铁的企业组织演进示意

至于“机车制造”和“路网施工”环节,现已建立起中国中车股份有限公司(机车制造)、中国中铁股份有限公司和中国铁建股份有限公司(路网施工),这些公司可逐渐向规范的公司制企业转变,广泛参与市场竞争。此类股份公司实质上与非国有企业差异较小,可以按照市场规则参与竞争,当然也完全适用反垄断法。

就“特殊法人企业”的改革来说,高铁产业企业组织未来应该遵循产业组织“四分法”(见图 3)的基本方向,对现有“运营管理”环节进行“网运分离”。[14]

---

〔14〕 以高铁运营管理为试点进行“网运分离”具有以下优势:首先,高铁建设时间不长,历史包袱较轻,清产核资相对容易;其次,相对而言,高铁运营过程中的公益性相对较弱,市场化改革基础较好;最后,以 G 字头开头的高铁运营线路大多独立运营,业务边界相对较为清晰。

铁路总公司现有负责高铁机车运营的主体是其下属的 18 个铁路局。其中,除广州铁路(集团)公司(原广州铁路局,以下简称"广铁集团")具有子公司性质并拥有自己的上市公司之外,其他 17 个铁路局都不具有法人资格,本质上应属于铁路总公司下属的分公司。未来的改革,可借鉴很多国家的成功经验,对铁路总公司下属铁路局进行股份公司改造,变分公司为子公司,条件成熟时分别上市。[15] 将机车运营业务剥离之后,对于路网管理过程中可竞争的部分(如信号管理、线路维护等),可以参照市场化运营模式通过发包、承包交与不同的企业负责经营。对于存在自然垄断因素难以竞争的路网运营部分,可以继续实行特殊法人模式,但要尽量增进竞争,或可参照"用网费 + 规制"模式逐步进行试验改革。

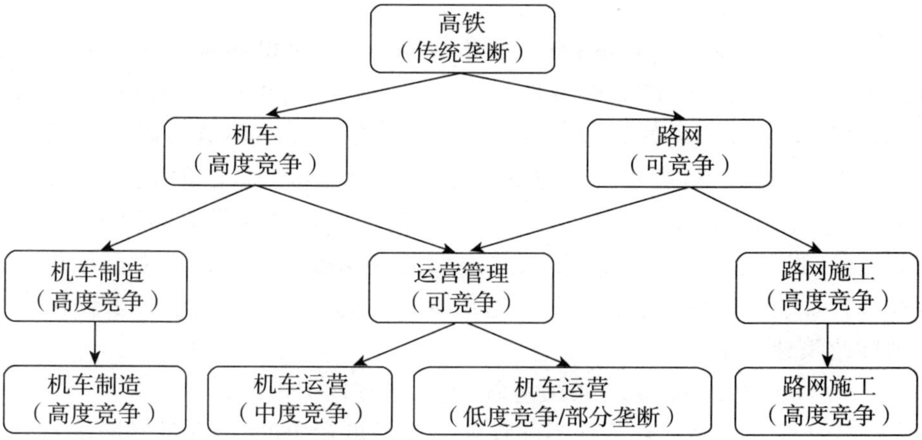

图 3　高铁产业竞争垄断关系分解

综上分析,同样可以得出与高铁产业组织和竞争分析结论相吻合的高铁产业反垄断法适用规则:"政府企业"(如原铁道部)、"特殊法人企业"(如铁路总公司)因为在一定时期内具有一定的公共性,或者其经营业务具有自然垄断特

[15] 上述改革思路可作为国有企业进入和退出的基本方向,即国有企业应当在产业发展初期进入研发水平要求高、投资规模大、企业营利性低的产业,重点强调的是扶持产业发展而非企业本身的盈利水平。当产业相对成熟、企业能够基本自负盈亏、市场条件相对完备时,国有企业应该逐步退出,将国有企业转变为股份公司企业。实际上,新加坡的"淡马锡"等模式具有较好的参考价值。

征,因而反垄断法可以对其豁免,政策重点在于规制;而“股份公司”(如中国中车、中国中建和中国铁建等)则完全适用反垄断法。总体来讲,中国高铁产业实际上按照国有企业的企业组织演变规律,自然而然地走上了“特殊法人企业”之路。但是由于现有政策法规的缺失或错位,使得本是合理的发展模式显得“名不正言不顺”,在参与国际竞争中也可能面临他国反垄断机构的关注。为此,一方面可以在特定时期内针对类似的“特殊法人企业”单独制定临时性法规(可以是国务院发布相关意见或通知);另一方面反垄断法也可对其依法豁免。

四、反垄断法对高铁产业的适用性

反垄断法对高铁产业是否适用,不仅对中国,对世界也都是新问题。其中关键的问题是,高铁产业应该是整体上还是局部给予反垄断豁免?按前述“三分法”和“四分法”的划分,哪些大环节或更细分的环节可以给予反垄断豁免?中国的反垄断执法机构也遇到了一些执法难题,比如“南北车经营者集中案”认定其合法的法理依据是什么、如何回应四名律师对“广深高铁涉嫌垄断高价”的举报以及其他诸多与之类似潜在问题。基于前面对高铁产业技术经济特征、产业组织特征与企业组织演变规律的研究,这里可以提出以下原则性政策建议。

(一)高铁产业整体上适用反垄断法,局部可以考虑豁免

高铁产业的大多数环节在不同程度上都是可竞争的,因此反垄断法对其整体上适用,但对于涉及路网管理的某些环节可以考虑局部豁免。根据产业经济学的两个基本假设:“区域 = 市场”和“产业 = 市场”,高铁产业并不是一个市场,而是可以细分为多个不同市场,每个细分市场的竞争或垄断情况差别较大。“南北车经营者集中案”和“广深高铁涉嫌垄断高价”都可以分别从两个基本假设出发,结合高铁产业细分市场的竞争或垄断情况进行分析。

对于“南北车经营者集中案”,中国商务部反垄断局和德国、澳大利亚大等国家反垄断机构都接到两公司的经营者集中申报并对其进行反垄断审查。这也从侧面印证反垄断法对高铁产业“机车制造”等竞争性环节是适用的。中国商务部反垄断局及他国反垄断机构批准该集中案件并非是因为反垄断法对其不适用或完全豁免,而是基于经济分析结论作出的决定。

具体来看,经营者集中本身并不属于“当然违法”,而是应该依据经营者集

中是否“具有或者可能具有排除、限制竞争的效果”进行“合理推定”。其中经济分析的关键在于如何界定市场,进而评估合并后企业是否可能存在滥用市场势力的可能性(单边效应)或更集中的市场结构是否便于合谋(协调效应)。如上文所述,高铁机车制造实际上属于全球市场,中、日、法、德等国的多家企业之间具有明显的竞争关系。南北车合并之后的市场份额大约只占全球市场份额的20%,如果考虑到南北车合计约有90%的业务在中国,两者合并对全球市场的竞争影响则更为有限。因此,从全球市场来看,南北车合并不具有排除、限制竞争效果,各国反垄断机构也理所当然地批准南北车合并。尽管南北车合并后在中国市场具有显著的市场支配地位,因为合并促进两者技术互补,增强企业竞争力,提高企业运营效率,降低采购成本等正效应也会抵消合并的负面影响。[16] 因此,商务部反垄断局根据反垄断法第28条规定[17]于2015年3月无条件批准了南北车合并。

对于“广深高铁涉嫌垄断高价”问题,需要考虑经营“广深高铁”的广铁集团是否涉嫌通过滥用市场支配地位“以不公平的高价销售商品”。根据产业经济学关于“产业 = 市场”的基本假设,彼此具有较强替代关系的产品即构成同一个市场。因此,在广铁集团市场支配地位的判断上,需要从需求(供给)替代角度根据具体线路情况具体问题具体分析,不能因为只有一家高铁运营服务提供商就简单地判断其具有市场支配地位。显而易见,发达的公路交通与广深高铁之间具有明显的需求(供给)替代性,因此需要对相关市场进行清晰的界定,在此基础上才能够对广深高铁是否涉嫌垄断高价进行执法判断。

(二)按高铁产业企业组织性质分类执法

在分析高铁产业的反垄断法适用问题,或者对其进行反垄断执法时,特别需要考虑企业的性质因素。因为不同国有企业“公共性”(社会职能)和“企业性”(企业职能)的高低比重组合不同,既不能根据垄断事实简单地否定国有企业的有益之处,也不能因为是国有企业就完全获得反垄断法豁免,而要根据实际情况分门别类处理,对不同环节涉嫌垄断行为进行分类执法。分类执法的大致原则是:“政府企业原则豁免,特殊法人因情豁免,股份公司合理推定”。

---

〔16〕 参见刘纪鹏:《南北车合并:开启国资改革新思路》,载《经济》2015年第5期。

〔17〕 此条款规定,经营者能够证明该集中对竞争产生的有利影响明显大于不利影响,或者符合社会公共利益的,国务院反垄断执法机构可以作出对经营者集中不予禁止的决定。

如表1所示，在中国建设高铁之初，高铁产业各个环节由原铁道部一家“政府企业”经营管理。此类政府企业在产业建设初期的优势作用也比较明显，但随着中国经济改革已不多见，反垄断法对其可原则上豁免。随着高铁产业企业组织的变革，“机车制造”和“路网施工”环节不仅从产业组织角度看不存在自然垄断，从企业性质角度看2000年与原铁道部脱钩之后就变为股份公司，因此完全适用反垄断法。由此看来，中国商务部反垄断局依法受理审查“南北车经营者集中案”也合乎法理，二者都属于股份公司。需要注意的是，对于此类“股份公司”类型的国有企业，反垄断执法过程中除了需要进行一般性的经济分析外，有时也需要考虑反垄断法第7条[18]关于国有经济“关系国民经济命脉和国家安全”等因素。但总的来讲，依据反垄断法，此类企业基本上也须根据具体情况进行合理推定，不能因为属于国有企业就一概豁免。

表1　高铁产业反垄断法适用分类情况

<table>
<tr><th>企业组织
产业环节</th><th>政府企业</th><th>特殊法人企业</th><th>股份公司</th></tr>
<tr><td>机车制造</td><td>非政府企业适用反垄断法</td><td>非特殊法人企业适用反垄断法</td><td>适用反垄断法，但需合理推定</td></tr>
<tr><td>机车运营</td><td rowspan="2">初期存在，现已取消</td><td rowspan="2">中国现状，反垄断法因情豁免</td><td>“网运分离”后适用反垄断法</td></tr>
<tr><td>路网管理</td><td>“网运分离”后基本适用反垄断法</td></tr>
<tr><td>路网施工</td><td>非政府企业适用反垄断法</td><td>非特殊法人企业适用反垄断法</td><td>适用反垄断法，但需合理推定</td></tr>
</table>

高铁运营管理的主体——铁路总公司的反垄断法适用问题相对较为复杂。铁道部撤销后，铁路总公司实际上采取的是“特殊法人企业”模式，出于自然垄断性和公共性等因素的考虑，反垄断法对其可以根据具体情况酌情豁免。除了高铁“运营管理”环节具有一定的自然垄断性，属于“关系国民经济命脉和国家安全的行业”之外，还有另一个关键因素需要考虑，即目前高铁票价仍由政府决

〔18〕　此条款规定，国有经济占控制地位的关系国民经济命脉和国家安全的行业以及依法实行专营专卖的行业，国家对其经营者的合法经营活动予以保护，并对经营者的经营行为及其商品和服务的价格依法实施监管和调控，维护消费者利益，促进技术进步。

定,铁路总公司缺乏自主定价权。因此,在反垄断法的适用性上还应该与一般股份公司有所区别,可以依法酌情豁免,但同时应该制定和完善相关政策法规(如“特殊法人法”)对其行为加以经济性规制。

依据铁路总公司的未来改革方向对“运营管理”环节实施“网运分离”之后,除了路网运营部分具有自然垄断性需要进行以“用网费”为特点的经济性规制之外,其他诸如信号管理、线路维护业务是可竞争的,可以依据反垄断法进行执法。机车运营环节同样不具有自然垄断性,未来应成立股份公司提供运营服务,基本适用反垄断法。特别是随着高铁定价机制的改革和经营自主权的扩大,反垄断法应由“基本适用”逐步转变为“完全适用”。

附录:中国铁路及高铁产业的企业组织变革和演进大事记表

年份	事件	改革性质	涉及环节
1986 年	铁道部长场务局改制成立中国铁路机车车辆工业总公司	公司化改革	机车制造
1989 年	铁道部基本建设局改制成立中国铁路工程总公司	公司化改革	路网施工
1990 年	铁道部工程指挥部改制成立中国铁道建筑总公司	公司化改革	路网施工
2000 年	中国铁路工程总公司和中国铁道建筑总公司与铁道部脱钩	脱钩	路网施工
2000 年	中国铁路机车车辆工业总公司与铁道部脱钩,分拆为中国南车集团和中国北车集团	脱钩、分拆	机车制造
2007 年	中国铁路工程总公司整体重组改制创立中国中铁股份公司,并于当年成功上市	股份制改造	路网施工
2007 年	中国铁道建筑总公司整体重组改制创立中国铁建股份公司,并于 2008 年成功上市	股份制改造	路网施工
2007 年	中国南车集团整体重组改制创立中国南车股份有限公司,并于 2008 年成功上市	股份制改造	机车制造
2008 年	中国北车集团整体重组改制创立中国北车股份有限公司,并于 2009 年成功上市	股份制改造	机车制造
2013 年	铁道部被撤销,中国铁路总公司成立	国务院机构改革	运营管理
2015 年	“南北车合并”成立中国中车股份有限公司	企业合并	机车制造

中德法学论坛
第14辑,第42~47页

欧洲与德国的能源法和铁路法改革

弗朗茨·于尔根·沙克[*]著　王卓然[**]译

本文主要从对能源网和铁路进行法律规制的必要性、网络准入和网络使用费的监管方法、激励性规制以及救济途径几个方面介绍了欧洲与德国能源法和铁路法改革的情况。能源和铁路行业具有自然垄断属性,相关的法律规制对于保障安全、高效的基础设施服务至关重要。网络使用费的监管应当以有效成本为导向并且由成本监管向激励性规制过渡。对于过高的网络使用费,除了公共执行,用户还可以通过私人执行提起民事诉讼获得救济。

关键词:网络使用费;激励性规制;私人执行

In dem vorliegenden Aufsatz stellt die Reform des Energie-und Eisenbahnrechts in Europa und Deutschland bei rechtlicher Notwendigkeit der Regulierung für Energienetze und Eisenbahn, Methoden der Zugangs-und Entgeltkontrolle, Anreizregulierung sowie Rechtschutz vor. Die Energie-und Eisenbahnsektoren sind von natürlichen Monopolen ausgeprägt. Dagegen ist die Regulierung für sichere, effiziente Infrastrukturdienstleistungen notwendig und sinnvoll. Die Kontrolle der Netzentgelte muss an effizienten Kosten orientiert sein und von Kostenkontrolle zur Anreizregulierung übergehen. Neben dem Public Enforcement kann sich der Nutzer mit dem Pri-

---

* 弗朗茨·于尔根·沙克(Professor Dr. Franz Jürgen Säcker):德国柏林能源法与规制法研究所所长,德国柏林自由大学教授,德国柏林工业大学 EUREF 校区学术委员会主席。

** 王卓然:南京大学中德法学研究所硕士研究生。

vaten Enforcement gegen überhöhte Preise zur Wehr setzen.

Key Words：Netzentgelte，Anreizregulierung，Private enforcement

一、对能源网络和铁路进行规制的法律必要性

在能源法和铁路法方面，《德国网络基础设施监管法》的目标是，为依赖于通过管网或轨道运输的商品快速建立更具竞争力和更加安全的市场。28 个欧盟成员国市场应当在竞争过程中结合成为一个整体。正如当前欧盟指令之设想，建立一个天然气和电能的欧洲联盟以及一个无国家壁垒、无歧视的统一铁路部门。

德国的监管机关——德国联邦网管局，应当与欧盟委员会合作共同在德国贯彻这一目标。因此，联邦网管局有责任，通过对网络准入、网络费用以及线路费用的规制，为商品必须通过管网运输的行业，保障无歧视和开放的市场。《德国能源经济法》（EnWG）和《德国一般铁路法》（AEG）对此进行了相关的详细规定。据此，网络运营商有义务，建立一个安全、可靠、高效的网络，并对其进行维护以及在必要时进行扩充。能源供应企业不应当在网管业务中抽取垄断利润以及向其他康采恩集团转移其盈利，或通过交叉补贴的方式获取与对手在商品竞争中的优势。

出于这些原因，关于分拆的规定（Unbundlingvorschriften）必不可少。分拆确保了网络运营商相对于其他提供电力、天然气、铁路服务的康采恩集团保持其独立性和中立性。然而，《德国能源经济法》和《德国一般铁路法》违背了欧盟委员会的意愿，并没有进行所有权分拆，而是仅局限于组织、运营和会计意义上的分拆以及自身基础设施法人实体的构建（法律分拆）。

对于基础设施市场的监管是必要的，因为对消费者的能源或铁路交通服务供应只能通过网络垄断实现。因此，网络准入必须面向每一个商品和服务供应商开放。经济学家提出自然垄断的概念，因为相对于多家企业而言，单独一家企业更加能够以较低价格满足基础设施服务需求。由于网络基础设施具有重复性以及国民经济经济成本过高，产生了公共电力、天然气以及铁路网等自然垄断行业。

这里第一个要提出的问题是：为什么仅一般的竞争法来调整这些自然垄断是不够的？答案很简单：竞争法在个案中必须事后进行一个复杂的行政程序或

司法程序才能确认垄断地位的滥用。法治国家原则上要求行政或司法机关承担的对滥用存在的证明责任如此之高,以至于整个过程需要数年时间;因为企业会当然地反驳,自己的价格是高于模拟竞争价格的。在垄断情况中获取模拟竞争价格低于实际采取价格的证据极其困难,因为在基础设施领域几乎无法得出模拟竞争比较价格,并且借助有效价格分析模型依据《欧盟运行条约》第 102 条进行监管极其复杂。为了克服这些困难,对能源和铁路行业制定了对价格进行事前监管的规制法。与卡特尔局个别事后监管程序比较,这种预防性监管预防作用和执行速度方面的优势十分明显,因为对高效基础设施的保障遵循了"公共利益最高位阶价值"原则(德国联邦宪法法院判例集,第 30 卷,始于第 292 页,详见第 323 页以下)。规制法是对私人网络垄断进行公共福利导向监管的必要手段。

第二个问题是:为什么国家在能源和铁路领域,不像在道路交通、内河航道方面,自己向公民提供高效的基础设施服务。实际上,在学界,将基础设施服务移交私营企业常常被消极地批判为"分裂国家政权"的行为。还有一些学者认为,这是政府和企业互动"共同生产政权"。这些批判者忽视了一点,那就是承担经济调整任务的国家也无法避免官员滥用其垄断地位、低效率以及腐败等问题。因此,在经济政策上,国家出于这些考虑,将部分提供经济服务的责任移交给具有更高服务效率的私营企业,由私营企业提供这些公共保障产品是较为妥当的。

而为了保障基础设施企业能够兼顾公共利益,监管机关必须预先对收费条件和使用条件的滥用和歧视采取预防措施。

对依赖于通过网络运输的商品(能源交易和铁路运输服务)一直适用一般竞争法,因为通过网络的竞争准入才能展开有效竞争。在这里,通过竞争主管部门的监管足以打击个案中的滥用行为。

规制法和卡特尔法在有一点上是相似的——它们追求的目标相同,即针对任意性和滥用保障网络运营商、产品生产者和网络用户之间的利益平衡,只是两者实现这一目标的途径不同。基础设施规制法是现代经济法独立、持久、而非短暂存在的一部分。它是网络经济的法律补充,其原则是通过网络逻辑确定的,而非通过网络传输的商品逻辑。

二、自然垄断方面网络准入和收费监管方法

以竞争为导向的网络许可使用费的适当性标准是有效服务成本，即一个高效的、具有经济结构可比性的网络或轨道运营商的成本。纯粹成本导向的基础设施使用费监管是不够的；因为会由于低效率行为不时产生不必要的成本，而垄断者仍然会得到报酬；甚至垄断者的成本越高，得到的利润就越高，因为利润是按照确定成本的百分比来计算的（成本加成概念）。因此符合市场经济的价格监管必须以有效成本为导向。有效成本原则受到越来越多的认可，其在内容上与竞争模拟价格的概念是一致的，也以一般竞争法为基础。因此，监管的目标是应当以安全网络和线路产生的有效成本作为依据计算许可价格。如此进行监管，将不必对网络准入费用附加竞争监管。

三、从成本监管到激励性规制

总体而言，事前有效成本监管程序也有缺陷。企业会想办法通过各种手段向行政机关证明自己的高成本，而并不专注于通过合理安排和降低成本等方案提高效率。

为了避免这一缺陷，立法者在《德国能源经济法》草案（《德国能源经济法》第21a条）和《德国一般铁路法》草案中创设了一种激励性规制（incentive regulation），以货币激励鼓励能源网和铁路运营商通过降低成本提高效率。因为自然垄断所有人与竞争中的企业不同，他们对于最大限度降低成本以及为了客户利益收取低廉网络费并不感兴趣。他们更可能会根据成本的可加性不断提高网络费，提供欠佳的服务质量，而无须面对客户的法律反抗。

因此，应当借助激励性规制推出一项以有效成本为导向的对于网络准入费用上限（价格上限）以及总收入上限（收入上限）的规定。如果企业将其成本控制在规定的价格或收入上限以下，那么企业就能够保留开支与规定上限之间的差额作为利润。如果允许其成本高于上限，企业将遭受损失。由此产生了大量针对企业的激励措施，以鼓励企业降低结构性成本。自然垄断行业缺乏竞争，那么可以将竞争转移到企业“内部”。在未被扭曲的竞争中，利润的最大化应当借助相关企业系统清单而非通谋合作以超越对手而实现。但是，如果没有有效

竞争,也没有竞争的替代机制,没有大量替代供应方,市场经济的系统清单将无法运作;因为,前面已经提到过,在垄断的情况下,相比于多家企业,单独一家企业更能够基于规模优势(规模经济)、范围优势(范围经济)和密度优势(密度经济)以更低的价格满足服务需求。因此,出于社会政策的考虑,这一方面的国家监管必不可少。用康德的话说,这种修正必要性是社会市场经济的绝对命令。虽然美国通常对市场支配地位案中过高价格的控制持怀疑态度,理由是,潜在竞争者进入市场就会阻却高额垄断利润的产生。但是即使在美国,鉴于公共事业领域的自然垄断属性,通过特定国家机关对公用事业的准入和价格进行规制也是理所当然的。

遗憾的是,铁路、能源基础设施企业个别价格上限和收入上限的确定也只能借助非常复杂的程序实现。在法治国家,国家机关设定最高价格的管理行为,只能在国家机关能够证明其设定的费用符合有效竞争价格的情况下实施。因此,对于如何使企业在垄断的情况下能够自发进行竞争模拟行为,需要找到一个聪明、"精明"的方式。如果在规定了价格上限或收入上限的情况下,企业不能够提高他们的收费,那么他们将如激励性规则所期望,想尽一切办法,通过降低成本,优化其支出效益比例。由此,激励性规制的理念是,通过货币激励鼓励企业尽一切努力将其成本降低到监管机关规定的上限以下。激励性规制留给了企业一定的自主权,它们可以通过创造性和有效的工作细化提高效率,可以通过精简内部组织,通过创新以及充分利用学习曲线降低成本,变得更高效。

然而,规制法所规定的激励措施必须具有足够的高度,涵盖所有可控成本。在这方面,能源法和铁路规制法,都还存在明显的不足。由于时间原因,很遗憾我不能对激励性规制做更加详细的介绍。笔者只能简单补充几点:

基于现有的受监管的网络费,第一轮规制的起始值被确定下来。企业个别收入上限的计算必须确保成本最小化的目标能够实现,即以合理的努力能够实现个别效率规定标准的达成与超越。为使企业获得与激励相应的动力,必须确保成本的节省控制在监管企业可达到的效率提高范围内。因此,效率规定应当仅涉及可控成本。

然而,效率合理提高的认定是激励性规制中最复杂的经济问题。必须通过行业一般生产要素的效率比较,同时考虑市场结构的差异性,才能确定结构可比的网络运营商的效率值。

激励性规制的一个风险是,以英国的铁路和水网监管为例,网络运营商可能在网络维护过程中通过不充分的替代投资，降低服务质量，以实现成本的降低。因此，监管机关还必须制定基础设施质量规定并监督其执行情况。

四、私人执行代替公共执行

由国家任命的监管机关实际上是否有效贯彻了其保障合理网络准入价格的职责，对于关注合理网管费的用户有很大的影响。出于这个原因，网管用户可以针对过高收费提起诉讼。除了公共执行，用户以及用户团体在一定条件下可以运用私人执行。然而，欧盟法只有选择使用服务原则，没有美国那样选择退出服务原则。客户可以依据《德国民法典》第 823 条第 2 款和《欧盟运行条约》第 102 条对于过高价格提起损害赔偿之诉，维护权利。同样，也可以根据《德国民法典》第 315 条对于后续价格上涨提起诉讼，以打击不合理的后续提价。在个案中，这方面尚有很多争议，尤其是由监管机关确定的网络使用费是否也可以在根据《德国民法典》第 315 条进行的程序中进行审查，尚无定论。在我看来，联邦法院在这一点上并没有给出十分肯定的回答。

五、结　　语

在这篇简短的报告中所提到的每一个要点，模拟竞争价格的确定，有效的、结构具有可比性的供应商成本的确定，激励性规制中起始值以及个别收入规定的确定，针对过高网络使用费的个人诉讼及团体诉讼等，都可以再另拟一篇单独的报告。

最后，请允许笔者强调一点：找到确定合理价格的理想方法是不容易的。合理价格一方面要保障企业的质量和服务水平；另一方面要保证向客户低价供应：以产业经济的经验，在能源和铁路行业，相比于监管机关根据成本加成确定价格的方法，利用激励性规制鼓励企业自发进行有效竞争模拟行为是更加有效的方式。

（方小敏　校）

中德法学论坛
第14辑,第48~62页

《德国能源经济法》修正草案对特许经营权规定的修改
——改革抑或改良?

克努特·魏纳·朗格　克莉丝汀娜·莫里茨*著　肖　玲**译

德国内阁近期出台的《德国能源经济法》修正草案已成为学术与实践中炙手可热的话题。该草案的目的在于对特许程序进行"无歧义且具法律确定性"的规制并提高在能源网络接入中的法律确定性。本文主要从草案第46条、第47条与旧能源经济法规范的比对分析中,讨论该草案是否实现了这一具体目的。

关键词:《德国能源经济法》修正草案;特许经营权许可程序;法律确定性

Das Kabinett der Bundesregierung hat einen Gesetzentwurf vorgelegt, der Gegenstand intensiver Behandlung in Wissenschaft und Praxis ist. Ziel des Entwurfs ist es, das Zulassungsverfahren „eindeutig und rechtssicher" zu regeln und die „Rechtssicherheit im Netzübergang(...) zu verbessern". Mittels einer Analyse der §§ 46,47 EnWG-E im Vergleich zu denVorgängernormen geht der Beitrag der Frage nach, ob der Entwurf den selbst gesteckten Zielen gerecht wird.

---

* 克努特·魏纳·朗格:德国拜罗伊特大学的民法,德国和欧洲商法和经济法教授,德国和欧洲能源法研究所的副所长;克莉丝汀娜·莫里茨:德国和欧洲能源法研究所博士生。

** 肖玲:南京大学中德法学研究所2015级研究生。

Key Words：EnWG-E，Konzessionsvergabeverfahren，Rechtssicherheit

近几年，在地方供应层面授权使用公共道路铺设和运行能源管网的法规已成为学术与实践中炙手可热的话题。问题主要在于旧法十分宽泛的解释空间，以及特许合同当事人追求的目的和特许经营权立法目的之间存在差异。联邦最高法院、各州高等地方法院以及行政机关（联邦网管局、联邦卡特尔局）通常以保护竞争作为核心论据，而地方及其在学界的支持者则优先考虑地方自治原则（《德国基本法》第28条第2款）。总体而言，现行法之下，无论是在法律程序方面，还是在法律后果方面都具有极大的不确定性。2016年2月3日，德国内阁发布了一项《关于修改与能源管道供应相关的道路使用权许可规定的法律草案》〔1〕，旨在"无歧义且具法律确定性"地规制特许经营权授予程序以及提高在能源网接入中的法律确定性。本文主要研究该草案是否实现了这一既定目标。

一、问题提出

当前的特许经营权具有能源网竞争和表现为地方能源网运行保障责任形式的公共服务并存的特点。由于鼓励竞争的《德国能源经济法》（EnWG）、《德国反限制竞争法》（GWB）以及具有地方保护意图的《德国基本法》（GG）第28条第2款有不同的目标设定，要求对特许经营的核心问题找到折中的解决方案。地方保障责任会阻碍竞争的充分发展；此外，以有效的招标竞争制度为前提的中立决策机制是不存在的。相反，在特许决定中，对能源网的竞争会限制对地方利益的关注。

另外，特许程序的现有法律规定（《德国能源经济法》第46条）刚刚起步，导致目前特许制度主要是通过法官法和政府决定形成。仅仅基于一些零星的法律发展不能使特许经营授权程序具有充分的法律确定性。尽管德国联邦卡特

〔1〕 Gesetzesentwurf der Bundesregierung zur Änderung der Vorschriften zur Vergabe von Wegenutzungsrechten zur leitungsgebundenen Energieversorgung（abzurufen unter：https://www. bmwi. de/BMWi/Redaktion/PDF/E/entwurf-eines-gesetzes-zur-aenderung-der-vorschriften-zur-vergabe-von-wegenutzungsrechten-zur-lei-tungsgebundenen-energieversorgung. pro-perty = pdf, bereich = bmwi2012，sprache = de，rwb = true. pdf）.

尔局(BKartA)和德国联邦网管局(BNetzA)发布了关于电力和天然气开发许可的总指引,想为地方的特许经营决定提供帮助,[2]然而其规定与联邦最高法院在“施普林格天然气网”案中的判决不一致,表明该指引是没有法律约束力的。[3] 当前法律状况是,联邦最高法院对卡特尔法上的滥用市场支配地位情形(《德国反限制竞争法》第19条)享有裁判权,由此联邦最高法院得出一项与《德国能源经济法》第46条第1款第1项对道路使用权规定内涵一致的禁止歧视原则。[4] 基于该具有竞争法特色的禁止歧视原则,联邦最高法院为止步不前的特许程序和实体法上的决策标准与价值衡量制定了具有严格法律效力的规定。具体规定,如《德国能源经济法》第46条第3款第5项中的目标义务,仅被参议院看作宣示性义务。联邦最高法院对于解决特许权问题的一般竞争法意义上的裁判权,增加了特许程序的法律不确定性。此外,对地方自治权的关注与具有强烈竞争特征的法院判决的碰撞,也引发了部分犀利批判。[5]

然而,不仅是现存的法律不确定性,还有能源转型带来的挑战,使旧法的特许范围需仔细考量。在能源转型中,与地方能源供应网相关的特许经营权许可扮演着主要角色。根据联邦经济能源部(BMWi)的报告,大约80%的可再生能源是由能源供应网供给的。[6] 可再生能源发电的易变性将影响整个能源网的

---

〔2〕 BNetzA/BKartA, Gemeinsamer Leitfaden zur Vergabe von Strom-und Gaskonzessionen und zum Wechsel des Konzessionsnehmers, 2. Aufl. 2015 (abzurufen unter: http://www.bundeskartellamt.de/SharedDocs/Publikation/DE/Leitfaden/Leitfaden%20-%20Vergabe%20von%20Strom-%20und%20Gaskonzessionen.html;jsessio-nid=D515781B2BC586C31EEDFE64963D4155.1_cid371?nn=4151538).

〔3〕 BGH N & R 2015, 242 „Gasnetz Springe“ mit Anm.

〔4〕 BGH RdE 2014, 177, 179 Tz. 17 ff. „Stromnetz Berkenthin“; RdE 2014, 191, 192 Tz. 15 ff. „Stromnetz Heiligenhafen“.

〔5〕 Vgl. *Brandt-Schwabedissen*, StuGR 2014, 24; *Freitag/Jung*, ZNER 2014, 569; *Hellermann*, EnWZ 2014, 339, 344f.; *Probst*, ZNER 2014, 176; *H. Weiß*, NVwZ 2014, 1415, 1418.

〔6〕 Vgl. *Brandt-Schwabedissen*, StuGR 2014, 24; *Freitag/Jung*, ZNER 2014, 569; *Hellermann*, EnWZ 2014, 339, 344f.; *Probst*, ZNER 2014, 176; *H. Weiß*, NVwZ 2014, 1415, 1418.

稳定。此外,越来越多的小型私人发电装置加入到能源网中,这些最终消费者不仅从能源网中取走能源,而且还会储存能源。对这些问题,能源供应网应当加强预备。首先由于新的任务,联邦经济能源部看到地方能源供应网面临的巨大投资需要。[7] 智能电网(smart grids)的建设尤其被看作能源转型成功的基本前提。[8] 高效的网络运营商是能源转型成功的基础。将能源管网交给这些网络运营商成为可能,是特别许可制度的重点。而其重要前提是,管网经营权许可过程存在有效运作的、没有法律不确定性的竞争。

《德国特许经营合同法》的变革在此显得不够及时。由此,2016 年 2 月联邦政府通过了曾于 2013 年 9 月[9]在联合协议中发布过的法律草案,以修改关于管道能源供给的道路使用权的规定。

二、法律草案的目标

该法律草案的首要目标是保护和加强以《德国能源经济法》第 1 条规定为导向的电力和天然气分配领域的竞争。道路使用合同的法定有效期(《德国能源经济法》第 46 条第 2 款第 1 项)与法律草案都旨在防止"自然垄断下的能源供应网对消费者、企业与整个产业不利影响的固化"。草案制定者进一步强调了能源转型对电力供应网带来的巨大挑战。在他们看来,对能源网及其竞争需要清晰的规定,以实现上述目标。这些规定必须没有歧视性设计,且确保能最好地运营网络以实现公共福利的企业获得能源网的特许经营权。在这一语境下,草案意思得以明确,即市镇当局肩负着特殊的责任,因为它们必须负责执行

---

〔7〕 BMWi, Moderner Regulierungsrahmen, 2015, S. 1.

〔8〕 Vgl. etwa *Booz*, ET 2014, Heft 6, S. 93; *Grothe/Steible*, VBIBW 2015, S. 57; *Güneysu/Vetter/Wieser*, DVBI. 2011, S. 870; *Marnich*, EnWZ 2015, S. 62; *Rasbach*, in: Gundel/Lange, Neuausrichtung derdeutschen Energieversorgung, 2014, S. 125, 138; *Sörries*, N&R 2012, 58, 59; *Wübbels*, EnWZ 2015, S. 193, 194.

〔9〕 Vgl. etwa *Booz*, ET 2014, Heft 6, S. 93; *Grothe/Steible*, VBIBW 2015, S. 57; *Güneysu/Vetter/Wieser*, DVBI. 2011, S. 870; *Marnich*, EnWZ 2015, S. 62; *Rasbach*, in: Gundel/Lange, Neuausrichtung derdeutschen Energieversorgung, 2014, S. 125, 138; *Sörries*, N & R 2012, S. 58, 59; *Wübbels*, EnWZ 2015, S. 193, 194.

具体许可程序并且作出适当决策。原先的被许可人也负有义务参与到公平的特许程序中,虽然他面临丧失特许权的风险。[10]

在改革的立法者看来,为了应对当前特许经营使用权与能源管网接入情形中固有的冲突可能,现存法律框架的具体化是必要的。起草者对法律草案目的作出了如下定义:"应该保证(地方的)在未来竞争中最合格的能源网运营者获得具有法律确定性的能源管网经营权。"[11]

该改革草案明确禁止内部许可,内部许可出于能源经济方面的理由就是受到质疑的[12]。《德国能源经济法》第46条确立的通过竞争获得网络运营许可的规定不得修改,因为竞争能够保障能源网可靠运行中必需的高质量标准。此外,改革立法者们还特别强调欧盟法的适用且特别援引了能源网拆分原则。然而,对内部许可的明文排除在法律文本中是不应该出现的。

三、《德国能源经济法》修正草案第46条的修改计划

(一)道路使用权许可标准

1. 许可标准的具体化和权衡

根据改革立法者的设想,《德国能源经济法》第46条应当引入第4款,对实体法上的决策标准进行规定。在特别许可中,市镇当局有责任保障《德国能源经济法》第1条第1款目标的实现。另外,草案规定在对许可标准进行价值衡量时,各市镇当局应当"考虑各个能源网区域的需求"(《德国能源经济法》修正草案第46条第4款第2项)。然而修正草案有意放弃了对可能影响确定被许可方的许可标准进行穷尽式或非穷尽式列举。更确切地说,市镇当局应当有更大的裁量空间。此外,《德国能源经济法》第1条第1款的目标转由实践和判决中的许可标准来进行具体化。草案理由书对具有法律指导意义的特别许可案例中的单独目的都作出了适当引导性的详细解释。[13] 但其中提到的例子(许可程序中新设公共服务机构的加入;能源网运营"新手"参加许可程序时的效率

〔10〕 Gesetzesentwurf Konzessionsvergabe, S. 9 f.

〔11〕 Gesetzesentwurf Konzessionsvergabe, S. 9 f.

〔12〕 Gesetzesentwurf Konzessionsvergabe, S. 11 f.

〔13〕 Gesetzesentwurf Konzessionsvergabe, S. 18, 20.

价值缺失;网购能源生效后导致的测量装置的自动读数等)不应延伸到具体个案的裁量中。在这一点上,草案制定者的观点应被支持。只有各地方在许可标准的确定上拥有足够大的裁量空间,特许经营权许可才能适应各市镇当局的特殊前提标准。此外,保留现行法的大部分规定,至少使一部分通过近几年生效的法律判决实现的法律确定性得以维持。

同样,对于许可标准的衡量,草案希望给予市镇当局更大的评判空间。遗憾的是,其具体规定并不明确。在草案中仅有概括性规定,即在进行价值衡量时市镇当局应当考虑各个能源网区域的需求(《德国能源经济法》修正草案第46条第4款第2项)。在这一点上,修正草案明确放弃对四个标准之间的价值衡量作出具体解释,如“供给安全”可能存在的优先性。《德国能源经济法》第46条第4款第2项已经强调了“供给安全”与“支出效率”的特殊意义,并允许在保证供给安全和支出效率的前提下,关注地方利益。从法律修订理由书中可以看出,草案制定者希望将《德国能源经济法》第1条第1款的目标都投射到许可标准上,[14]然而这并未在修正草案的法条文本中得以体现。

联邦最高法院支持旧能源经济法条文中的规定,但未进行足够明确的论述。[15] 各标准间如何权衡在判决中尚无清晰、明确的结论,因此在实现法律确定性这一内在要求的背景下,亟需更详尽的规定。[16] 而对此,援引供给安全与支出效率原则似乎并不是很好的选择。因为各许可标准之间的先后顺序,在判决和行政机关实践中尚未统一。草案制定者援引供给安全和支出效率原则的目的尚不明确。在该问题上亟需一个明确统一的答复。另外,对各标准间进行价值衡量的裁量权属于地方是没有争议的,这是《德国能源经济法》第46条合

---

〔14〕 Gesetzesentwurf Konzessionsvergabe, S. 17f.

〔15〕 BGH, RdE 2014, 177, 186 Tz. 85 „Stromnetz Berkenthin“.

〔16〕 Der BGH scheint sich beispielsweise im Rahmen der Gewichtung der Versorgungssicherheit an einem Richtwert von 25 % der erreichbaren Gesamtpunktzahl zu orientieren. Darüber hinaus geht er offenbar davon aus, dass sich jedes der in § 1 Abs. 1 EnWG genannten Ziele in den Entscheidungskriterien niederschlagen muss; vgl. BGH RdE 2014, 177, 185f. Tz. 84f. „Stromnetz Berkenthin“.

宪的必要前提,也符合《德国基本法》第 28 条第 2 款第 1 项的规定。[17] 这一内容是否仍需要法规规定,有待商榷。

2. 地方利益的考量

在特别许可程序框架内,草案原则上允许考虑地方利益,这是全新的规定。草案规定,在保证“能源网经济性需求”尤其是供给安全和支出效率的情况下,“可以”考虑《德国基本法》第 28 条第 2 款的地方事务(《德国能源经济法》修正草案第 46 条第 4 款第 3 项)。修正草案制定者看到了草案新规在联邦最高法院当前判决中的前景。[18] 但能否最终成功,有待商榷。因为修正草案虽为许可标准的明确提供了帮助,但也带来了更多问题。哪些地方利益应被考虑,以及它们与《德国能源经济法》第 1 条与第 46 条第 4 款第 1 项的目标之间是什么关系,这些都尚不明确。修正草案中列举的地方利益在特许经营法上是完全允许的;[19] 修正草案初稿中有关外地能源网络运营商利益法律效力条文已被删除。[20] 对于广义的地方利益中与能源网运营无关的事项,如地区的就业保障,修正草案未做出规定。如何理解能源网经济性需求的规定,仍无定论。地方利益或许根本不是许可标准意义上的价值衡量要素,而仅仅是附加的、下位的衡量要素,即可能是在其他价值衡量要素之后才会予以考虑的末位的(或附加的)衡量要素。因此,在任何情况下都必须先遵循供给安全和支出效率原则。

另外,地方为确保供给安全和支出效率应承担何种义务,也尚不明确。修正草案有意对此作出法律修改的做法给这种混沌状态带来了些许光明。为确保“《德国基本法》第 28 条第 2 款规定的能源网竞争不会有碍地方利益[21]”,法律允许关注地方利益。然而,该观点又是相对的,因为可供考量的地方利益不得与第 4 条第 1 款第 1 项和第 4 项规定的标准以及供给安全和有利价格的主要

---

〔17〕 Vgl. statt vieler BGH, RdE 2014, 177, 182 Tz. 48f. „Stromnetz Berkenthin“; *Albrecht*, in: Schneider/Theobald, 4. Aufl. 2013, § 9 Rn. 92.

〔18〕 Vgl. statt vieler BGH, RdE 2014, 177, 182 Tz. 48f. „ Stromnetz Berkenthin “; *Albrecht*, in: Schneider/Theobald, 4. Aufl. 2013, § 9 Rn. 92.

〔19〕 Vgl. BGH RdE 2014, 177 „Stromnetz Berkenthin“; ebenso *Theobald/ Wolkenhauer*, EnWZ 2015, S. 483, 489.

〔20〕 BMWi, Referentenentwurf Konzessionsvergabe, Stand: 8. 9. 2015, S. 18.

〔21〕 Gesetzesentwurf Konzessionsvergabe, S. 20.

目标相抵触。在制定和评价许可标准以体现《德国能源经济法》第 1 条第 1 款的目标时,改革立法者显然倾向于一种二级的选择程序。不过,只要市镇当局认为必要,也可以(像以前一样)考量地方利益。[22] 另外,该规定又限制了地方利益,因为《德国能源经济法》第 1 条第 1 款的许可标准不得因地方利益而有任何"折扣"。[23]

但可以确定的是,草案中的所有这些修订文本都还不够清晰。正如联邦最高法院阐述的那样,[24] 无法从《德国能源经济法》修正草案第 46 条第 4 款中直接推导出利于《德国能源经济法》第 1 条第 1 款目标的标准在价值衡量中具有优先性。反之,能否通过修正草案提高地方利益在价值衡量中的优先级,也是有疑问的。修正草案仅提及在《德国能源经济法》第 1 条第 1 款的限制下考虑地方利益的可能性。而且联邦最高院在判决中对"允许考虑地方利益"作出了明确的保守评价。[25] 改革立法者们致力于发展选择标准的价值衡量,因此,或许可以期待有关《德国基本法》28 条第 2 款第 1 项宣示性条款的明确、详细的解释。如果修正草案坚持《德国能源经济法》第 1 条第 1 款的优先性规定,特别强调供给安全和支出效率的意义和目的,会出现如下问题。是否改革立法者和联邦最高法院一样,将供给安全和效率不仅置于地方利益之前,而且还置于《德国能源经济法》第 1 条第 1 款目标之前优先考虑?如果答案是肯定的,那么如何在选择程序中具体实现?对这些问题作出具有法律确定性的回答十分重要,因为地方利益以及那些已经被联邦最高法院原则上认可的范围,[26] 它们的确经常与严格的支出效率原则相抵触,如铺设空管道、地下综合布线的义务或者地区

[22] Gesetzesentwurf Konzessionsvergabe, S. 21.

[23] Gesetzesentwurf Konzessionsvergabe, S. 11.

[24] BGH, RdE 2014, 177, 185 Tz. 84 „Stromnetz Berkenthin".

[25] Vgl. etwa BGH RdE 2014, 177, 182 Tz. 47 „Stromnetz Berkenthin": „Der Zweck des Gesetzes, einen Wettbewerb um das Netz zu erreichen, lässt weitere Auswahlkriterien, die weder konzessionsabgabenrechtlich zulässige Nebenleistungen im Zusammenhang mit der Wegenutzung noch die Ausrichtung des Netzbetriebs auf die Ziele des § 1 EnWG betreffen, nicht zu." Allerdings weicht der Senat in der Folge diese Aussage wiederum auf.

[26] Vgl. etwa im Hinblick auf den Kommunalrabatt BGH RdE 2014, 177, 185 Tz. 77 „Stromnetz Berkenthin".

就业保障。由此,草案是否——像它意图地那样——真正响应了地方的要求且事实上扩大了地方的决策裁量权,仍有待商榷。

(二)特许经营权被许可人变更的新规定

1. 能源网交易价格的计算

在特别许可程序中,要完成被许可人的变动,新的被许可人与原被许可人一般须就能源网的交易价格达成一致。在支付了适当的经济补偿后,新被许可人基于《德国能源经济法》第46条第2款第2项,有权要求转让运行能源网必要的供应设备。该规定的内容可追溯到1998年《德国能源经济法》第13条,其目的是防止被许可人的变更由于价格过高而落空。[27] 但因为该条文并没有对何时进行适当经济补偿作出更详细的解释,之后联邦最高法院再判决中支持了根据收益价值进行估算的方法。[28] 2011年《德国能源经济法》政府草案理由书中借鉴了上述通过收益价值进行估算的判决,规定了适当经济补偿的计算方法,此外其他企业经济学上的具体计算方法也是被允许的。[29]

当前的修正草案第一次明确给出了价值估算的方法(《德国能源经济法》修正草案第46条第2款第4项)。据此,适当经济补偿以"可通过变卖获得的能源供给网络的客观收益价值为标准。基于他种计算方法达成合意的可能性不受影响"。[30] 草案理由书中对合同自由原则的援引,表明收益价值估算仅是在原被许可人和新被许可的能源供应企业之间不能就购买价格达成一致时的辅助性计算方法。然而草案条文的措辞也可作其他解释:被许可人和市镇当局之间可以签订与收益价值估算的价格不一致的特许合同。这是否符合该草案的原意,仍有待商榷。

2015年9月联邦经济能源部的部门草案,注意到了在符合规定的特殊例外情况下,存在与收益价值估算方法不一致的可能性,且举例该计算方法可能导致能源网络转让中会有"强迫赠与"的现象。[31] 修订的草案理由书中也认同,

---

〔27〕 Vgl. etwa im Hinblick auf den Kommunalrabatt BGH RdE 2014, 177, 185 Tz. 77 „Stromnetz Berkenthin".

〔28〕 BGHZ143, 128.

〔29〕 = BT-Drs. 17/6072, S. 88.

〔30〕 Gesetzesentwurf Konzessionsvergabe, S. 16 f.

〔31〕 BMWi, Referentenentwurf Konzessionsvergabe, Stand: 8. 9. 2015, S. 14.

特殊情况下的收益价值会低于设备的公允价值。然而,改革立法者却坚信无例外地适用收益价值算法毫无疑问是合宪的。低收益估值一方面意味着能源网运营商保守的投资态度;另一方面意味着其投资可以大幅度折旧和分期付款。[32] 尽管改革立法者在能源网转让领域消除了一项法律争议。但不仅是客观收益价值算法的法律规定必需性,还是其合宪性,都有待商榷。

一方面,自联邦最高法院的"Kaufering"判例起[33],客观收益价值算法已成为"标准算法",联邦经济能源部在草案第一稿中也予以认可。为什么这一点随着时间流逝发生了改变,尚不清楚。另一方面,实践滞后出现,并不是由于对正确估算方法的学术争论,而是由于对哪种估算方法能得到实际合理的结果尚存在争论。以收益价值估算适当的经济补偿具有根本意义,因为从企业经济学的视角,通常对以扩大运营为目标接管能源网的新被许可人而言,更重要的是收益,而非设备的公允价值。还存在疑问的是,联邦最高法院一直以来的实践确立的无例外的收益价值算法,是否在一定程度上适当地考虑了原被许可人的利益,是否在公允价值偏高的情况下可能导致强迫性的赠与。在回答该问题时,草案制定者必须明确一点,即该规定是否旨在让新被许可人以尽可能低的价格受让能源网。最后一个比较性问题:如何通过公允价值算法校正收益价值算法。在特定个案中,不同计算方法的结果千差万别,仅根据一种计算方法确定价格是不合理的。对此,应该借鉴联邦最高法院个案中的著名判决,在维护宪法上的新旧被许可人的利益的基础上,通过公允价值的辅助校正收益价值算法得出的结果。

2. 道路使用合同的到期

基于《德国能源经济法》修正草案第 48 条第 4 款的修订,道路使用合同到期后继续支付许可费的法定义务将从目前的一年延长到完成供应设备的移交。当市镇当局不按照《德国能源经济法》修正草案第 46 条第 3 款到第 5 款的程序执行时,继续支付许可费的义务不再存在。据此,特许程序参与人的利益会有

〔32〕 Gesetzesentwurf Konzessionsvergabe, S. 16.

〔33〕 BGHZ 143, 128. Vgl. dazu auch *Albrecht*, in: Schneider/Theobald (Fn.), § 9 Rn. 147ff.; *Hellermann*, in: Britz/Hellermann/Hermes, EnWG, 3. Aufl. 2015, § 46 Rn. 80f.; *Huber*, in: Kment, EnWG, 2015, § 46 Rn. 39 ff.; *Wegner*, in: Berliner Kommentar zum Energierecht, 3. Aufl. 2014, § 46 EnWG Rn. 76 ff.

更多的法律保障。实践中,各市镇当局过去往往陷入能源管网转让所需时间超过继续支付许可费的一年期限的困境。[34] 随着无期限的继续支付义务的引入,草案明确违背了联邦最高法院的判决。早在通过 1998 年《德国能源经济法》修订引入第 48 条第 4 款之前,法院就在判决中基于补充性合同解释原则支持了后合同支付义务[35]。考虑到旧《德国反限制竞争法》第 103 条的法律目的和《德国能源经济法》第 46 条第 2 款第 1 项的旧规定以及充分竞争,继续支付义务被有意地限定在一年内。联邦最高法院担心,继续支付相同金额的后合同许可费可能导致地方为改善供给条件而迟延被许可人的变更。由此,继续支付义务被限定在以实现合同关系必需为限,且最长不能超过一年。[36]

不知道改革立法者是故意还是无意地遗漏了这一目标设定。但当地方不存在拖延情况时,联邦最高法院的这一判决不尽合理。草案敦促地方快速完成供应设备的移交,这符合竞争中初始效率最大化原则。另外,法律一直以来都规定了供能企业在合同到期后一年期限内的继续支付义务,尽管不再适用与之前许可费同样的缴费金额,但联邦最高法院仍将其视为不当得利。[37]

《德国能源经济法》修正草案第 46 条第 3 款至第 5 款有关执行程序的相关规定仍需细化。根据草案理由书,市镇当局不仅应当遵循上述执行程序,而且有义务加快推进程序的落实。然而草案正式文本中却未对此作出规定。此外,“加快推进”到底意味着什么以及能多大程度上影响继续支付请求权的延期,都不明确。尤其应当明晰的是,道路使用权许可程序中存在错误导致(部分)重新许可的,地方是否会丧失许可费请求权,以及地方应当承担责任的过错范围。同时还存在问题的是,延期是否会导致地方丧失全部的许可费请求权或者只是丧失延期期间相应的许可费请求权。特别是在与地方无关的由于长时间的能源网交易价格谈判导致延期的案件中,上述规定可能会导致有失公允。

---

〔34〕 Gesetzesentwurf Konzessionsvergabe,S. 25.

〔35〕 BGH WuW/E BGH 2914 „Nachvertragliche Konzessionsabgaben I“.

〔36〕 BGH WuW/E BGH 2914 „Nachvertragliche Konzessionsabgaben I“.

〔37〕 BGH NJW-RR 2002,180,181 „Nachvertragliche Konzessionsabgaben II“.

四、《德国能源经济法》修正草案第46a条

原被许可人的适时和完全信息公开义务是每个特许程序的基石。信息公开应尽可能使所有利益相关者了解能源管网的经济和技术状态，这是进行评估的基础。没有这些信息，无歧视的程序几乎不可能存在。信息公开的确切范围至今仍有争议；《德国能源经济法》第46条第2款第4项仅规定了对评估"必要的"信息的公开。问题突出存在于能源网核算信息的公开义务，比如剩余价值的核算，因为基于这些信息，可以了解原被许可人的经济状况。但同时，该信息公开义务可能存在合法性问题且可能触及被《德国基本法》第12条第14款保护的能源管网所有权人的运营秘密和商业秘密。根据德国联邦卡特尔局和德国联邦网管局发布的指引，这类信息不应该被公开[38]，但联邦最高法院于不久前规定了网络运营商应承担包括这类信息在内的广泛的信息公开义务。[39]

修正草案本可以规定明确且具有法律效力的信息公开范围，结束部门指引造成的法律不确定性。遗憾的是，修正草案中仍然保留了亟需法律解释的信息的"必要性"这样的开放性字眼，且在非穷尽式（"特别"）的具体化列举中，仍然包含能源网核算信息。显然改革立法者没有充分利用修订的机会实现法律确定性，这一点上该规定是不成功的。尽管立法者在修正草案理由书中表明，应该像德国联邦卡特尔局和德国联邦网管局指引里提到的那样，将信息整体公开以便在个案中的运用。[40] 但这并未在修正草案正式文本中明确规定，草案仍仅仅止步于"必要的"信息。此外，德国联邦卡特尔局和德国联邦网管局被授权可以决定应公开的信息的范围（《德国能源经济法》修正草案第46a条第3项）。该规定自2011年《德国能源经济法》时起就存在，但两个机构至今都未使用过

---

〔38〕 Strom-und Gaskonzessionen und zum Wechsel des Konzessionsnehmers, l. Aufl. 2010, S. 7f. (abzurufen unter http://www. bundesnetzagen-tur. de/SharedDocs/Downloads/DE/Sachgebiete/Energie/Unter-nehmenJnstltutionen/EntflechtungKonzessionArealnetze/KonzessionsVertraege/LeltfadenKonzessionsrecht/LeitfadenKonzeesi-onsrecht. pdf? blob = publicationFile&v = 2).

〔39〕 BGH N&R 2015. 242 „Gasnetz Springe“ mit Anm. *Lange/Möllnitz*.

〔40〕 Gesetzesentwurf Konzessionsvergabe, S. 22f.

该法律授权;它们仅在联邦最高法院[41]"施普林格天然气网案"判决公布后,发布了相应的总指引。法律授权制度显然未得到有效运行。对此,立法者应作出一个有效且明确的规定,而非急于对制度进行创新。

五、《德国能源经济法》修正草案第47条

根据改革立法者的设想,应当在《德国能源经济法》修正草案第47条中第一次引入具有法律后果的通知义务。在《德国能源经济法》修正草案第47条第3款的理由书[42]中援引了《德国反限制竞争法》第101a条和第111条,修正草案明确了对许可法中违反通知义务的法律后果的态度(《德国反限制竞争法》第101b条第2款第1项或者第107条第3款)。联邦最高法院至今拒绝在没有明确规定时,在特别许可程序中孤立地类推适用该规定[43]。新条款规定了一种时间上分级的通知义务。根据《德国能源经济法》修正草案第47条第1、2款,有义务通知由于无视程序透明度原则和无歧视原则导致的违法行为,使参加特许程序的企业获得对违法行为主张权利的可能。《德国能源经济法》修正草案第46条第3款中的违法情形,必须在利益宣告期内通知当事企业;违反许可标准和其价格衡量原则的违法情形参考《德国能源经济法》修正草案第47条第2款第2、3项,应在15个自然日内做出相应通知。最后,根据《德国能源经济法》修正草案第46条第1款第2项对选择决策中的违法情形应该在30个自然日内通知。参与企业已申请查阅文件时,期限重新起算。《德国能源经济法》修正草案第47条第1款第2项规定,通知应当以文本形式作出且对违法情形作出声明。《德国能源经济法》修正草案第47条第5款第1项规定,市镇当局未进行补救时,参与企业可以在获悉之日起15个自然日内起诉。该规定还有相应的辅助规定,即地方有义务详细解释拒绝要约的理由,以及告知失败的竞标者享有文件查阅权。此外,根据《德国能源经济法》修正草案47条第6款规定,在通知期满后才能缔结特许合同。

---

〔41〕 BGH N&R 2015,242 „Gasnetz Springe" mit Anm. *Lange/Möllnitz*.

〔42〕 Gesetzesentwurf Konzessionsvergabe, S. 21,24.

〔43〕 BGH RdE 2014,177,188 Tz. 112, „Stromnetz Berkenthin";N&R 2015,161,163 Tz. 24 „Stromnetz Schierke" mit Anm. *Lange/Möllnitz*.

通知义务的引入提高了法律确定性且有助于加快程序进程。与改革草案初稿相比,法律后果的规定有了明显的完善;在程序进行中规定了更多的通知义务,以及拒绝补救后的对违法行为起诉的期限。在文件查阅权的规定中,基于加速进程的考虑,有望设置由市镇当局提供文件以供查阅的期限。根据《德国能源经济法》修正草案第 47 条第 2 款第 4 项还可以确定,由地方造成的决策迟延不会使投标者陷于期限到期可能造成的不利境地。胁迫会导致特许合同整体无效,这都是完善法律确定性和加速地方程序进程的一大进步,同时适应了《德国反限制竞争法》中的许可程序。

六、对修正草案的整体评价

修正草案部分地实现了完善许可程序的法律确定性的内在目标,但还有一部分可以实现许可程序法律确定性的机会没有利用。尽管已经明晰在选择供应商程序中原则上允许考虑地方利益。但相应地也出现了一些新问题,可能在今后的诉讼中引发争点。新规定只能部分地确立特别许可程序中必要的法律确定性。很多方面还有待未来通过法院判决进行必要的条文具体化。另外,修正草案未对市镇当局自由裁量权的范围作出明确规定。先前的程序设置中只有在违反许可程序所产生的法律后果方面比较完善,而无需修正。对此修正草案认为,可以保留投标落选方的通知义务(《德国能源经济法》修正草案第 46a 条)。

可惜的是,特许经营权许可的根本的制度问题在不断加深。竞争模式和地方保障责任的冲突仍然是制度的缺陷,修正草案甚至使部分问题被进一步激化。相较于联邦最高法院一直以来的判决,修正草案制定者多次强调的能源网竞争,反而因为允许考虑地方利益而被进一步限制了,而相反地方利益也没有得到明显加强。[44] 建设一个全新的法律框架缺乏动力。因为在内部许可或其他方面,修正草案理由书强调的能够完善与保障能源网运行的高质量标准的能源网竞争,[45] 与作出有利于外地能源网络经营商的地方利益的决策的规定是相

---

〔44〕 *Theobald/Wolkenhauer*, En WZ 2015,483,488 ff.

〔45〕 Gesetzesentwurf Konzessionsvergabe, S. 11. Vgl. zudem S. 2: Wettbewerb „ist kein Selbstzweck, er dient dazu, die in § 1 Absatz 1 EnWG normierten Zwecke, die im Interesse der Allgemeinheit liegen, zu erreichen.“

互矛盾的。同时,新规定与应该保证在未来竞争中最合格的能源网运营商获得能源管网接入权[46]这一预定目标是相冲突的。

德国地方对修正草案确实并不满意。尽管改革立法者一再强调地方自治权(《德国基本法》第28条第2款)——但修正草案仅零散地规定了一些完善地方权利地位的具体措施。由于其妥协性,修正草案并未使当前法律状况得到整体改善。特别许可的决策标准及其价值衡量的不确定性愈加明显。此外,大量本可以在法律上更明确的特许经营权许可程序并未在草案中得到规定,比如许可程序的具体化问题以及特许经营权范畴内的《德国反限制竞争法》和《德国经济能源法》的关系问题。

最后,修正草案就改革法案与能源转型目标的兼容性做出了规定。对于近900个地方电力和天然气供给网以及与此相关的德国许可程序,主要问题在于系统效率;竞争一般会带来效率的提高。与此同时产生的国民经济支出也十分重要,但鉴于二十年的合同履行期以及其他许可程序执行中的相关经验,这对地方来说都并不经济。当人们强调地方能源供应网对能源转型作出的重要贡献时,就应进一步提到能源网改建和维护所耗费的巨大支出。并由此产生了能源网数字化的需求。在修订计划中的《德国能源网测量运营法》(MsbG)希望在能源网测量运营中引入能源网供应商的基础资格。未来在这方面,应预设智能测量系统的最低技术要求,以及在大范围内进行数据交流和配备现代测量设备比在小范围内一定更有效率。现今德国的地方能源供应网没有以可以对能源网投资起到经济性激励作用的方式进行经营。

(徐　苗　校)

---

〔46〕 Gesetzesentwurf Konzessionsvergabe, S. 10.

中德法学论坛
第 14 辑,第 63 ~80 页

竞争倡导与竞争文化*

鲁兹—克里斯汀·邬枫**著　徐颖蕾***译

竞争倡导通常被看作“软”监管,与法律规范的“硬”监管相对,也被视为优于法律规范监管的手段,因为监管意味着国家对市场的干预,其本身也可能扭曲甚至阻碍竞争。建设竞争文化成为竞争倡导的主要任务。本文将引入跨文化管理与组织行为学领域的研究,旨在回答竞争倡导是什么以及竞争文化须满足什么样的前提条件以实现竞争倡导的目标。文章的主要部分将重唤文化对人们行为的意义,并进而讨论能否以及如何建立并成功地实施特定的竞争文化,而其中竞争倡导又能扮演什么样的角色。

关键词:竞争;竞争监管;竞争倡导;竞争文化

Competition Advocacy is often understood as the “soft” alternative as opposed to“hard” regulation through legal norms, also seen as preferable over regulation

---

* 本文中的相关内容曾在 2007 年 12 月与 2011 年 12 月于香港召开的亚洲竞争论坛年会以及 2015 年 9 月在南京举行的“垄断行业改革:竞争与规制”国际研讨会上提出。感谢参会听众在讨论中所提出的宝贵意见。同时也十分感谢陈珍妮女士对此提供的研究支持。

下文中引用的在线资源于 2016 年 4 月 2 日最后访问。引文中的引用脚注为方便阅读将不在本文中呈现。

** 鲁兹 - 克里斯汀·邬枫(Professor Dr. Lutz-Christian Wolff):香港中文大学法学研究生院院长,教授。

*** 徐颖蕾:南京大学中德法学研究所 2013 级硕士研究生。

through legal norms because regulation implies market intervention by the state which in itself can distort or even hinder competition. It is seen as one of the main tasks of Competition Advocacy to create a competition culture. This article relying on studies conducted in the area of intercultural management and organizational behavior aims to answer the question what Competition Advocacy is, and to achieve it which preconditions Competition Culture must fulfill. The main part of this article recalls the significance of culture for human behavior, followed by a discussion if and how it may be possible to develop and successfully implement a particular competition culture and which role Competition Advocacy can play in this regard.

Key Words: Competition, Competition Regulation, Competition Advocacy, Competition Culture

一、引 言

竞争即:

“市场中行动自由的总和……其中交织着市场参与者持续的新行动和对新行动的反馈……因此竞争就如同一场经济生活中没有终点的‘环法自行车赛’,企业向其他市场主体提供商品、服务……每个参与的企业都可以甚至都应该想方设法与其他市场参与者争夺排名,甚至争抢第一名的黄色领骑衫。谁无法完成山路赛段,谁就将被无情地淘汰。……相互协商骑行速度的团队和‘胜利者’被视为限制竞争因而受到禁止。……整个竞争法的基本理念就是确保竞争自由不受扭曲。”[1]

垄断及其他潜在的阻碍自由竞争的反竞争行为与上述基本思想背道而驰。因此,建立一个较为严格的监管框架,从而充分实现竞争并防止反竞争行为似乎理所应当。尽管竞争的重要性不言而喻,然而(充分)竞争的含义究竟是什

[1] Axel Nordemann/Jan Bernd Nordemann/Anke Nordemann-Schiffel, Wettbewerbsrecht Markenrecht(Competition Law Trademark Law),11th ed. (Baden-Baden:Nomos,2012),pp. 34 - 35.

么,以及如何运用竞争法以促进竞争,这些问题至今尚无定论。[2]

"竞争法是否应当纯粹基于经济分析成为技术性的规制法,抑或应当包括其他非市场甚至非经济目标,这一问题尚存争议。一些学者认为,竞争法中存在着无法仅通过引入经济分析就能消除的固有政治内容。同时,争议并不局限于竞争法的目标。它还延伸到了一些引领竞争法分析的基本概念,包括消费者福利、社会总福利,甚至竞争本身。"[3]

上述问题的争执不下使得人们转而寻找严格监管措施的替代品,以保护市场、促进竞争。在此背景下,近年来竞争倡导理念的重要性越发凸显。

竞争倡导通常被视为"软"监管,与法律规范的"硬"监管相对。依据此观点,竞争倡导能够以灵活的方式把握不同环境的特殊性,满足所谓法律规范和概念的"路径依赖"[4]的需求。竞争倡导被视为优于法律规范监管的手段,因为监管意味着国家对市场的干预,其本身也可能扭曲甚至阻碍竞争。[5] 此外,

---

[2] Compare from a general point of view Thomas K. Cheng, "Convergence and Its Discontents: A Reconsideration of the Merits of Convergence of Global Competition Law", 12 *Chicago Journal of International Law* No. 2 (Winter 2012), pp. 433 – 490 (436): "Competition law promotes free competition by prohibiting anti-competitive conduct by firms."

[3] Cheng, *ibid.*, pp. 465 – 475; also compare Wolfgang Pape, "Socio-Cultural Differences and International Competition Law", 5 *European Law Journal* (No. 4) (December 1999), pp. 438 – 460 (443).

[4] Lutz-Christian Wolff, The Law of Cross-border Business Transactions-Principles, Concepts, Skills (Alphen aan den Rijn: Kluwer Law International, 2013), pp. 15, 320; compare Cheng, *supra* note 3, p. 441: "The law generally, and competition law specifically, must correspond to local norms to gain legitimacy." ("法律,具体而言竞争法必须符合当地规范,以获得合法性。"); A. E. Rodriguez/Malcolm B. Coate, "Competition Policy in Transition Economies: The Role of Competition Advocacy", 23 *Brooklyn Journal of International Law* (1997 – 1998), pp. 367 – 401 (386, Note 37).

[5] Simon J. Evenett, "Competition Advocacy: Time for a Rethink?", 26 *Northwestern Journal of International Law and Business* (2006), pp. 495 – 514 (497); also compare Giuliano Amato/Laraine L. Laudati (edp.), "The Anticompetitive Impact of Regulation" (Cheltenham/Northampton: Edward Elgar, 2001).

竞争倡导也被视为制约私人利益集团影响监管措施,即平衡其游说活动的手段。[6] 最后,发展中国家往往缺乏产生和实施有效监管理念的法律技术。[7] 而竞争倡导则能填补这一空白。在此情形下,建立竞争文化被视为竞争倡导的主要任务。

本文旨在回答,竞争倡导意味着什么,即竞争文化须满足什么样的前提条件以实现竞争倡导的目标。问题在于,竞争倡导的手段依照当下的观点是否足以影响市场行为,产生特定的竞争文化或至少促进其形成,从而使得监管措施完全或部分失去意义。为此,本文将展开跨文化管理与组织行为学领域的研究。

本文的结构如下:首先,第一部分概括"竞争倡导"的含义、目标以及为实现这些目标应采取的措施。其次,对监管理念与竞争倡导进行阐述。随后讨论比人们想象中更加模糊的"竞争文化"概念。论文主要部分将重唤文化对人们行为的意义,并进而讨论能否以及如何建立并成功地实施特定的竞争文化,而其中竞争倡导又能扮演什么样的角色。论文最后总结全文,并在更广阔的背景下强调上述讨论的关联性。

二、竞 争 倡 导

竞争倡导是一个相对较新的概念,在过去 15 年间其重要性已广受认可。[8] 虽然"竞争倡导"常常在英美国家中热议,然而对这一概念的使用却并未完全统一。

通说认为,竞争倡导涵盖了竞争监管机关除传统意义上的竞争法实施措施

---

[6] Evenett, *ibid.*, p. 498.

[7] International Competition Network (ICN), Competition Advocacy in Regulated Sectors: Examples of Success (April 2004), http://www.internationalcompetitionnetwork.org/uploads/library/doc370.pdf, p. 48; Evenett, *ibid.*, p. 499.

[8] Irina Knyazeva, Competition Advocacy: Soft Power in Competitive Policy, 6 Procedia Economics and Finance (2013), pp. 280 – 287 (282). The term was first introduced by Terry Murrissa, the former head of the U. P. Federal Trade Commission, during the annual ICN conference in 2002, *ibid.*, p. 281.

以外旨在促进竞争[9]的所有其他活动。[10]经合组织对此也表明,倡导竞争和执行竞争法并非相互排斥,而是相辅相成的。[11]

但什么是竞争倡导? 世界银行和经合组织做出了如下解释:

"……私人限制性商业惯例通常是由政府在市场中的各种干预所促成。因此,竞争监管机关的任务超出了仅仅执行竞争法。它也必须更广泛地参与该国可能给竞争性市场结构、企业行为和经济绩效产生不利影响的经济政策的制定。它必须承担起推动竞争的作用,积极主动地采取行动以贯彻政府的政策,降低准入壁垒,促进管制放松和贸易自由化,同时减少市场上不必要的

---

〔9〕 For the difficulties to delineate the goal to promote competition compare Evenett, *supra* note 6, pp. 502 – 504.

〔10〕 "OECD Competition Advocacy: Challenges for Developing Countries", http://www.oecd.org/daf/competition/prosecutionandlawenforcement/32033710.pdf, p. 9; also compare the definition of the ICN Working Group Competition Culture Project Report (2015), http://www.internationalcompetitionnetwork.org/uploads/library/doc1035.pdf, p. 3: "Competition advocacy refers to those activities conducted by the competition authority related to the promotion of a competitive environment for economic activities by means of non-enforcement mechanisms, mainly through its relationship with other governmental entities and by increasing public awareness of the benefits of competition." ("竞争倡导是指由竞争监管机关实施,通过非强制机制,即主要通过与其他政府实体的合作及促进公众对竞争益处了解的方式,改善经济活动的竞争环境。"); Knyazeva, *supra* note 9, p. 282; Evenett, *supra* note 6, pp. 495 – 497 (514): "The conventional wisdom on competition advocacy was found to be wanting in a number of respects." ("竞争倡导的传统智慧已是众望所归。"); Pradeep P. Mehta, Competition Culture Key to Successful Competition Regime, http://www.cuts-ccier.org/pdf/competition_culture_key_to_successful_competition_regime.pdf , p. 4; Stanley M. Gorinson/Patrick P. Antrim/Theresa Fenelon, Competition Advocacy Before Regulatory Agencies, 5 Antitrust (1990 – 1991) (Summer 1991), pp. 24 – 27, understand Competition Advocacy as also including the activities of lawyers before government authorities, compare, *ibid.*, pp. 500 – 502, 502: "(C) ompetition advocacy does not amount to blanket calls to either deregulate or promote a laissez-faire approach." ("竞争倡导并不意味着不分青红皂白地呼吁放松管制或是促进放任的举措。")

〔11〕 OECD, *ibid.*; compare Mehta, *ibid.*, p. 2.

政府干预。”[12]

根据这一解释,政府机构似乎是竞争倡导的唯一主体,也就是排除了企业、法官、律师、利益集团和公众。虽然这一限制可以见诸早期许多关于竞争倡导的声明,但目前一个更具包容性的理解似乎成为主流观点,即影响和控制竞争的不仅仅是政府机构,而是所有市场参与者。[13]

经合组织在其题为《竞争倡导:发展中国家的挑战》[14]的报告中确立了以下四个竞争监管机关能够甚至应当实施竞争倡导的核心领域:(i)私有化,(ii)立法,制定监管政策及监管改革,(iii)参与立法和执法及(iv)建立竞争文化。第一点涉及发展中国家的特别问题,[15]与本文的主旨并无密切关联。第二点和第三点的内容是对监管活动进行补充,因此也无需进一步讨论。本文的主题是竞争倡导与竞争文化的关系,也就是经合组织所列的第四点。事实上,建立特定的竞争文化往往被视为竞争倡导的核心任务之一:

“成功市场经济的基石是一国之内的‘竞争文化’——公众对于竞争和充分支持强有力的竞争政策的益处的理解。竞争监管机关倡导竞争的一个重要关注点在于发展竞争文化。社会的所有成员——消费者,商人,工会,教育者,法律团体,政府、监管官员和法官——都应为此而努力。这一主张现已获得广泛认可。”[16]

---

[12] The World Bank/OECD, A Framework for the Design and Implementation of Competition Law and Policy(1998),Kapitel 6,p.93,quoted by OECD,*supra* note 8.

[13] Compare *infra*,4.

[14] The World Bank/OECD,*ibid.*,p.3;compare Evenett,*supra* note 6,p.497.

[15] The World Bank/OECD,*ibid.*;compare Evenett,*ibid.*,p.498,Cheng,*supra* note 3,pp.477 – 484;Marco Botta,Fostering Competition Culture in the Emerging Economies:The Brazilian Experience,4 World Competition(2009),pp.609 – 627.

[16] The World Bank/OECD,*ibid.*,p.8;John Clark,“Competition Advocacy-Challenges for Developing Countries”,6 OECD *Journal:Competition Law and Policy*(No.4)(2005),pp.69 – 80(77);Mehta,*supra* note 11,p.1;compare William J. Kolasky,A Culture of Competition for North America,Address at “Economic Competition Day:Shared Experiences” 2(June 24,2002),http://www.justice.gov/atr/file/519781/download,p.2;Compare Maurice E. Stucke,“Better Competition Advocacy”,82 S.*John's Law Review*(2008),S.951 – 1036(1027);ICN,Advocacy and Competition Policy-A Report Prepared by the Advocacy Working Group(presented at the ICN Annual Conference,Naples,Italy,2002),http://www.internationalcompetitionnetwork.org/uploads/library/doc358.pdf,p.3;Cheng,*supra* note 3,p.488.

为建立特定的竞争文化而可能采取的措施已在国家和国际层面被广泛讨论。相关措施包括:(i)公布竞争监管机关的相关决定,(ii)颁布相关实施细则,(iii)出版宣传册和其他信息材料,(iv)发布年度报告,(v)市场调查与其他研究及其披露,(vi)与媒体定期沟通,(vii)竞争监管机关或其他机关的代表公开演讲和介绍,(viii)培训,如会议和研讨会。[17]

经合组织总结认为:

"建立竞争文化对每一个国家而言都相当重要,但它似乎对发展中国家尤为关键。"[18]

三、竞争监管

传统的竞争监管意味着用强制性的法律规范禁止反竞争行为,在当事人违反禁令时施以制裁,并推行有利于竞争的举措。如上所述,[19]国家是否可以以及应当如何致力于市场和特殊细分市场的保护至今仍存在争议。特别是关于监管措施是否以及以何种形式能够恰当地促进竞争并保障市场运作这一问题,尚未达成一致。根据当今主导美国思想界的芝加哥学派的观点,国家为保护竞争施加的干预必须降低至最小程度。

"芝加哥学派主张消除或最小化政府对自由市场的限制。竞争被视为一个'自主的过程',在脱离政府监管时,一般会将资源有效地分配给最重视它们的使用者。任何公司追求或维持市场力量的企图都可能会被其他消息灵通的利润最大化者—新加入的或是现有的竞争者—所击溃。……据此,政府在自由市场之外运转,如欲干预和'取代'竞争,必须证明其必要性。"[20]

---

〔17〕 The World Bank/OECD, *ibid.*, p. 8; Clark, *ibid.*, p. 78; compare Anatolie Caraganciu/Viorica Carare, Competition Advocacy: Challenge for Competition Policy, *SEA Practical Application of Science* Vol. II, Issue 3(5)(2014), pp. 185 – 188(186 – 188); Mehta, *supra* note 15, p. 8.

〔18〕 The World Bank/OECD, *ibid.*; compare Susan Joekes/Phil Evans, Competition and Development(Ottawa: International Development Research Center, 2008).

〔19〕 *Supra*, 1.

〔20〕 Compare Stucke, *supra* note 17, p. 957.

事实上,哪些措施可以确保卓有成效存在疑问。特定市场的具体情况、市场参与者有意和无意的竞争行为,以及竞争监管机关间甚至同一竞争监管机关内[21]的不同观点都难以预计,使通过监管措施实现竞争政策相当困难。前文所提到的路径依赖[22]要求竞争法律法规的实施顾及各个受众的特殊性以及其他适用的参考因素,以便有效发挥作用。[23]在具体情形下不同的甚至波动的因素都必须予以考虑,而这些因素的认定显然是一项艰巨的任务。

而且,监管措施并非基于自愿。这可能隐含对所有受众及其他关联方的特定心理影响,从而导致反竞争的后果。[24] 此外,监管手段的实施也需要配置大量资源,如调控和必要时的法律法规的强制执行。[25]

综上,建立竞争文化,以使监管措施完全或部分失去必要性的提议并非痴人说梦。如前所述[26],这也是竞争倡导的主要目标之一。

四、竞 争 文 化

如果建立特定的竞争文化是竞争倡导的明确目标,那么为实现这一目标,有必要明确"竞争文化"的真正含义。然而,频繁使用的"竞争文化"一词通常

---

〔21〕 Gorinson/Antrim/Fenelon, *supra* note 11, pp. 24, 26: "Each of the staffs within an agency may have different agendas.... Changes in regulators can sometimes bring changes in policies and philosophies on competitive issues." ("同一机构内的工作人员也可能持不同观点……监管者的变更有时可能引起有关竞争的政策和理论的变动。")

〔22〕 *Supra*, 1.

〔23〕 Compare Ki Jong Lee, "Culture and Competition: National and Regional Levels", 21 *Loyola Consumer Law Review* (2008), pp. 33 – 55 (48): "Nations often adopt competition laws that are inconsistent with their citizens' cultural values, and therefore have difficulty implementing them." ("国家通常采用与公民价值观不相符的竞争法规则,因此规则往往难以实施。")

〔24〕 Compare Amato/Laudati, *supra* note 6.

〔25〕 Compare Kolasky, *supra* note 17, P. 8; Stucke, *supra* note 21, p. 955.

〔26〕 Compare *supra*, 2.

被视为理所当然,因此常常不被定义。[27] 当肯定或批评特定监管措施时,不加任何进一步解释就将特定竞争文化的存在或缺乏作为"杀手锏"使用的做法存在问题。此外,现今普遍认为文化基于其特定的环境和决定因素可能各不相同,那么竞争文化也同样可能如此。[28] 因此,提"竞争文化"却不赋予其内涵似乎有违其初衷。

2002 年国际竞争网络(ICN)将"竞争文化"定义为"经济主体和广大公众对竞争规则的认识。"[29]

这个定义令人惊讶,因为它并不符合对文化的一般理解[30]。文化一般不仅仅涵盖对特定法律规范的理解。此外,对竞争规则的认识似乎只有当这样的意识也意味着规则将被遵守时才具有意义。然而,事实绝非如此。最后,市场和市场内的竞争当然不仅仅由法律规则所指导。这正是竞争倡导的思维。

随后 2015 年 ICN 增加了如下解释:

"竞争文化包含了决定个人和/或团体在市场竞争和竞争实施领域行为的多种因素。这些因素包括知识、经验和观念。在定义竞争文化时,应当反思使竞争富于吸引力的工具性目标,包括自由竞争的市场经济所固有的自由,使个人和企业能施展创造力、激情和抱负以增进自身和他人的福利。

……

出于本报告的目的,我们对竞争文化的官方定义为:

---

〔27〕 Compare z. B. Timothy J. Muris, Creating a Culture of Competition: The Essential Role of Competition Advocacy (28. Februar 2002), https://www.ftc.gov/public-statements/2002/09/creating-culture-competition-essential-role-competition-advocacy (zuletzt eingesehen am 7. Dezember 2015); Botta, *supra* note 16, pp. 612, 627.

〔28〕 Compare *infra*, 3.4.

〔29〕 ICN 2002, *supra* note 17, p. iii.; also see the somewhat broader definition by Knyzeva, *supra* note 9, p. 283: "The concept of competition culture involves awareness by the various societal groups of the advantages and benefits associated with the safeguarding and the development of competition embodied in a values system of informal rules." ("竞争文化包含不同社会群体在非正式规则价值体系下对保障和促进竞争所带来的优势和益处的理解。") similar Metha, *supra* Note 11, p. 1.

〔30〕 下文将比较讨论。

决定个人和/或群体在市场竞争领域行为和态度的一系列制度。它们受广泛的社会制度和公共政策选择影响,包括影响某一司法辖区范围内商业竞争和合作程度的惯例。

总之,这些制度决定了公共和私人利益相关者的行为和态度与促进竞争、效率和消费者福利相一致的程度。"[31]

ICN 的"官方定义"比 2002 年所公布的定义事实上更为宽泛。然而,它排除了文化的历史维度,因而忽略了公认的文化内涵中的一个核心要素,由此引发的问题将在后文中讨论。[32]

此外,ICN2015 年定义的第一句提到所谓的决定个人或团体市场行为的因素。同时,这些因素如果参照第二句的"知识、经验和观念"来详细解释,则仍然是开放的。事实上,知识、经验和观念可能会导致市场参与者形成一种能够成为特定竞争行为基础的价值、思想和观念,从而形成特定的个人或集体的竞争文化。[33] 然而,正如前文所述,情况并不必然如此。

最后,有趣的是,ICN2015 年定义的第一段第三、第四句以及第二段最后一句采取了一个明显的目标导向的解释,而非中立的"官方定义"。[34] 这表达了 ICN 所偏好的竞争文化。然而,它也使"竞争文化"一词丧失了中立性。考虑到针对什么是竞争以及应该追求什么样的竞争这些问题的不同观点,[35] 该解释明显是不合适的。

对"竞争文化"一词进行定性分析也被其他人接受。评论者谈及如"竞争文

---

〔31〕 ICN 2015, *supra* note 11, pp. 8, 9; compare also Caraganciu/Carare, *supra* note 18, p. 186: "To promote a culture of competition ..." ("为推动竞争文化……")

〔32〕 *Infra*, 5.4.

〔33〕 下文将讨论。

〔34〕 Compare similar Ki Jong Lee, *supra* note 24, p. 33: "The lack of a competition culture has often been considered the central impediment to promoting competition." ("缺乏竞争文化被视为促进竞争的主要障碍。")

〔35〕 Compare *supra*, 1. Rodriguez/Coate, *supra* note 5, p. 371; Cheng, *supra* note 3, pp. 465, 489: "... myriad divergences among jurisdictions, or even within individual jurisdictions, on some of the fundamental aspects of competition law..." ("就一些竞争法的基本问题,不同行政辖区间,甚至单个辖区内也存在大量分歧……")

化的弱点”、[36]“相对较弱的竞争文化”、[37]“政府官员的弱竞争文化”、[38]“强竞争文化”[39]、“较强的竞争文化”[40]、“新竞争文化”、[41]“非竞争友好的文化”、[42]“竞争友好文化”[43]和“竞争友好传统”。[44]然而,所有这些表述通常无法阐明评论者在各种情况下做出这些评价所采用的标准。

本文旨在探讨竞争文化和竞争倡导之间的关系。关注竞争倡导的手段[45]是否真的有利于促进甚至产生特定的竞争文化这一问题。为此,基于对“文化”的理解,采纳“竞争文化”一词的中立性定义似乎成为关键。

“文化”一词相当有争议,讨论什么是文化以及文化内涵的出版物填满了许多图书馆的书架。然而,总结各种理解的共同点,文化似乎可以定义为由特定的社会成员采纳和分享,并支配他们物质和非物质生活方式的历史发展的价值观、立场和观念的总和。[46]将这种基本理解作为下述竞争文化的出发点,则竞争文化应当理解为由特定社会成员采纳和分享,并决定他们竞争行为的与竞争和竞争规则有关的历史发展的价值观、立场和观念的总和。在此需强调的是,“特定社会成员”的含义不应局限于如企业、管理者或政府官员这类特定群体。正

[36] Ki Jong Lee, *supra* note 24, p. 34; compare Mehta, *supra* note 11, p. 3.

[37] Ki Jong Lee, *ibid.*, p. 39.

[38] ICN 2015, *supra* note 11, p. 10.

[39] *Ibid.*, p. 9; compare Mehta, *supra* note 11, p. 3.

[40] Ki Jong Lee, *supra* note 24, p. 39.

[41] *Ibid.*, p. 34.

[42] *Ibid.*, p. 49.

[43] *Ibid.*, p. 51.

[44] *Ibid.*, p. 53.

[45] *Supra*, 2.

[46] Monir Tayeb, "Cultural Differences across the World", in Monir Tayeb (ed.), International Management (Harlow et. al., 2003), pp. 8 – 27 (10); compare Geert H. Hofstede, "Cultures' Consequences: Comparing Values, Behaviours," Institutions and Organizations Across Nations-2. Aufl. (Thousand Oaks: Sage Publications, 2001), p. 46; Geert Hofstede/ Gert Jan Hofstede/Michael Minkov, Cultures and Organizations-Software of the Mind (New York et. al.: McGraw Hill, 2010), pp. 4 – 7; Wolff 2013, *supra* note 5, p. 10.

如上文提及的对“竞争倡导”一词的讨论,[47]特定的竞争文化应当是直接或间接参与市场活动的全体社会成员的文化。

五、竞争倡导能否产生(完美的)竞争文化

(一)概述

前文阐述了就本文写作目的而言应当如何理解“竞争倡导”、“竞争规则”、“文化”以及“竞争文化”。这部分将探讨竞争倡导是否以及如何促进甚至产生特定的完美竞争文化。正如开头所述,为此本文将参考自20世纪70年代以来已取得重大意义的跨文化管理与组织行为学领域的研究。

综观法律领域的研究,得出有关文化意义的可靠数据还并不常见。奇怪的是,对不同和类似“法律文化”[48]在全球化时代的影响的讨论却非常普遍,一方面应该假定相关评论、阐述和讨论建立在一个坚实的基础上。另一方面可以自然得出结论,界定“法律文化”相当困难。[49] 评价不同社会中法律文化的意义以及法律文化和竞争行为之间的关系显得更加困难。

基于上述困难,本文尝试通过依托跨文化管理与组织行为学领域的研究另辟蹊径,进行平行评估。下面的平行评估表明,竞争倡导对建立特定竞争文化

---

〔47〕 Compare *supra*, 2.; from the viewpoint of Competition Advocacy see The World Bank/OECD, *supra* note 13, p. 8.

〔48〕 Mark Edwin Burge, “To Clever by Half: Reflections on Perception, Legitimacy, and Choice of Law Under Revised Article 1 of the Uniform Commercial Code”, 6 *William & Mary Business Law Review* (2015), p. 357 ff.

〔49〕 Pitman B. Potter, “The Chinese Legal System-Globalization and local legal culture” (Abingdon/New York, 2001), p. 6; Alice Erh-Soon Tay, “Legal Culture and Legal Pluralism in Common Law, Customary Law and Chinese Law”, 26 *Hong Kong Law Journal* (1996), pp. 206 – 209; also compare Thomas M. Franck, The Legal Culture and the Culture Culture, 93 American Society of International Law Proceedings (1999), pp. 271 – 278 (271): “The legal culture is a culture of generality. It is expressed by its commitment to equal and universal application of rights and duties.” (“竞争文化是一种普遍性的文化,通过平等、广泛适用权利和责任的承诺表现。”)

的影响比想象的更加有限。

(二)附带讨论I:文化和管理方式

众所周知,文化决定人的行为。跨文化管理领域的主要研究成果之一就是使人们注意到这一事实。这对商业领域也具有重要意义。企业最终由人运营,而人则由文化决定。该理论的细节虽争议至今,但也产生了一些公认的基本认识。下文将引用一个相关研究以举例说明。

该研究于20世纪90年代初由Andre Laurent实施。Laurent目前为名誉教授,曾在位于法国枫丹白露的欧洲工商管理学院商学院执教组织行为学。高管培训时他曾与来自世界各地的中、高层管理人员共同工作。为进行跨文化管理研究,他曾要求管理人员们完成一张包含50多个句子的问卷,要求他们表明是否同意这些表述。[50] 下面是问卷中的两个例子:[51]

等级结构存在的主要理由在于使每个人都了解谁对他们拥有权力。

各国的赞成率

1.美国	18%
2.德国	24%
3.瑞士	25%
4.瑞典	25%
5.丹麦	35%
6.英国	38%
7.荷兰	38%
8.法国	45%
9.意大利	69%

为了维护有效率的工作关系,撇开等级界限常常是必要的。

各国的赞成率

1.瑞典	22%
2.英国	31%

〔50〕 André Laurent, "The Cross-Cultural Puzzle of Global Human Resources", in Vladimir Pucik/Noel M. Tichy/Carole K. Barett(Hsg.), Globalizing Management-Creating and Leading the Competitive Organization(New York:John Wiley & Sons Inc.,1992),pp. 174 – 184.

〔51〕 Ibid.

3. 美国 32%
4. 丹麦 37%
5. 荷兰 39%
6. 瑞士 41%
7. 法国 42%
8. 德国 46%
9. 意大利 75%

当然,这些数据只是 Laurant 所进行的研究的一小部分。Laurant 基于研究得出结论,在所有影响管理决定及管理方式的因素中,文化背景的重要性是其他因素的 2 倍。这意味着,其他因素如管理者的年龄、教育背景、过去或现在的管理职位或是目前或过去曾就职的企业类型,对于特定的管理行为及管理方式相对而言并不那么重要。[52]

其他学者对文化背景是否如 Laurent 所说如此重要有所怀疑。[53] 然而,文化

---

〔52〕 *Ibid.* ,p. 175.

〔53〕 The probably most influential study was the one conducted by Hofstede 2001, *supra* note 47. Hofstede had worked on data collected between 1967 and 1973 of more than 116,000 empoloyees of different IBM enterprises in 72 countries and the results later on supplemented by his own studies; also compare Geert H. Hofstede/Michael Harris Bond, The Confucius Connection: From Cultural Roots to Economic Growth, 16 Organizational Dynamics (1988), pp. 5 – 21 (9); Ki Jong Lee, *supra* note 24, pp. 35 ff.; Hofstede 2001, *ibid.*, had identified the following culture-specific criteria to categorize organizational cultures in different countries": "power distance", "uncertainty avoidance", "individualism/collectivism", "masculinity/feminity", "long-term/short-term orientation"; compare Geert H. Hofstede, National Cultures in Four Dimensions: A Research-based Theory of Cultural Differences Among Nations, 13 International Studies of Management & Organisations (1983), pp. 46 – 72; Hofstede/Bond, *ibid.*, pp. 10 – 14; for the perceived correlation between these criteria and competition regulation see Ki Jong Lee, *ibid.*, p. 39; Ki Jong Lee, Cultures and Cartels: Cross-Cultural Psychology for Antitrust Policies (undated), http://www.luc.edu/media/lucedu/law/centers/antitrust/pdfs/publications/workingpapers/culturep.pdf, p. 3.

对于企业管理行为的意义已被其他研究所证实,并且目前已获得普遍认可。[54]

(三)附带讨论Ⅱ:建立成功的组织文化

关于组织行为和文化重要意义的研究也已经探讨了这个问题,即能否以及如何建立特定的组织文化,以确保企业的成功。对此首先必须明确,什么是企业的成功。此外,必须厘清企业成功和管理文化间的关系,即探寻为保证企业的成功,何种组织文化是最合适的。

许多研究项目已经明确了不同类型的组织文化及其特点。[55] 这些研究也表明,组织文化的特定特性可以从不同视角认识,也可以以不同方式影响企业的成功。比如,一个以结构清晰、未来经营策略明确详细为特征的公司文化也可能存在呆板、缺乏活力及创新的问题。相反,非常松散的组织结构,虽然并没有前述的弊端,却可能被视为缺乏明确方向,从而引起混乱。最后,再次强调,特定组织文化的影响取决于其各自的环境。换言之,路径依赖的理念在此意义非凡。[56] 特定的组织文化在某个特定的环境中可能是成功的,但在其他环境中就可能是失败的。所有这一切都意味着,要确定什么是"完美"的组织文化即使并非不可能,也是相当困难的。

此外更重要的是,管理态度、方式和行为很大程度上由每个管理者各自的文化背景所决定。上文介绍的研究也支持了这一结论。[57] 这也意味着,任何人为创造的组织文化对每个管理者行为的影响非常有限。管理行为主要是由各管理者在他们社会化过程中产生的思想、价值观和观念,也就是文化所引导。[58]

---

〔54〕 Compare, however, Barbara Senior/Stephen Swailes, Organizational Change, 4th ed. (Halow, 2000), p. 147; Reinhard Meckl, Internationales Management (München: Verlag Franz Vahlen, 2006), p. 265; Wolff 2013, *supra* note 5, p. 11.

〔55〕 Compare z. B. Meckl, *ibid.*, pointing to the categorization of organizational cultures into the Germanic type, the Lationo type, the Anglo-Nordic type and the Asian type,; Stucke, *supra* note 17, p. 976.

〔56〕 *Supra*, 1.; also compare ICN 2015, *supra* note 11, p. 9: "What may be considered as a 'strong competition culture' in one jurisdiction may not be feasible or appropriate in another." ("在某一区域内被视为强有力的竞争文化可能在另一区域并不可行或适合。")

〔57〕 *Supra*, 5.2.

〔58〕 Compare Wolff 2013 *supra* note 5, pp. 14 – 15.

普遍认为,文化需要经过漫长的期间才可能改变。[59]

"文化的转变 ……要么需要漫长的50 到 100 年的时间,要么需要极其偶然的外在事件……"[60]

(四)文化和竞争行为

这对竞争倡导和竞争文化之间的关系而言意味着什么?如前所述[61],建立特定的竞争文化被视为竞争倡导的主要目标之一。如果"竞争文化"的含义不仅限于纯粹的对竞争相关事实的认识,而是从更广泛的特定文化的意义上理解,那么,这一目标是否真的可以通过上文引用的研究成果来达成,值得商榷。[62]

为建立特定的竞争文化,必须先确定该竞争文化应是什么样的。普遍认为,一个"完美"的竞争文化提倡"充分"的竞争并防止反竞争行为及其相关的负面影响。[63] 然而,对竞争文化的精确定义却相当困难。[64] 这不仅因为什么属于充分竞争本身是有争议的,[65]而且,与应当追求什么样的组织文化相关,[66]哪些文化要素能够确保完美的竞争文化这一问题更加棘手。

企业的竞争行为由管理者和特定市场内的其他创业者推动。因此竞争行为是

---

〔59〕 Compare Hofstede 2001, *supra* note 47, p. 36; Ronald F. Inglehart/Wayne E. Baker, Modernization, Cultural Change, and the Persistance of Traditional Values, 65 American Sociological Review(2000), pp. 19 – 51(40 – 42).

〔60〕 Hofstede, *ibid.*, p. 36.

〔61〕 *Supra*, 2.

〔62〕 Compare Ki Jong Lee, *supra* note 24, pp. 36 – 40.

〔63〕 Compare ICN 2015, *supra* note 11, p. 19: "Competition culture within the business community is important to ensuring anti-competitive conduct and associated harm is avoided in the first place."("商界内的竞争文化对确保避免反竞争行为及其相关损害至关重要。"), p. 23: "Public awareness of competition principles can help discourage anti-competitive conduct by stigmatizing the behavior and creating a pro-competitive social norm. It can also help ensure long-term political support for competition policy and the continued funding of competition agencies."("竞争原则的公众意识有助于引导人们的行为,建立促进竞争的社会规范,以防止反竞争行为。也有助于确保对竞争政策的长期政治支持和竞争监管机构的持续资金。")

〔64〕 Compare *supra*, 4.

〔65〕 Compare *supra*, 1.

〔66〕 Compare *supra*, 5.3.

这些个体关于竞争与竞争文化的看法、态度和观念所决定的管理方法引发的结果。

特定社会的竞争文化的内涵比某一企业的竞争文化更广泛，因而其不仅是管理者决定的。反而其他各方如竞争监管机关、其他行政机关以及立法机关的工作人员，法官以及其他法律从业者和普通市民，他们与竞争相关的观点、态度和价值观在此非常重要，并共同构成了主流的竞争文化。[67]

跨文化管理领域的研究暗示了竞争文化的差异性。[68] 在确定竞争政策基本特征之要素时，这些差异既可能与具体问题，也可能与一些相当基本的问题相关。

"例如竞争政策的目标及其与其他政治和社会目标的关系，竞争手段和商业行为公平与不公平（合法与非法）之间的界限，竞争的范围（例如健康和教育是否纳入市场），干预程度和个体自由的重要性，等等。"[69]

此外，在跨文化管理方面的研究也显示了尝试成功植入人为竞争文化的困难。文化规范和价值观念都难以改变。[70] 管理人员和其他各方与竞争相关的想法、态度和价值观共同形成特定的竞争文化，他们不会自动放弃自己的文化认同，转而接受另一种外生的文化，即便该文化由竞争倡导所推动。[71]

---

〔67〕 Compare *supra*, 5.3.

〔68〕 Compare Cheng, *supra* note 3, pp. 440, 468 – 470; 484 – 489; Pape, *supra* note 4, p. 443.

〔69〕 Oliver Budzinski, The Governance of Global Competition: Competence Allocation in International Competition Policy (Cheltenham/Northampton: Edward Elgar, 2008), pp. 70 – 71.

〔70〕 Cheng, *supra* note 3, p. 488.

〔71〕 Compare z. B. Ki Jong Lee, *supra* note 24, pp. 33 – 34: "In Japan, for example, the influence of the traditional harmonization culture, the preference for stability, and the past memory of economic success hinder people from accepting the new culture of competition." ("例如，日本国内传统和谐文化的影响，对稳定的偏好，以及过去对经济成功的回忆，阻碍了其人民对新竞争文化的接纳。"); Akinori Uesugi, How Japan is Tackling Enforcement Activities Against Cartels, 13 George Mason Law Review (2005), pp. 349 – 365 (353 – 356); see, however, Stucke, *supra* note 17, p. 996: "Some competition agencies attribute their country's weak competition culture in part to inexperienced generalist courts and authorities' and economic agents' lack of acceptance of competition principles." ("一些竞争监管机关因其国家内薄弱的竞争文化，部分出于无经验的法院以及缺乏对竞争原则接纳的机关和经济主体。"); for the difficulties of generating culture specific data see Cheng, *supra* note 3, p. 440 ("the most elusive"); Ki Jong Lee, *supra* note 24, p. 1; Hofstede/Bond, *supra* note 54, pp. 8 – 9.

所有这些阐述都意味着,竞争倡导并不适合产生特定的竞争文化。[72] 反竞争行为不能通过竞争倡导的手段来遏制。

六、结 语

相较于竞争规制的手段,竞争倡导似乎提供了一个温和的保障市场运转的方式。通过客观评估竞争倡导对竞争文化可能造成的影响,可见竞争倡导手段的影响捉襟见肘。因此,竞争倡导不可能取代监管措施,即制定和实施竞争法律法规,以防止反竞争行为。当然,竞争倡导在此可以承担重要补充作用。竞争倡导尤其可以使监管透明,产生认识及广泛接受的稳固基础。但重要的是,竞争倡导的作用不应被视为决定竞争文化意义的作用。[73]

在此需承认,监管措施也受到一定的文化限制。有效的监管措施必须照顾到所有潜在的受众。这也意味着,潜在受众的文化自觉必须予以考虑。而在竞争倡导背景下,这是一个相当艰巨的任务。[74] 此外,单一文化社会在全球化时代几乎不存在,而多元文化社会则成为常态。在多元文化社会,"完美"的竞争规制意味着竞争法应针对各种不同的文化维度。考虑到可能出现的文化多样性,这是一个不可能完成的任务。[75] 监管措施要么必须基于各种文化的共同点,要么必须忽略某些文化的特征,如(只)考虑主流文化。[76]

然而,受众对监管措施的不同文化自觉所产生的问题,在竞争倡导下并不那么显著。因为竞争倡导基于自愿,特定文化的阻力要比规则和监管小得多。具有讽刺意味的是,竞争倡导的主要优势,既基于自愿的特点,也是它的主要缺点。

(方小敏 校)

---

〔72〕 Compare Ki Jong Lee, *ibid.*, p. 50:"A nation could maximize citizens' receptiveness to competition policy in the short term by aligning it with its culture."("一个国家可以通过调整其文化以在短期内最大限度地提高市民对其竞争政策的接受程度。")

〔73〕 *Supra*, 4.

〔74〕 Compare *supra*, 5.4.

〔75〕 Compare Lutz-Christian Wolff, "Making Perfect Corporate Governance Rules: Mission Impossible?", Corporate Governance International (Hong Kong), Vol. 7, Issue 3 (September 2004), pp. 6–21.

〔76〕 *Ibid.*

中德法学论坛
第14辑,第81~87页

互联网经济领域的竞争:德国垄断委员会2015年6月的调研报告

丹尼尔·齐默尔*著　刘　旭**译

如何适用竞争法来规制互联网经济中严重的限制竞争行为,同时又避免过度干预,是各国立法者、执法者都面临的新挑战。对此,本文一方面分析了互联网经济的主要特征,以及造成市场集中度高、领先企业获得优势的原因,以及这些因素可能对竞争产生的影响;另一方面介绍了德国垄断委员会对完善企业并购审查的一些建议,并对谷歌滥用市场支配地位案的一些解决方案进行了分析,以供中国学者参考。

关键词:互联网经济;限制竞争;滥用市场地位;完善企业并购审查

Es ist eine Herausforderung für viele Länder, die schwerwiegenden Wettbewerbsbeschränkungen in der digitalen Ökonomie durch das Wettbewerbsrecht zu regulieren und eine Überregulierung zu vermeiden. Im vorliegenden Aufsatz werden einerseits die wesentliche Charakteristik der digitalen Ökonomie beschrieben und die Gründe für den hohen Marktkonzentrationsgrad sowie die überwiegenden Mark-

---

* 丹尼尔·齐默尔博士(Prof. Dr. Daniel Zimmer):波恩大学法学教授。本文的写作部分基于德国垄断委员会2015年6月涉及互联网市场的第68期专题调研报告:《竞争政策:来自互联网市场的挑战》,Nomos出版社2015年版。作者感谢助理研究员Claudia Zschoch女士为本文提供数据检索方面的支持。

** 刘旭:同济大学知识产权与竞争法研究中心研究员。

tvorteile der führenden Unternehmen analysiert; andererseits die Vorschläge der deutschen Monopolkommission für die Verbesserung der Fusionskontrolle in der digitalen Ökonomie vorgestellt und die Lösungen im laufenden Verfahren gegen Google wegen verdächtiger Missbräuche seiner marktbeherrschenden Stellung analysiert, um mit chinesischen Akademikern Meinungen auszutauschen.

Key Words: Digitale Ökonomie, Wettbewerbsbeschränkung, Missbrauch der marktbeherrschenden Stellung, Verbesserung der Fusionskontrolle

在互联网经济领域中,某一企业的强大市场地位正引起许多人的担忧。在欧洲,90%的在线搜索提问都在应用一家规模最大的搜索引擎。最大的社交网络网站的网页访问量是排在第二的 15 倍。[1] 如何来解释这些强大的市场集中度、是否有理由为此而忧心忡忡呢?

市场集中程度常常可以通过一些经济现象来加以解释,有可能是一种自然的市场结构。在一些服务业,强大的市场集中度与特定的成本结构相关:建设数字化的基础设施,例如一个信息平台可能会非常昂贵,但是伴随着用户的大量增长,边际成本就有可能会变得很小。[2] 在这样的情况下已经建立的平台容易获得越来越多的用户增长;相反,对于稍后进入市场的竞争对手而言,就会很难赢得值得一提的市场份额。

此外,还要考虑到网络效应,例如某一社交网络的用户越多,那么它就会对其他用户更加具有吸引力。[3] 某一大型社交网络的集中度越高,那么对它的用户也就越有利:这使他们不需要到不同的网络平台上去寻找他们的朋友。

---

[1] 参见德国垄断委员会第 68 期专题调研报告,段落 119;Statista,2014 年根据德国网民访问数量排名的社交网络(Soziale Netzwerke nach Anzahl der Visits in Deutschland 2014),载 http://de.statista.com/statistik/daten/studie/70232/umfrage/soziale-netzwerke—nutzer-pro-monat/,最后访问日期:2017 年 5 月 21 日。

[2] Pollok:《谷歌会成为下一个微软吗?》(Is Google the Next Microsoft?),"Competition, Regulation in Internet Search", *Review of Network Economics* 9(4),2010,第 24 页以下。

[3] 有关网络效应的影响,参见 Shapiro/Varian:《信息规则:一则互联网经济的战略指引》(Information Rules: A Strategic Guide to the Network Economy(1999),第 174 ~ 175 页。

而且一些服务的质量与体验也同样伴随用户数量的增多而提升:最大的搜索引擎基于其获取的海量搜索提问可以更快也更好地知道什么对于人们是重要的,什么不重要。通过自动评估那些被搜索到的链接被用户优先点击可以有助于大型搜索引擎不断地改善用户服务。在这些服务领域里,如果高度的市场集中可以通过这样的途径成为自然而然的市场结果,那么又该如何在竞争政策上来对其加以评估呢?

2015年6月,德国垄断委员会提交了一份有关数字市场竞争情况的专家意见,对那些在广泛争论中被讨论的规制建议进行了评估。[4] 这份专家意见不赞成通过分拆来把大型的互联网平台变小,以借此为更多更小的服务商之间提供竞争空间。因为恰恰是广泛的用户基础给这些用户带来了益处。

从经济学的焦点来看,一个核心的问题是:某一市场地位究竟是否仍会被动摇,是否能够做到"江山永固"?只要某一供给方仍须担心,有朝一日某一竞争对手可以从其手中抢走显著份额的客户,那么他就必须去努力争取这些客户,如通过产品创新和优秀的服务质量。在不断被技术创新推动的数字市场领域,可以认定存在这样的竞争,即大企业已在尝试着跻身其他大企业的疆域,因此即便是很成功的企业也仍旧持续不断地为创新以及产品质量而努力。[5]

虽然听上去有些矛盾,但这样的情况却意味着即便是垄断者也可能面临竞争压力,即潜在竞争带来的压力。在这样的前提下,某一垄断者同样可能给消费者带来好的结果,就好像有许多供给方的市场那样。如果某一垄断者(或者近似垄断者)必须继续以更低的价格、更好的质量和创新产品来使其用户群体受益,那么这也会给消费者带来益处。[6]

那么是否从竞争政策的角度来看就可以放松警惕了呢?答案是否定的。最重要的是:市场地位强大的企业是可以被动摇的,其没有通过自身的行为来排除竞争。这意味着竞争法必须阻却市场地位强大的企业排挤掉市场上的竞争对手。竞争法必须阻却这样的企业滥用竞争手段与契约来封锁市场。竞争法便是阻却这些行为的手段。

---

〔4〕 参见德国垄断委员会第68期专题调研报告,段落261以下。

〔5〕 参见德国垄断委员会第68期专题调研报告,段落21以下。

〔6〕 Schumpeter:《资本、社会主义和民主》(Capitalism, Socialism, & Democracy),1947年第2版,第81页以下对创造性的破坏过程以及由此产生的竞争影响进行了准确的阐述。

具体而言,首先必须一以贯之地适用既有的竞争法规范。

多边平台的特殊属性成为新的挑战。多边平台基本的关联性与复杂性是竞争执法机构和法院在评估具体案件的竞争法适用时必须考虑的。重要的是,将某一平台所涉及的各市场侧都纳入考量,评估所有直接网络效应与间接网络效应对于经营这些市场的意义。〔7〕评估多边平台的竞争情况需要进行整体考量,除市场份额以外的其他因素也会有着重要的意义,例如直接与间接网络效应、用户数据的可使用情况、被考察市场的活跃情况。〔8〕

尤其在界定相关市场时,需要把多边市场的特殊性纳入考量。那些为单边市场而研发出来的传统方法便并不一定继续适合多边平台(例如轻微但显著且非暂时性的涨价测试,又称所谓的假定垄断者测试)。〔9〕

而且,还需要进一步追问是否必须把在线广告区分为与搜索相关的和与搜索无关的广告,因为技术的发展已使这两种广告模式日渐趋同。现有的技术已经可以经常根据用户的兴趣和偏好使那些播放展示类的广告非常精准地投放出去。这一优势是以往根据用户的搜索关键词投放广告的那种与搜索相关的广告模式才具有的。现如今,通过改善精准投放的机会,对于展示类广告,人们不得不面对这样的问题,即搜索与展示类广告对于广告经营者而言已经变得越来越具有替代性,因此可以被视为彼此处于竞争关系的产品了。〔10〕

另外,还需要进一步区分线上与线下广告可能存在的替代关系。〔11〕

德国垄断委员会还就发展企业合并控制制度以及滥用市场支配地位监控制度提出了具体建议:

企业合并控制制度的适用范围应当被扩大,让那些虽然目前营业额很小,

〔7〕 参见德国垄断委员会第68期专题调研报告,段落54和段落55。另参见Dewenter/Rösch/Terschüren:《双边市场界定——以互联网搜索引擎为例》(Abgrenzung zweiseitiger Märkte am Beispiel von Internetsuchmaschinen),NZKart 2014,第387页以下。

〔8〕 Körber:《互联经济能否推定适用卡特尔法?》(Analoges Kartellrecht für digitale Märkte?),WuW 2015,第120、126、127页。

〔9〕 参见德国垄断委员会第68期专题调研报告,段落59。

〔10〕 参见Ratliff/Rubinfeld:《在线广告领域的相关市场界定》(Online Advertising: Defining Relevant Markets),Journal of Competition Law & Economics 6(3),2010,第1页以下。

〔11〕 参见德国垄断委员会第68期专题调研报告,段落141。

但由于具有显而易见的高度市场潜力,所以高价成交的案件也都纳入到企业合并控制制度的适用范畴。[12] 以往,只有在参与合并的企业的营业额达到特定水平时,德国和欧盟的企业合并控制制度才会去干预。因为《欧盟企业合并控制条例》只有在参与合并的企业上年度营业额超过 25 亿欧元时才可以适用。此外,《欧盟企业合并控制条例》第 1 条第 3 款第 3、4 项,以及第 2 款第 2 项都要求涉案企业需要在欧盟范围内有数亿欧元的收入。在互联网经济领域,企业往往还在没有营业额或只有很少营业额的早期发展阶段就会被卖掉。例如,所谓初创企业常常会以几百万美元的价格被卖掉,因为买方认为被收购企业的商业创意可以在将来赚很多钱。这样的并购目前还没有被欧盟委员会或德国联邦卡特尔局审查过。

以往相关规范不尽如人意的情况可以从 Facebook 收购 WhatsApp 的交易中得以管窥:如果按营业额标准来评判,那么该项交易既不符合欧盟企业合并控制制度设定的申报标准,也不能受到德国企业并购控制制度的干预,因为在该项交易前,WhatsApp 并没有取得很高的营业额。这项合并最终得以被欧盟委员会调查,是因为两者的合并在其他三个欧盟成员国有义务进行申报审查。在这样的案例中,相比至今获得的营业额(即以往判断企业合并控制制度是否适用的唯一标准),某一企业的经济潜力往往能够通过报价或被支付的收购价格来得以更好地反映。

因此,适宜确定其他与并购交易额相关的标准作为并购案申报审查的要件。这样的规则对于弥补上述规制上的漏洞是必要的:因为即便是在过去没有足够高营业额的企业被收购,也同样可能产生重大的经济影响,进而引发竞争政策层面的担忧。德国垄断委员会故而提出了在《欧盟企业并购控制条例》的第 1 条中补充第 6 款的建议:

“如果某一参与并购交易的企业其服务的价值本身超过了 50 亿欧元,且至少有一家参与并购交易的企业在欧盟的营业额超过 2.5 亿欧元,那么就可以视为满足本条第二款的并购案申报审查的营业额门槛。如果某一参与并购交易的企业其服务的价值本身超过了 25 亿欧元,且所有参与并购交易的企业的营业额在三个成员国总和超过 1 亿欧元,且在三个国家中,至少有一家参与并购的企业的营业额在这三个欧盟成员国里都超过了 2500 万欧元,而且至少有一

[12] 参见德国垄断委员会第 68 期专题调研报告,段落 453 以下。

家参与并购交易的企业在欧盟内的全部营业额超过 1 亿欧元,那么就可以视作该并购交易满足本条第三款作为并购案申报审查的营业额门槛。”

对于欧盟成员国的企业并购控制而言,根据《德国反限制竞争法》,德国垄断委员会可以建议制定相应的规范,允许将并购案的申报审批门槛直接与交易额,即被出售公司的售价来挂钩,以取代目前仅仅以营业额为标准的做法。

德国垄断委员会还对滥用市场企业支配地位监控制度提出的了建议:[13] 对涉嫌滥用市场支配地位案件的调查,将来不应持续得太久,以至于市场支配地位企业得以在调查期间继续落实其滥用支配地位行为。

《欧共体理事会第 1/2003 条例》第 9 条允许进展顺利的调查可以通过相关企业做出整改承诺来结束调查,从而使调查程序得以提速。然而,实际情况却恰恰相反:通过承诺整改结案的程序经常要长过对争议行为的调查程序本身。例如,针对谷歌,欧盟委员会期待的调查程序对谷歌提出的整改措施进行四年半的调查,至今(即以本文为基础在 2015 年 9 月于南京所作演讲时)仍未结束。德国垄断委员会还推荐欧盟委员会能够重点在互联网经济领域的滥用市场支配调查案件中适用紧急程序,并倡导其修改程序规则,使争议案件的持续到某一调查期限后就过渡到《欧共体理事会第 1/2003 条例》第 7 条规定的经营者承诺程序。

这可能促使欧盟委员会和企业有动机在有限的时间内,例如在调查程序启动一年内,通过承诺整改措施来停止涉嫌违法的行为,否则欧盟委员会就需不可避免地作出可能具有争议的处理决定。

对搜索引擎的特殊管制目前无论如何都不应被支持。[14] 对搜索算法进行国家干预,即便在技术上存在可操作性,也必然会投入大量的公共资源。即便有这种技术干预的可能性,也很难获得搜索算法被滥用的证据。在这里,需要考虑到的还有某一搜索引擎的运营者为了使自己的广告服务保持优势,就不能对某种影响搜索结果的算法产生依赖,以至于广告投放者知道搜索引擎的算法后,足以把自己服务的网站进行特殊的布局,让自己可以在惯常的搜索结果中获得更靠前的位子。

同理,要求谷歌承担公布搜索算法的义务也不应被支持。如果这样的算法

---

[13] 参见德国垄断委员会第 68 期专题调研报告,段落 503 以下。

[14] 参见德国垄断委员会第 68 期专题调研报告,段落 587 以下。

被公之于众,那么对所有网页或者近乎所用网页的内容优化就可能使搜索引擎的筛选功能被失效。

即便是附加向竞争对手的搜索引擎公开或部分公开网页目录的义务也不应被支持,因为这将使得谷歌失去产生和持续更新这类目录的动机。相反,根据现行法,可以要求搜索引擎负担明示标注那些付费广告(付费链接)的义务。

在德国垄断委员会看来,正如部分人建议的那样,把一般搜索服务与特殊服务拆分,同样不适合用来有效地缓解市场扭曲。这样的做法在当下看来并不合乎比例原则。只要还有让竞争的力量发挥效力的余地,如此严重干预既有企业的措施就不应纳入备选。只有某一搜索平台已经掌握了不可动摇的市场力后,才可以考虑采取分拆措施。因为这将破坏相关服务合理化所带来的益处,使那些给用户带来益处的规模效应、范围效应不复存在。此外,同样存在疑问的是,如何对住所在德国境外的企业实施这样的分拆措施,并予以监督。

正在细化当中的《欧盟一般数据保护条例》从竞争政策角度来看是值得欢迎的。[15] 来自非欧盟国家的企业也需要像欧盟企业一样平等地适用该条例。而且其处罚力度不亚于欧盟竞争法。该条例规定用户可以从相关数据服务企业那里带走自己的信息。这样的数据迁移的便利性可以促进竞争:如果用户可以带走他们的数据,他们就不必像某一家或另一家企业目前所乐见的那样,始终待在它们的"生态系统"内。

---

〔15〕 尤其是《欧盟议会和理事会2016年4月27日有关保护自然人个人信息处理、数据流动以及废止95/46/EG号指南的条例》[Verordnung (EU) 2016/679 des Europäischen Parlaments und des Rates vom 27. April 2016 zum Schutz natürlicher Personen bei der Verarbeitung personenbezogener Daten, zum freien Datenverkehr und zur Aufhebung der Richtlinie 95/46/EG]第3条、第20条、第83条,载《欧盟公告》2016年5月4日。

中德法学论坛
第14辑,第88~100页

互联网经济中的垄断与双边市场界定

乌尔里希·施瓦尔贝*著　刘　旭**译

本文旨在简要介绍双边市场,尤其是互联网经济领域双边市场的运行方式与影响。这样的市场因为间接网络效应会显现出市场集中度明显增高的趋势,直至出现互联网经济领域的垄断。然而,对于互联网经济而言,专门制定新的竞争法显得并非必要;对于企业新型滥用市场支配地位问题,以及并购引发的数据集聚问题,则只需要对现有的法律框架进行一些补充便足以因应。

关键词:互联网经济;双边市场;网络效应;市场界定

Der vorliegende Aufsatz gibt einen Überblick zu der Funktionsweise und den Auswirkungen sogenannter zweiseitiger Märkte, wie sie vor allem in der digitalen Ökonomie auftreten. Es wird deutlich gemacht, dass solche Märkte aufgrund indirekter Netzwerkeffekte eine Tendenz zu einer erheblichen Konzentration bis zur Entstehung digitaler Monopole aufweisen. Allerdings stellen sich in diesem Kontext, auch aufgrund der spezifischen Preisgestaltung in diesen Märkten, Fragen über die ökonomisch richtige Abgrenzung relevanter Märkte und die wohlfahrtsökonomische Beurteilung digitaler Monopole. Insbesondere stellen sich

* 乌尔里希·施瓦尔贝博士(Prof. Dr. Ulrich Schwalbe):霍因海姆大学(University of Hohenheim)经济学教授。

** 刘旭:同济大学知识产权与竞争法研究中心研究员。对英国利物浦大学经济管理学院助理教授顾一泉博士对本文翻译给予的帮助,译者表示诚挚感谢。

neue Herausforderungen vor allem aufgrund der datenbasierten Marktmacht dieser Unternehmen. Allerdings scheint für die digitale Ökonomie kein neues Wettbewerbsrecht erforderlich zu sein, sondern die wesentlichen Probleme lassen sich mit Ergänzungen des bestehenden Rechtsrahmens lösen, die vor allem die neuen Missbrauchsmöglichkeiten marktbeherrschender Unternehmen und die bei einer Fusion involvierten Datenbestände adressieren müssen.

JEL-Klassifikationen: D43, K21, L41, L71

Key Words: Digitale Wirtschaft, zweiseitige Märkte, Netzeffekte, Marktabgrenzung

一、导　论

在最近几年里，互联网经济在全世界都变得越来越重要，并成为当代发展最快的经济领域。日益发展的互联网经济已经将触角伸入所有的生活领域，并产生持续的影响。这样的影响并非仅仅局限在经济领域，一些互联网企业巨头，例如 Google、Facebook 和其他社交媒体还对社会行为、社会关系产生了显著的影响。互联网经济使得交易费用明显减少，而且催生了新的商业模式，例如搭车中介 Uber 和住宿中介 Airbnb。这些新的商业模式自身为现有的经济领域带来了显著的变革，但也随之抛出了新的问题，因为它们也带来了一部分负面的外部效应。[1]

人们可以观察到，在互联网经济领域，市场总会朝着仅剩少数大公司的趋势发展，由后者承担大部分的交易量。这就导致出现了所谓的"互联网经济中的垄断"，或者这些市场被几家大公司所代表的情况。例如，像 Facebook 这样的社交媒体在许多西方国家，或者腾讯在中国，或者像搜索引擎谷歌、Yandex，或者中国的百度。类似的情况也适用于专业化的搜索服务，即专门搜索特定专业化信息的搜索引擎，也即所谓的垂直搜索。许多互联网经济的市场出现类似垄断化的市场结构的发展趋势要归因于以双边市场为特征的这些平台所带来的正反馈效应。在这些平台上，彼此之间存在正网络效应的不同用户群体汇聚在一起。平台上的某一用户群体的活跃者越多，那么另一用户群体的用户也会

[1] 有关竞争法领域对数字经济发展的研究可参考德国联邦卡特尔局(2015)。

随之上升,平台的总用户数量也会上升。[2]

然而,并非在所有的这类双边市场都存在垄断的市场结构。一系列市场表现出了若干市场主体的生存空间可以共存的情况,并由此带来了激烈的竞争。这样的一个例子就是那些把用户划分为好几个群体的婚介中心。但即便是在这样的市场环境下,也会有一些企业日益壮大,并呈现出市场集中度不断增高的态势。

随之而来的问题是,究竟是哪些原因导致了这些互联网经济中的"垄断",以及这样的发展在竞争政策中该如何评判?因此,下文将首先探讨人们到底如何认定某一互联网平台是否构成了垄断,亦即如何从经济学角度上具体界定相关市场。在这方面可能涉及一系列问题,尤其是在界定某一相关市场时,一方面可能同时关系到两个或三个彼此之间具有关联关系的用户群或者市场侧需要在个案分析中纳入考量。另一方面需要看到的是,一些用户群体并非仅仅活跃在一个平台上,而且还可能同时活跃在多个平台上,也即所谓的"多宿主"。还需要考量的是,在许多平台上,例如在社交媒体和搜索引擎领域,某一市场侧并不需要支付货币意义上的价格,而是通过其他形式来给付对价,例如使用平台用户向平台提供的数据。

接下来需要探究的问题是如何评估这些人们眼中的垄断对福利产生的影响,以及如何从竞争政策的角度来加以审视。是否应当像一些政治家要求的那样,有必要拆分或监管这些互联网大企业,或者必须修改现有的竞争法,或至少对其进行补充,以便应对互联网经济寡头带来的挑战?随之而来的问题还有如何评估这些市场领域的合并,以及是否有必要对企业合并控制进行必要的补充,以便更好地在评估中兼顾由这些企业所收集的海量数据可能对市场竞争产生的显著影响。此外,还涉及这些数据组合是否构成所谓的关键设施,进而应当以适当地对价保障它们的可获得性。这样的问题还会涉及数据保护,以及相关企业自主处理数据信息方面的权利。

二、互联网经济中的垄断者和平台市场

在互联网经济领域,形成近似垄断的市场结构的原因不同于传统基础设施

〔2〕 有关双边市场的引论参见 Rochet/Tirole(2003),(2006)。

领域的独占者。后者尤其存在于依赖管网的工业领域。在这些依赖管网的工业领域,如电力传输网、天然气管道、铁路轨道网、供水管道网,都涉及由于技术原因而产生的“自然垄断”。[3] 这些工业领域的特点是管网的固定投资很高,而可变成本较低。这样的成本结构导致在相关的需求领域边际成本通常会下降,或者呈现为成本次可加函数。该成本曲线的特点在于由一家企业生产任一单位产品的成本会低于将生产分别由多个厂家生产的情况。[4] 在这些行业,所有的生产都集中由一家企业来完成显得很有意义,因为边际成本最低,可以避免非效率地重复投入固定成本。

类似的情况也适用于那些依赖关键设施的行业。后者的特点在于这些设施在技术上难以重复建设或复制,如港口,或者这样做在经济上显得不划算;同时,这样的关键设施对于某一企业提供相关服务是不可或缺的。[5] 在自然垄断和关键设施这两种情况下,政府管制是必要的,否则就可能会出现过高的垄断价格,导致配置效率、生产效率,甚至动态效率的严重损失。

在互联网经济领域,垄断的成因通常不同于依赖管网的工业领域。这里的大企业通常是一些互联网平台。在经济学文献中,它们也通常被称作平台市场或双边市场。[6] 这类平台市场的特征在于能够把兴趣与偏好不同的用户群体汇聚在一起。这些平台中的典型代表就是搜索引擎。后者使寻找信息的用户与投放广告的企业相聚。通过大量的搜索提问,搜索引擎所使用的算法也随之改善,用户可以更好地找到他们需要的信息,进而形成正反馈效应。同时,关于个体用户的信息得以细化,从而勾勒出更好的用户特性,并再次使得有针对性的广告得以更好实现。这又将导致这个平台对广告企业而言更具吸引力,促使它们在这个平台上投放更多广告,以至于该搜索引擎的收入得以增加。由此可以对两个市场侧都产生积极作用:消费者找到了其需要的信息,而广告投放企

---

〔3〕 有关自然垄断的理论参见 Sharkey(1983)。

〔4〕 对于生产多类产品的垄断者而言,定义会比较复杂。因此,这里的讨论也需要额外增加一些相关的条件,才可以适用于生产多类产品组合的情况。

〔5〕 在自然垄断和关键设施方面也存在理论上的差异:对于自然垄断,在成本结构上,成本曲线需要反映次可加性。而关键设施的特点在于其事实上、经济上或者技术上不具有可复制的可能性。关于关键设施的理论参见 Lipsky/Sidak(1999)或 Werden(1987)。

〔6〕 有关数字经济领域垄断化的趋势参见 Haucap/Heimeshoff(2014)。

业则找到了相关的广告目标群体。[7]

在不同市场侧的类似关联性也存在于社交网络领域。后者一方面涉及那些需要维护其社交联络的用户,另一方面涉及广告投放企业。同时,在该领域还存在直接的网络效应,某一用户在社交网络上的活跃好友越多,那么他就会更有兴趣使用与这些好友相同的社交网络。同样,在最近非常流行的共享平台上,也存在类似的现象。这些平台为私人用户之间提供耐用品的租赁机会,并提供与之相关的服务。例如,住房可以短期地出租给在相应城市逗留一段时间的游客。在该领域也会产生积极的网络效应,因为平台对潜在的房客越有吸引力,那么在该平台上提供的房源就越多。同样,在房东越感兴趣的平台上,也就会有更多访客寻找住宿的机会。[8]

用户群体间存在间接网络效应是所有这些平台的特征:某一市场侧的用户数量越多,那么在另一市场侧的用户量也就会越大。没有这样的平台,这些交易通常无法进行,因为与此相关的成本很高,以至于只有在例外情况下才会在这些市场主体之间发生交易。换言之,没有这些市场平台,网络效应就不会得以内化地实现。

三、平台市场的定价

这里随之而来的问题是,互联网平台是如何针对不同用户群体来定价的。例如,当某一拍卖平台上拍卖商品的商家数量很少时,它对于买家就缺乏吸引力,因为这样对于潜在的买家而言就意味着很难买到想找的物品。同样,如果拍卖平台上买家很少,那么它对潜在的卖家一样缺乏吸引力,因为这意味着卖出其商品的机会也很少。因此,平台必须选择能够让交易发生次数尽可能多的价格结构。在这种情况下,对于平台而言,选择在市场一侧免费,或许是优化的定价方案。[9] 搜索引擎就属于这种情况,使用搜索引擎检索信息的用户并不需要为每一次提问都支付金钱对价。只有那些广告投放企业才必须为在平台上

---

〔7〕 有关搜索引擎方面的经济学分析参见 Argenton/Prüfer(2012)和 Haucap/Kehder(2013)。

〔8〕 有关共享经济的经济学原理参见 Peitz/Schwalbe(2016)。

〔9〕 有关双边市场的定价参见 Armstrong(2008),Rochet/Tirole(2003),(2006)。

投放其广告而在一套竞价体系下付款。在许多情况下,互联网平台会选择被划分为两部分的价格目录。后者由固定的费用和/或与用户点击量挂钩的费用,以及按照广告的显示次数,或者按照打开广告的数量来计算费用。相反,其他的平台则往往只为每项广告投放进行单独定价。[10]

倘若不考虑定价模式,平台关注的是其价格结构对这类平台成功与否的影响如何,即交易量如何。因此,平台必须选择一种价格结构让两个市场侧都有动力使用其平台。在某一双边市场领域,价格结构的变化会让用户群的大小也发生很大改变。通常,某一市场侧的涨价会导致对另一市场侧产生消极影响,因为前一市场侧的需求发生了回落。由于间接的网络效应,平台也可能对市场另一侧的吸引力减少,因此那一侧的市场需求也会回落。

因此,那些向双边市场的客户群体都收取的费用将很大程度上取决于间接网络效应的走向和大小。那些能够产生更大网络效应的客户群体往往比那些网络效应小的客户群体交纳的对价要少。因为反馈效应会减弱平台的依赖性,提高对前者的收费可能导致市场一侧最大化价格带来的利润高于这一侧的边际成本。在另一市场侧,价格可以低于边际成本,甚至可以为负值。

有观点认为,从法律的角度来看,价格为零的市场侧就不存在市场,因为这是一种不求回报的服务关系。但是在双边市场上,片面地只观察一个市场侧没有意义,因为这样的市场只有在双边市场间发生作用时才能运作得起来。在这种情况下,理想的价格结构可以表现为只在某一市场侧要求支付绝对数量为正的价格。只把收费的这一侧市场看作市场,是错误的,因为没有免费的另一侧,收费侧的"市场"也根本就不会存在。而且,从经济学角度来看,仅仅因为某一侧市场价格为零就视其为不存在的做法本身并不正确,只会导致错误的结论,[11]是一种"单边市场思维"套用在双边市场的做法。

在上述这种情况下,即便某一企业在收费的市场侧事实上并没有市场力,但是如果人们把竞争也仅仅局限在收取较高价格的市场侧,就难免由此得出该市场侧具有市场力的错误结论。因此,在双边市场的情况下,某一企业在一侧市场索取价格较高的事实并不一定可以作为该企业具有市场力的结论。同样,当双边市场上某一企业的报价低于边际成本时,也不能将这作为该企业实施掠

---

〔10〕 有关广告的定价问题,参见 Ratliff/Rubinfeld(2010)。

〔11〕 有关"0 价格"市场的问题,参见 Newman(2014)或者 Franz/Podszun(2015)。

夺定价的标志。同样,平台之间的竞争也不会改变前述这样的价格结构。[12]

此外,用户是否只活跃于某一平台,还是活跃在多个平台上,也会影响双边平台的价格结构。如果用户使用多个平台,也被称作多宿主(Multi-homing),例如某一家企业在多家杂志上投放广告。这样的多宿主会制约平台把价格提高到竞争水平以上的可能性。[13]

如果某企业在市场侧 A 提供的服务不存在替代品,而市场侧 B 却受到较为激烈的竞争约束,那么该企业就会尽一切可能提高市场侧 A 的价格,从而对冲市场侧 B 的竞争。此时,该平台企业的竞争对手要么是其他提供类似产品或服务的平台,也可能是那些只在某一市场侧参与竞争的企业。换言之,某一双边平台的市场力既会受到不同用户群体反馈效应的影响,也会受制于每一市场侧竞争对手施加的竞争。无论哪一市场侧上高于边际成本上的价格都不是用于证明市场里的可信指标,因为必须同时兼顾两个市场侧。

四、平台市场的界定

由于市场的双边属性——不同用户群之间的间接网络效应和多宿主情况,界定相关市场要比传统单边市场要复杂得多。市场界定的目的在于通过间接的手段来反映某一企业的市场力,亦即通过市场份额作为指标来呈现该企业的市场力。此外,实践中还会使用假定垄断测试。该测试主要考察追求利润最大化的垄断企业是否能对某一特定区域的特定产品进行轻微但显著的提价。这一测试也被称作 SSNIP-Test,即“Small but Significant and Nontransitory Increase in Price”。满足前述条件的最小的区域和产品范围就构成了相关市场。[14]

如果间接的网络效应小且不显著,那么市场界定上可以采取和传统单边市场一样的做法。因此,对于认定双边市场而言,很重要的是认定间接网络效应对被考察的市场是否会产生很大的影响,如信用卡支付系统就往往不考虑间接网络效应。

---

〔12〕 参见 Wright(2004)。

〔13〕 多宿主与平台间的问题参考 Evans(2003)和 Evans/Schmalensee(2007)。

〔14〕 有关假定垄断测试与相关市场界定参见 OECD(2012)。

倘若消费者群体的间接网络效应显著,那么如果仅在双边市场的某一侧机械地使用假定垄断测试,则有可能只会导致错误地评估被考察平台所处的竞争约束。如果只在市场一侧提价5%会导致市场另一侧因为间接的网络效应而需求下降,并反过来影响提价一侧,循环往复。如果人们使用假定垄断测试来进行临界销售损失分析,那么就需要基于两个市场侧的临界损失和事实上的损失来评估轻微但显著且非临时性涨价的可营利性。[15] 否则就难免会把相关市场界定得过窄,以至于被考察企业的市场份额、市场集中度都显得过高,而无法顾及到在另一侧市场上存在的竞争约束,以至于由此背离了相关市场界定的初衷,亦即对被考察企业所受竞争约束的认定。

如果要在某一双边市场上实施假定垄断者测试,那么就需要考虑该假定垄断者所面临的全部竞争约束。假定垄断者测试应当认定被考察企业值得去垄断的最小范围的产品和地域。在双边市场,并非只有价格水平,还有价格结构同样需要着重考虑,因此需要考虑这些因素对于 SSNIP-Tests 到底会产生哪些影响。[16] 该问题也同样可以类推适用在对生产多种产品的企业适用 SSNIP-Test 上。正如在信用卡支付系统或者拍卖平台那样,这里需要确保两个市场侧之间各个用户群成员之间的交易与互动情况能够观察得到。与之相对应的情况是,各用户群成员之间不存在交易,或者互动关系难以被观察的,如媒体市场。[17]

在某一具有交易和可观察不同用户群间互动的双边市场,可以对每次交易收费,或者为两个市场侧分别设置价格目录。例如,信用卡支付系统可以根据具体情况为每位持卡人每次交易设置交易费用。在这种情况下,价格结构由交易数量决定。在有交易的双边市场,建议在使用 SSNIP-Test 时,在两市场侧价格处于理想的价格结构的情况下,考察提高两侧价格总和的情况。[18]

在没有交易或者互动关系无法观察的市场,如媒体市场,不可能根据交易来定价,只能收取某一固定水平的费用。在这种情况下,SSNIP-Test 需要通过其他形式来实现,亦即需要考虑在某一已经优化的价格结构下,如果仅仅提高

---

〔15〕 有关临界销售量损失分析参见 OECD(2012),第 36~39 页。

〔16〕 有关双边市场的界定,参见 Evans/Noel(2005)。

〔17〕 有关无法观察交易的情况,参见 Filistrucchi et al. (2012)。

〔18〕 参见 Filistrucchi(2008a),(2008b)。

价格,是否会随之导致消费者更有可能转向其他替代服务。[19]

无论市场的形式如何,某一涨价措施为各用户群体带来的反馈效应都有可能使涨价措施变得无利可图。如果人们使用假定垄断测试,那么这样的反馈效应必须被纳入考量。此外,需要考虑的是,消费者可能通过转向其他替代平台或传统企业提供的替代服务,来对这样的涨价做出反应。这样的效应同样需要在相关市场界定中加以注意。在这种情况下,同时兼顾双边市场的两侧是非常重要的。消费者群体间的反馈效应可能很强烈,以至于替代行为在某一市场侧足够使涨价变得无利可图,如果双边市场的替代行为可以被兼顾的话。

倘若人们能够注意到双边市场的相关市场界定会存在一些理论上的问题,那么也会认同 Evans 的这一结论,即:"在涉及双边市场的案件中,相关市场界定分析在实践操作中更加困难,而且相比单边市场的界定,容易出现更大的错误。"[20]

这样的问题也同样会影响到解读与评估双边市场领域的市场份额和市场集中度。在理论层面,在双边市场领域,市场份额对于市场力的证明上只是一项较弱的指标。在市场的某一侧具有更大的市场份额并不一定意味着该企业具有定价权。当某一市场另一侧的消费者习惯于多宿主的话,那么就会在这一侧存在激烈的价格竞争。因而在双边市场上并不必然存在市场集中度与竞争强度间的负相关性。所以在双边市场领域,市场份额在反映市场力上有可能成为一项有瑕疵的指标。

五、市场集中度和平台市场的福利

在双边市场领域还涉及市场集中度与福利两者关系的问题。正如人们在考察具有直接网络效应的单边市场时所得知的那样,网络规模会给消费者福利产生积极的影响。因此,市场集中度的增加在导致价格上涨的同时也可以带来消费者剩余的提升,因为产品会变得更有价值,而且消费者也有意愿支付更高的价格。当消费者的支付意愿高过价格本身,那么消费者福利就会增加。

在双边市场领域,情况可能变得更加复杂,因为不同客户群体是通过平台

---

〔19〕 参见 Filistrucchi(2008a),(2008b)。

〔20〕 参见 Evans(2012),35。

来实现互动进而形成间接网络效应的。因此两个平台间的某一项合并可能导致价格结构的显著变化，并出现某一市场侧价格上涨，而另一市场侧价格下跌的情况。在双边市场也可能出现网络效应足够大到只有在双边市场价格总和上涨时，消费者福利才上涨的情况。对双边市场领域合并案件的理论分析还指出，合并能够提高消费者福利的前提是间接网络效应足够强大。[21] 反之，这样的合并可能会得出与传统行业合并案件相同的分析结果，亦即合并将减少消费者福利。

双边市场的协调效应必须建立在两个市场侧的协调基础上，所以不大可能会像在传统行业那样来考察。如果只在某一市场侧出现协调行为，那么就会出现另一市场侧因为更激烈的竞争而利润消失的情况。因此需要额外的一些约定和企业间的行为控制来使这样的协调行为得以实现。

上述这些考虑表明，通过修正和细化假定垄断者测试，同样可以使之在双边市场属性的平台市场进行相关市场界定。相比单边市场，相关市场界定在双边市场领域明显更加复杂，市场份额的计算伴随着很大的不确定性。而且在双边平台市场，足够高的间接网络效应使市场份额和市场集中度，以及市场机制的变化对于认定市场力和预测某一合并的竞争效果都变得不再那么有帮助。因此，在这样的市场领域，也可以通过分析市场进入壁垒来直接考察市场力。

六、为互联网经济制定新的竞争法

前文的讨论引发的问题是：在竞争政策上，究竟该如何对待互联网巨头。正如前文已经阐明的，产生互联网巨头的原因有很多。这其中主要包括各市场侧之间很强的网络效应、用户高昂的转换成本、维持多宿主模式的较高成本，以及范围效应(economies of scale)与规模效应(economies of scope)。例如，在社交网络领域，这些条件都得以满足：在某一社交网络上的用户越多，那么该平台对于要投放广告的行业就越有吸引力，因为它们可以基于更好的信息积累来开展有针对性的广告投入；而且，大多数用户只活跃在一个平台上，亦即多宿主的情况通常很少发生；此外，某一用户转换到另一个平台的成本也比较高，因为如果那样的话，该用户就将失去其所有的联络关系，如果他是其朋友圈中唯一一

---

[21] 参见 Evans/Noel(2008)。

个从这家社交网络转换到另一家社交网络的用户话。如果这些条件不能被满足,那么有可能在一个市场上存在彼此相互竞争的多个平台。前述这些条件如果都被满足,那么互联网平台企业有可能不实施限制竞争行为就获得市场支配地位。在许多情况下,某一互联网平台之所以具有类似垄断的市场地位是因为它可以给用户提供更具有吸引力的产品或服务。

那么,随之而来的问题是,应否且又如何像德国联邦经济部部长要求的那样,拆分某一这样的互联网巨头,抑或对这样的企业给予专门的管制又究竟是否有意义、有必要呢?如果像谷歌这样的搜索引擎基于更有吸引力的产品,亦即基于并非危害竞争的行为来获得垄断地位,那么从竞争政策角度来看这并非是有问题的;如果只是因为企业规模巨大、市场份额很高就要拆分这样的企业就没有什么竞争政策层面的意义了。因为只有在企业确实滥用市场支配地位妨碍其竞争对手,或者阻碍潜在竞争者进入相关领域时,国家才应当进行干预。

诚然,在互联网经济中会产生一系列新问题,尤其是那些互联网巨头基于其收集的海量数据有可能实施一些传统行业难以实现的新型滥用行为。其中一种可能性就是搜索引擎可能会根据自己的利益考量来设计搜索结果。

这样的滥用行为可以通过搜索引擎将自己的服务放入对于用户非常重要的搜索结果首页来实现。[22] 这种做法可以为搜索引擎带来竞争优势,因为用户往往更倾向于点击搜索结果首页上显示的产品或服务。谷歌的搜索引擎就遭遇了这样的指责,但是却难以对这样的指责加以验证。[23] 由此产生的问题是:对于用户更有意义且没有被操纵的搜索结果又该是怎样的呢?换言之,什么才是搜索的中立性?[24] 某一随机产生的搜索结果对用户而言通常是不感兴趣的,因为用户通常需要对其更有用处的结果尽量能在搜索结果中排名靠前。而且通常也很难证明某一搜索结果是否及如何被操纵的,因为这需要先根据搜索引擎使用的搜索算法来判断结果是否存在被人为操纵的情况。替代的方案是必须得有另一个绩效相同且搜索结果没有被操纵的搜索引擎作为参照。为了中和搜索引擎在搜索结果中优先显示自己的产品或服务,有价值的做法是要求搜索引擎对这样的搜索结果进行颜色标记,以便直接提示消费者,这些并非"原生

---

〔22〕 有关操纵搜索结果的分析参见 Crane(2012)和 Edelman(2011)。

〔23〕 有关谷歌案的相关研究参见 Haucap/Kehder(2013)和 Manne/Wright(2011a)。

〔24〕 有关搜索中立的概念,参见 Crane(2011)和 Manne/Wright(2011b)。

的”搜索结果。

另一个可能存在的滥用市场支配地位的可能性源自互联网巨头收集的海量数据，即所谓的“大数据”。一方面，大数据可以让企业很大程度上对用户实施价格歧视策略;[25]另一方面，具有市场支配地位的互联网企业可以借助这样的大数据来遏制其他潜在竞争对手进入相关市场与之开展竞争，如果这些企业并不具有掌控相应数据的能力，从而与既有企业开展竞争的话。[26] 这里涉及的问题是:“大数据”是否属于在支付合理对价后就必须保持开放使用的关键设施(essential facility)。尚不明朗的是，这些数据的总量究竟得有多大时才能让竞争对手足以在这些市场上变得活跃。[27] 一方面，有证据证明被互联网巨头掌握的数据中只有一部分被使用了，而非全部数据。另一方面，需要回答的问题是，面对这样的互联网巨头，让某一或更多竞争中获得市场进入的可能性从国民经济学的角度来看是否值得欢迎。正如前面第五部分阐明的那样，从经济学角度来看，如果存在显著的或直接或间接的网络效应时，有一家企业来满足全部需求是有意义的。在这种情况下，其他竞争对手的进入未必会提高福利，尽管需要注意这样的垄断地位不被用于剥削或滥用于阻碍竞争。对此，只需要对卡特尔法的一般规定进行必要的补充就足够规制了，如将“大数据”纳入规制范畴。

而且在企业合并控制领域，特别是基于数据积累产生的许多商业模式也引发了一些特殊的问题。例如，现有的企业合并控制制度的申报标准都是基于销售额的，这导致一些合并难以被审查，因为被收购的企业销售额没有达到申报标准，尽管收购方向其支付了高昂的收购价格。[28] 例如，WhatsApp 被 Facebook 收购时就属于这样的情况。Facebook 之所以愿为 WhatsApp 支付高额报价，主要原因之一是因为可以由此获得该企业收集的大量数据。通过企业的合并与数据的整合通常可以产生更多额外的信息进而使既有的市场地位得以巩固，甚至扩张。因此，为了阻止这样的情况，值得考虑德国垄断委员会的建议，将并购

〔25〕 参见 Jentzsch et al.(2013)。

〔26〕 有关大数据引发的竞争法问题，参见 Grunes/Stucke(2015)。

〔27〕 参见 Manne/Wright(2011a)。

〔28〕 对此可以参见德国联邦垄断委员会有关互联网经济的专题报告 Monopolkommisssion(2015)。

交易额作为申报企业并购控制审查的补充标准。[29] 这样可以让那些销售额尚未达到申报标准,但其所收集的信息足以在并购交易实现后引发严重竞争政策之虞的案件也能够被纳入审查。

总体而言,目前卡特尔法已有的制度工具足以规制互联网经济中涌现的竞争法问题。但是基于数据积累而可能产生的一些新的问题,使竞争法的补充显得很有必要。一方面,拥有海量数据的互联网企业有可能实施一些新型的滥用支配地位行为;另一方面,企业合并控制的规制范围还需要进行拓展,如将并购交易额作为企业并购申报审查的补充标准。有关"大数据"对于竞争、竞争政策和竞争法究竟会产生怎样的影响,经济学界还很有必要进行更多的研究。

七、总结与展望

在互联网经济的发展过程中,涌现了诸如社交网络、搜索引擎和在线拍卖平台等互联网平台。这些平台的特点在于其通过双边或多边市场的交易或其他形式的互动让各种用户得以相聚。在不同的客户群体之间存在间接的网络效应,并导致这些平台呈现出市场份额累积得很大的趋势。由此带来的问题是如何为双边市场找到准确界定相关市场的经济学方法。正如前文所述,在进行一定修正之后,假定垄断测试的方法是可以在双边市场领域的相关市场界定中继续使用的。但是这些互联网经济领域的垄断并不一定导致福利损失,基于网络效应,如果该市场仅有某一企业来经营,也可以使消费者福利得以优化。但是卡特尔法必须能够确保这样的市场支配地位不会被滥用。例如,卡特尔法须监控这些企业可以基于大数据分析来获得滥用市场的机会。同样,在企业合并控制领域,也需要结合互联网经济的特性进行一定补充,如除了基于交易额设定的合并申报标准外,还应适宜兼顾并购标的额。另外,考虑到大数据对竞争的影响与意义,从经济学界来看,还有必要对此进一步深入研究。

---

[29] 对此可以参见德国联邦垄断委员会有关互联网经济的专题报告 Monopolkommisssion(2015)。

农业法专栏
现代社会农业问题的法律应对

中德法学论坛
第 14 辑,第 103 ~122 页

良好专业实践经验原则:平衡生态利益与经济利益的手段

安提亚·路易莎·穆勒*著　卢雅昆**译

良好专业实践经验原则由规范化农业概念演变而来,具有跨学科交叉概念和不确定法律概念的双重性质。这一原则在法律与理论上并没有统一的定义,只能在具体的专业法领域进行具体化分析。那么我们如何在实践中确立良好专业实践经验原则的适用标准,增强该原则的可适用性?为什么不同专业法领域对良好专业实践经验原则的移植方式存在明显区别?本文将从农业领域生态利益与经济利益的矛盾入手,深入分析良好专业实践经验原则在移植过程中产生的问题,并对其今后发展提出可行的建议。

关键词:良好专业实践经验;规范化农业;生态利益;经济利益;法律移植

Dem Regelungsmodell der guten fachlichen Praxis ging das Konzept der „ordnungsgemäßen Landwirtschaft" voraus. Der Begriff der guten fachlichen Praxis zeichnet sich durch den sog. „Zwillingscharakter" aus, sie stellt zugleich einen interdisziplinären Verbundbegriff und einen unbestimmten Rechtsbegriff dar. Für die gute fachliche Praxis existiert dabei keine allgemein gültige Definition, sondern

* 安提亚·路易莎·穆勒(Anthea Luisa Müller):德国哥廷根大学农业法研究所科研助理、博士研究生。

** 卢雅昆:南京大学中德法学研究所 2014 级硕士研究生。

es bestehen vielmehr eigenständige, inhaltlich unterschiedlich ausdifferenzierte Konkretisierungen in den einzelnen fachrechtlichen Bereichen. In diesem Aufsatzwird vor allem die Spannung zwischen den ökonomischen Interessen der landwirtschaftlichen Nutzung und den ökologischen Interessen des Umweltschutzes erläutert. Dann wird die Umsetzung des Regelungskonzeptes der guten fachlichen Praxis analysiert und bewertet.

Key Words: gute fachliche Praxis, ordnungsgemäße Landwirtschaft, ökologische Interessen, ökonomische Interessen, rechtliche Umsetzung

一、农业生态利益与经济利益——问题概述与现状

农业利用的生态利益与尽可能有效保护自然环境的利益之间的关系最重要的特点在于,农业与环境保护往往追求不同的目标。农业首先要致力于在经济层面上尽可能有效且高产地利用农业用地。而与之相反,环境保护的目标则首先突出表现为减轻或避免对环境介质产生沉重负担。基于此种不同的目标设定,以经济利益为首要目标的农业利用与以生态利益为特征的高效环保前提之间可能会产生冲突。[1]

这种不同利益之间的冲突关系可能会在农业领域因农业与环境之间既有

---

〔1〕 关于农业领域生态利益与经济利益的冲突的解释参见 *Deselaers*, Ökologie und landwirtschaftliche Ökonomie in: Landbewirtschaftung im Spannungsfeld zwischen Ökologie und Ökonomie, Landesausschuss für landwirtschaftliche Forschung, Erziehung und Wirtschaftsberatung beim Ministerium für Ernährung, Landwirtschaft und Forsten des Landes Nordrhein-Westfalen, Forschung und Beratung, Reihe C, Wissenschaftliche Berichte und Diskussionsbeiträge, Heft 34, Münster-Hiltrup 1979, S. 12 f; *Klinck*, Agrarumweltrecht im Wandel, Vom Subventionsrecht zum Recht der Umweltdienstleistung, Schriften zum Umweltrecht, Band 174, Berlin 2012, Einführung, S. 15; *Norer*, Lebendiges Agrarrecht, Entwicklungslinien und Perspektiven des Rechts im ländlichen Raum, Wien 2005, S. 299; *Winkler*, Ordnungsgemäße Landwirtschaft und Umweltrecht, in: Breuer/Kloepfer/Marburger/Schröder (Hrsg.), Jahrbuch des Umwelt-und Technikrechts 1994, Schriftenreihe des Instituts-für Umwelt-und Technikrecht, Umwelt-und Band 27, Heidelberg 1994, S. 545 f。

的多重交互关系[2]在很多农业与环境交错的地方产生争议。这种冲突关系取决于不同方面的因素。此处亦可将这种通过农业政策的框架条件以及技术层面、生物化学层面进步而引起的现代农业的变革视为公众观念的转变。[3]

环境问题专家顾问委员会(SRU)早在1985年发表的专题报告《农业环境问题》[4]中就认为，精耕细作的农业生产方式会带来生态问题。[5] 当时该委员会的任务是阐述环境现状，并为可能的错误发展及其避免方式提供指导。[6] 该专题报告详细描述了过去十年间因无限制提高畜牧业与种植业产量而导致的

---

〔2〕 *Di Fabio*, NuR 1995, 123 (123); *Heinrichsmeyer/Witzke*, Agrarpolitik, Band 1, Agrarökonomische Grundlagen, Stuttgart 1991, S. 191; *Henneke*, Landwirtschaft und Naturschutz, Normative Regelungen eines ambivalenten Verhältnisses im Verfassungs-, Naturschutz-, Flurbereinigungs-, Raumordnung-und Bauplanungsrecht unter besonderer Berücksichtigung der Landwirtschaftsklauseln im Naturschutzrecht, Heidelberg 1986, S. 52 ff.; *Winkler*, Ordnungsgemäße Landwirtschaft (Fn. 1), S. 545.

〔3〕 *Hogenmüller*, Landwirtschaft und gute fachliche Praxis, Die normativen Anforderungen des Düngemittel-, Pflanzenschutz- und Bodenschutzrechts an die landwirtschaftliche Bodennutzung im Spannungsfeld von Ökologie und Ökonomie, Ordnungsrecht und Beratung, Lüneburg 2002, S. 9 ff., 15.

〔4〕 *SRU*, Sondergutachten 1985 – „Umweltprobleme der Landwirtschaft", BT.-Drucks. 10/3613.

〔5〕 *Hogenmüller*, Die gute fachliche Praxis der landwirtschaftlichen Bodennutzung – Mehr Bodenschutz oder Steuerungsinsuffizienz durch Beratung?, in: Hogenmüller/Smeddinck/Tils (Hrsg.), Landwirtschaft im Spektrum der Umweltwissenschaften, Umweltrecht und Umweltpolitik, Band 10, 1. Auflage, Baden-Baden 2002, S. 113; *Paul*, „Ordnungsgemäße Landwirtschaft" – Bibliographie, Stand der Diskussion, Ausblick, Diplomarbeit, Fachhochschule Weihenstephan, Fachbereich Land- und Ernährungswissenschaften, Studiengang Agrarmarketing und Agrarmanagement, 1996, S. 2; *Werschnitzky*, Agrarwirtschaft und Umwelt, in: von Urff/von Meyer (Hrsg.), Landwirtschaft, Umwelt und Ländlicher Raum, Herausforderungen an Europa, Hermann Priebe zum 80. Geburtstag, 1. Auflage, Baden-Baden 1987, S. 195 f.

〔6〕 第2条第1款规定自1971年12月28日由德国联邦内政部部长设立环境问题专家顾问委员会(GMBl. 1972, Nr. 3, Seite 27).

问题,并因此要求全面转变农业与环境政策。[7]

这种生态利益与经济利益的冲突还存在于对农业生产起决定作用的法律规范层面,这些规范以不同方式涵盖了环保利益。[8] 只有环境问题的出现可归因于某一特定原因时,立法者才会作出必要调整。[9] 因此意图通过某种调整方式在立法层面上有效解决因农业土地利用而导致的环境问题的想法是靠不住的。

如果人们回想一下过去几年农业领域的发展,就会很容易想到良好专业实践经验这一概念。良好专业实践经验原则的发展及其意义将会在文章后续作详细阐述。

二、良好专业实践经验原则的规范构想

(一)良好专业实践经验的概念

良好专业实践经验规范模型的前身是"规范化农业"的构想。这一构想首先见于土地用益租赁法、水法以及自然保护法,[10] 且由于其最初在不同法律中

〔7〕 *SRU*(Fn. 4), Vorwort, S. V. 在阐述过程中,该意见引起了关于现代农业生产造成的环境影响的环境政策方面的公开讨论,并且这一讨论越来越具有现实意义。参见 *Hogenmüller*, Landwirtschaftliche Bodennutzung(Fn. 6), S. 113; *Paul*(Fn. 6), S. 2.

〔8〕 *Hogenmüller*, Landwirtschaft(Fn. 3), S. 1; *Klinck*(Fn. 1), Einführung, S. 15.

〔9〕 *Hogenmüller*, Landwirtschaft(Fn. 3), S. 1.

〔10〕 *Winkler*, Die gute fachliche Praxis als Parameter für eine nachhaltige Landwirtschaft im Recht der EG und im deutschen Recht, in: Bramm(Hrsg.), Deutsch-Türkische Agrarforschung, 7. Symposium vom 24. März – 30. März 2003 an der Ankara Universität/Ankara, 1. Auflage, Göttingen 2004, S. 304; *Härtel*, Agrarrecht im Paradigmenwechsel: Grüne Gentechnik, Lebensmittelsicherheit und Umweltschutz, in: Callies/Härtel/Veit(Hrsg.), Neue Haftungsrisiken in der Landwirtschaft: Gentechnik, Lebensmittel- und Futtermittelrecht, Umweltschadensrecht, Schriften zum Agrar-, Umwelt- und Verbraucherschutzrecht, herausgegeben vom Institut für Landwirtschaftsrecht der Universität Göttingen, Band 55, 1. Auflage, Baden-Baden 2007, S. 41; vgl. auch *Winkler*, Ordnungsgemäße Landwirtschaft(Fn. 1), S. 546; *Heißenhuber*, Landwirtschaft in Deutschland, in: Heißenhuber/Katzek/Meusel(Hrsg.), Landwirtschaft und Umwelt, Umweltschutz – Grundlagen und Praxis, Band 9, Bonn 1994, S. 73.

的适用并没有被进一步具体化，[11]故而引起了广泛讨论。[12]

产生这些分歧的原因首先在于规范化农业中是否存在生态方面的要求以及存在何种生态方面的要求。[13] 规范化农业概念是一种不确定的法律概念，且不同于目前关于良好专业实践经验原则的规定，这一概念暂时在法律层面并没有得到进一步具体化。[14] 正是因为没有进一步被具体化，规范化农业的概念性范畴内已经产生具体情形下关于规范性农业的解释及其适用的争议。[15]

一些观点认为，规范化农业的标准来自农业生产实践，并且与符合生态要求的行为是一致的。[16] 因此，将规范化农业概念理解为"良好农业实践"的一种现状的做法与农业利益是一致的。[17] 而反对这一观点的人则认为，正是这种"良好农业实践"才导致了现在的环境问题，所以才有必要采取立法行动。[18]

因此，将规范化农业概念视为一种耕作方式似乎是有好处的，[19]其与农业

---

〔11〕 如《德国联邦水资源预算法》1986年7月25日第五修订版(BGBl. I S. 1165)第19条第4款规定，如果因水资源保护区的规定要求过高并且不利于经济发展使得对土地的规范化农业或林业利用受到损害，则得就此主张州法所规定的公平请求权。

〔12〕 *Paul*, Berichte über Landwirtschaft 1997, 539 (539); *Grimm/Norer*, Agrarrecht, 4. Auflage, München 2015, 1. Kap., Rn. 41. Eingehend zum Erlass des § 19 IV WassHG *Breuer*, Öffentliches und privates Wasserrecht, 3. Auflage, München 2004, 4. Kap., S. 663, Rn. 900; *Nies*, NVwZ 1987, 189 (189 ff.).

〔13〕 *Paul* (Fn. 12), 539 (539); *Grimm/Norer* (Fn. 12), 1. Kap., Rn. 43.

〔14〕 *Paul* (Fn. 12), 539 (541); *Rudloff/Urfei*, Agrarumweltpolitik nach dem Subsidiaritätsprinzip, Schriften zur Agrarforschung, Band 1, 1. Auflage, Berlin 2000, S. 110 f.

〔15〕 *Axer*, DVBl. 1999, 1533 (1534); *Weinschenck*, Berichte über Landwirtschaft 1991, 169 (170); *Winkler*, Ordnungsgemäße Landwirtschaft (Fn. 1), S. 4 f.

〔16〕 如 *Grimm/Norer* (Fn. 12), 1. Kap., Rn. 43; *Hogenmüller*, Landwirtschaft (Fn. 3), S. 44。

〔17〕 如 *Latten*, „Ordnungsgemäße Landwirtschaft" – Begriffe klar differenzieren in: Agra-Europe vom 2. 2. 1987, S. 1 ff。

〔18〕 *Grimm/Norer* (Fn. 12), 1. Kap., Rn. 44.

〔19〕 坚持科学上被证明的并且在实践中被广泛应用的农业生产科学知识也被视为农业规范化的一部分。

规律相一致,并且符合相应的农业科学上的专业知识与种植实践。[20] 然而除了实践上的专业需要,规范化农业还始终意味着将规范符合性嵌入法律秩序当中。[21] 这导致只要法律上规定了生态方面的内容,如垃圾法、水法、植物保护法、自然保护法,这些生态方面的内容就被纳入规范化农业的定义之中。[22] 这将会产生一种不符合现存法律规定、不具有合法性,进而也不具有规范性的农业活动。[23] 那么从农民的角度而言,规范化农业意义上的农业活动一方面要求专业而正确地从事活动;另一方面又要求遵守现有法律。[24]

虽然规范化农业的概念随着生态方面要求的发展不断变化,[25]但遵守农业规律仍是当务之要。在愈发强调农业生态方面的基础上,良好专业实践经验概念在过去几年间逐渐从规范化农业概念中剥离出来并逐渐被明确化。[26]

由于规范化农业概念与良好专业实践经验概念的安排是相同的,[27]因此对规范化农业概念的解释可以最大限度地适用于良好专业实践经验,然而它们之间还是存在区别的。由于良好专业实践经验将更多关注投向环境利益,因此这

---

〔20〕 *Härtel*, Agrarrecht(Fn. 10), S. 41; *Winkler*, Gute fachliche Praxis, (Fn. 10), S. 303 f.

〔21〕 *Grimm/Norer* (Fn. 12), 1. Kap., Rn. 46 f.; *Winkler*, Gute fachliche Praxis(Fn. 10), S. 304; *Härtel*, Agrarrecht(Fn. 10), S. 41.

〔22〕 *Grimm/Norer* (Fn. 12), 1. Kap., Rn. 46. 除了这些通过现有的特殊规则实现的具体化,还可以颁布新的法律规定,特别是那些设置了更高要求的法律规定以及对“规范化农业”的概念确定的考虑。参见 *Grimm/Norer* (Fn. 12), 1. Kap., Rn. 48。

〔23〕 *Grimm/Norer* (Fn. 12), 1. Kap., Rn. 45 f.

〔24〕 *Grimm/Norer* (Fn. 12), 1. Kap., Rn. 47, 49.

〔25〕 首先是在与农业相关的专业法领域如化肥法与植物保护法中,过去几年中“生态化”构想意义上的生态保护部分得到更多关注。参见 *Härtel*, Agrarrecht (Fn. 10), S. 41; *Winkler*, Gute fachliche Praxis, (Fn. 10), S. 304。

〔26〕 *Axer*(Fn. 15), 1533 (1534); *Grimm/Norer* (Fn. 12), 1. Kap., Rn. 51; *Härtel*, Agrarrecht (Fn. 10), S. 41; *Winkler*, Gute fachliche Praxis(Fn. 10), S. 304 f. 为了推广农业生态化这一表述,自 20 世纪 80 年代以来德国国家层面乃至欧盟层面在植物保护法、化肥法、耕地保护法、自然保护法以及硝酸盐指令 91/676 中均使用了“良好专业实践经验”这一概念。

〔27〕 *Grimm/Norer* (Fn. 12), 1. Kap., Rn. 51; vgl. auch *Paul* (Fn. 6), S. 4.

一概念能够更好地阐释不断变化发展的环保组件。[28]

(二)"良好专业实践经验"概念的意义

由于整体上缺乏对良好专业实践经验概念的通行定义,[29]因此通常根据行为所涉及的构成要件将这一概念描述为不同法律领域中的行为模式。[30] 对于特殊领域需要进行逐项的具体化。[31]

良好专业实践原则不是一成不变的陈规,而是不断发生变化的。[32]

正是由于其灵活性的特点,良好专业实践原则的内涵能够根据科学或技术进步的需要、实践中新掌握的经验以及不断变化的社会需求不断发展,不断更新。[33]

这一领域以高度灵活性和高度专业化为背景,需要特殊的专业知识。正是在这一领域,要实现不同于传统的国家调控模式的更高程度的自我独立调控与自我控制。就此而言,良好专业实践经验的构想所描述的就是一种(自愿或法

---

〔28〕 *Gerling*, Cross compliance und gute fachliche Praxis – Steuerungsinstrumente der Agrarumweltpolitik auf nationaler und europäischer Ebene, in: Brandt/Smeddinck, Gute fachliche Praxis – Zur Standardisierung von Verhalten, Berlin 2005, S. 74; *Müller*, NuR 2002, 530(531).

〔29〕 *Härtel*, Düngung im Agrar- und Umweltrecht, EG-Recht, deutsches, niederländisches und flämisches Recht, Schriften zum Umweltrecht, Band 117, Berlin 2002, S. 88(im Hinblick auf das Düngemittelrecht); *Gerling*(Fn. 28), S. 79. 虽然在欧盟层面的《关于执行欧共体第 1257/1999 号条例的规定》第 28 条出现了"良好农业实践经验"的定义,但并不能用到"良好专业实践经验"这个词语上。参见 *Norer*(Fn. 1), S. 359。

〔30〕 *Gerling*(Fn. 28), S. 74 und 79.

〔31〕 *Gerling*(Fn. 28), S. 74 und 79.

〔32〕 Vgl. *Hogenmüller*, Landwirtschaft (Fn. 3); S. 43; *Gerling* (Fn. 28), S. 74; *Müller*, Die gute fachliche Praxis im Pflanzenschutz-, Düngemittel- und Bodenschutzrecht – Ausprägungen und Auswirkungen auf die landwirtschaftliche Bodennutzung, Schriftenreihe Umweltrecht in Forschung und Praxis, Band 4, Hamburg 2001, S. 38; *Rumpf*, Grußwort, Vorträge zur Hochschultagung 2012 der Agrar- und Ernährungswissenschaftlichen Fakultät der Christian-Albrechts-Universität zu Kiel, Schriftenreihe der Agrar- und Ernährungswissenschaftlichen Fakultät der Universität Kiel, Heft 18, Kiel 2012, S. 20.

〔33〕 *Hogenmüller*, Landwirtschaft(Fn. 3), S. 43; vgl auch *Rumpf*(Fn. 32), S. 20.

定的)控制人们行为以及保障现存专业标准的行为模式,[34]并在强势的国家调控与以受调控的自我调控为模式的社会调控之间选取一条折中路线。[35]

多变性是良好专业实践经验"孪生性"的一个方面。良好专业实践经验的"孪生性"是指这一概念既是一个跨学科的交叉概念,[36]同时又是一个不确定的法律概念。[37]

作为跨学科的交叉概念,良好专业实践经验原则实现了不同学科之间的跨学科沟通。[38] 正是在农业引起的环境问题的语境下,这样的跨学科合作才显得尤为重要。这种跨学科合作整合了农业学科与环境科学学科的专业知识并在法律中有所体现。良好专业实践经验有助于平衡农业法中的生态利益与经济利益。[39] 借助于这一概念,能够实现法律层面与专业科学层面的融合。[40]

除了科学领域与法律领域的跨学科融合,良好专业实践经验原则由于其不确定法律概念的性质还能够满足规范构想的多变性要求。[41] 这一点将在下文作详细阐述。

---

[34] *Smeddinck*, NuR 2005, 634(636); *Smeddinck*, DVBl 2010, 694(696); Hogenmüller, Landwirtschaft(Fn. 3), S. 43.

[35] *Smeddinck*, (Fn. 34), 634(636). 正是在这样一个权利需要受到限制、社会主张大多数承担自己责任的领域内,才有通过良好专业实践经验原则进行自我管理的空间,在国家以及国际层面的意义将会越来越大。参见 *Frenz*, NuR 2004, 642(642 ff.); *Franzius*, Modalitäten und Wirkungsfaktoren der Steuerung durch Recht, in: Hoffmann-Riem/Schmidt-Aßmann/Voßkuhle(Hrsg.), Grundlagen des Verwaltungsrechts I, 2. Auflage, München 2012, § 4, Rn. 29。

[36] 所谓的交叉概念又被称为钥匙概念或桥梁概念。

[37] *Smeddinck*, Die gute fachliche Praxis – Zur Standardisierung von Verhalten, in: Brandt/Smeddinck(Hrsg.), Die gute fachliche Praxis, Berlin 2005, S. 20.

[38] *Baer*, Schlüsselbegriffe, Typen und Leitbilder als Erkenntnismittel und ihr Verhältnis zur Rechtsdogmatik, in: Schmidt-Aßmann/Hoffmann-Riem(Hrsg.), Methoden der Verwaltungswissenschaften, Schriften zur Reform des Verwaltungsrechts, Band 10, 1. Auflage, Baden-Baden 2004, S. 225 ff.; *Smeddinck*(Fn. 37), S. 20.

[39] Vgl. *Di Fabio* (Fn. 2), 123(129).

[40] *Hogenmüller*, Landwirtschaft(Fn. 3), S. 43.

[41] *Norer*(Fn. 1), S. 360; *Müller*(Fn. 29), 530(531); *Smeddinck*(Fn. 37), S. 41.

1. 作为不确定法律概念的法律性质与功能

不确定法律概念的一般性特点是，其内涵不能通过精确的具有限制性的事实加以定义，而只能在具体案件的适用中加以具体化。[42]

一方面，良好专业实践经验的规范构想具有灵活性、普遍可变性以及适应性。另一方面，就农民要遵守农业要求的角度而言，由于良好专业实践经验原则是不确定的法律概念，其又存在不确定性以及解释上存在困难等不足。[43] 就解释上的困难而言，良好专业实践经验原则在内容上的开放性以及伴随这种开放性而在法律适用上存在的困难在实施层面上也产生影响，因此这一规范构想的控制效果也是存在疑问的。[44]

鉴于此，从实践角度而言，良好专业实践经验原则能够在内容上被进一步具体化这一问题显得尤为重要。

(1)内涵层面的解释

良好专业实践经验这一手段主要是由"良好""专业""实践经验"三个语词构成，这三个语词的内容含义通常是可以被确定下来的。

按照一般语义来理解，"实践经验"这一概念是指人们习惯上或日常的所作所为以及将这些惯常行为作为对象的描述。[45] 此处的行为惯常性需要借助日常实践而产生的经验积累加以确定。[46] 存在"实践经验"的前提条件是根据特定指导思想长时间从事某一特定的无差别的行为。[47]

语词"实践经验"的概括性意义通过语词"专业"受到第一次限制。只有那些通过某一特定(专业)领域的(专业)人员所从事的行为才属于"实践经验"所

---

〔42〕 *Weber*, Creifelds Rechtswörterbuch, 21. Auflage, München 2014, S. 1296; *Sachs* in: Stelkens/Bonk/Sachs, Verwaltungsverfahrensgesetz, Kommentar, 8. Auflage, München 2014, § 40, Rn. 147 ff; *Maurer*, Allgemeines Verwaltungsrecht, 18. Auflage, München 2011, § 7, Rn. 29.

〔43〕 *Weins*, ZUR 2001, 247(247); *Axer*(Fn. 15), 1533(1535).

〔44〕 Vgl. *Winkler*, Gute fachliche Praxis(Fn. 10), S. 307.

〔45〕 *Hof*, Gute fachliche Praxis – Entwicklungsperspektiven aus rechtsethologischer Sicht, in: Brandt/Smeddinck (Hrsg.), Gute fachliche Praxis – Zur Standardisierung von Verhalten, Berlin 2005, S. 163.

〔46〕 *Smeddinck*(Fn. 37), S. 41 f.

〔47〕 *Säcker/Boesche*, ZNER 2002, 183(185).

涵盖的行为,而不包括那些外行人从事的实践行为。[48] 因此为了满足实践专业性的需要,特定领域的指导思想的特别品质将作为客观标准加以参考。[49]

另一限制来自“良好”这一语词的使用。“良好”一词表明仅仅是较好的或及格水平的实践经验是不符合要求的。[50]

移植到农业领域,如果农民是内行且尽职尽责,并在通晓地区间实际情况的情形下从事相应行为,且满足经济方面与生态方面的要求,那么其行为原则上就可以被称为良好专业实践经验。[51]

虽然可以在一般意义上确定具体概念的语义,并以此设定良好专业实践经验原则,但基于这一概念的灵活性与可变性,这一概念的内涵会不断发展、变化。因此仅以语义为基础并不能对这一概念的内涵进行明确的具体化。

(2)法教义学层面的解释

除了内涵层面上对良好专业实践经验这一不确定法律概念的解释,必要时还会用到法教义学层面的解释。

①借助良好专业实践经验原则确立标准

确定的环保法规导致了一个重要的带有法治国烙印的环境保护问题。[52] 就此而言,特别是经常变化的不确定法律概念的不确定性(广义上不确定法律概念还要阐述环境保护对农业的要求)[53]具有重要意义。

现行的环保法实现了高度具体化,尤其是通过对环境保护最低要求即所谓的“环保标准”的固定化,借助于法规、行政规章以及环保政策上的技术性规范实现具体化。这一方式有助于简化对环境法中用到的不确定法律概念的解释与实施。[54]

---

〔48〕 *Duden-Redaktion*, Duden 10 – Das Bedeutungswörterbuch, 4. Aufl., Mannheim 2010, S. 244; vgl. auch *Hof* (Fn. 45), S. 162.

〔49〕 *Säcker/Boesche* (Fn. 47), 183(185).

〔50〕 *Duden-Redaktion*, (Fn. 48), S. 513; *Smeddinck*(Fn. 37), S. 42; *Hof*(Fn. 45), S. 163.

〔51〕 *Agena*, NuR 2012, 297(297).

〔52〕 *Kloepfer*, Umweltrecht, § 3, Rn. 71; vgl. auch *Ule*, DVBl. 1973, 756 ff.

〔53〕 *Norer*(Fn. 1), S. 346, 360.

〔54〕 *Kloepfer*(Fn. 53), § 3, Rn. 72. 对于“环保标准”的概念参见 *Salzwedel*, NVwZ 1987, 276 ff. sowie *Norer*(Fn. 1), S. 346 ff; vgl. auch *Jarass*, NJW 1987, 1225(1225)。

在这一背景下，良好专业实践经验的规范构想还可以标准化的形式发挥作用，[55]借助其特别的技术与科学标准找到进入环境法领域的入口，并在不确定法律概念的适用方面取得显著成效。[56]

在农业专业法领域，立法者致力于通过在确立标准的框架内贯彻良好专业实践经验概念所确立的统一要求标准，并在所有涉及农业领域的法律中确立填补不确定法律概念的标准。[57]

这样一种被称为良好专业实践经验的专业上的特殊标准，如果不能融入法律规定或行政规定中，就是一个基本上没有什么约束力的行为指导。这种行为指导基本上没有任何法律约束力，因此需要来自各个方面的国家干预[58]以保证实施。[59]

②法院控制的范围

在法教义学分类的语境下还有一个问题，如果按照有力观点找到了不确定法律概念的构成要件的规定，[60]那么是否能够通过不确定法律概念确定行政机关的裁量空间？

一般而言，相关法律概念的不确定性并不意味着规范结果的不确定[61]以及

---

〔55〕 *Smeddinck*(Fn. 37), S. 38.

〔56〕 *Norer*(Fn. 1), S. 392. Zur generellen Bedeutung von Bedeutung von unbestimmten Rechtsbegriffen im Umweltrecht, *Kloepfer*(Fn. 53), § 3, Rn. 71.

〔57〕 *Norer*(Fn. 1), S. 360 f.

〔58〕 这里提到的国家干预包括合并、静态与动态指导和所谓的一般条款做法。参见Smeddin*ck* (Fn. 37), S. 42 f。

〔59〕 *Höfling*, Professionelle Standards und Gesetze in: Trute/Goss/Röhl/Möllers (Hrsg.), Allgemeines Verwaltungsrecht – zur Tragfähigkeit eines Konzepts, Tübingen 2008, S. 47, 49; vgl. auch *Smeddinck*(Fn. 37), S. 42; lediglich gegenüber den Mitgliedern des betreffenden Verbandes kommt privaten Regelungen eine unmittelbare Bindungswirkung zu, *Jarass* in: Kimminich/von Lersner/Storm (Hrsg.), Handwörterbuch des Umweltrechts (HdUR), I. Band: Abfallabgabe-Mosel, 2. Auflage, Berlin 1994, Sp. 817(829).

〔60〕 *Decker* in: Beck'scher Online-Kommentar VwGO, Posser/Wolff (Hrsg.), Stand: April 2013, § 114, Rn. 32; *Knack*, Verwaltungsverfahrensgesetz, Kommentar, 8. Auflage, Köln 2004, § 40, Rn. 17; *Maurer*(Fn. 42), § 7, Rn. 26.

〔61〕 *Maurer*(Fn. 42), § 7, Rn. 29; *Sachs*(Fn. 42), § 40, Rn. 147.

行政机关享有在最终裁决中作出自主决定的裁量空间,〔62〕而是在当遇到困难时必要地查明具体案件的真实内容。〔63〕 因此行政机关的职能仅在于利用不确定法律概念对具体案件事实进行归入分析并且将法律规定的构成要件适用到具体案件中。〔64〕 基于这种良好专业实践经验规范构想的灵活建构,行政机关对于良好专业实践经验的内涵享有一定的解释空间。

然而存在争议的是,行政法院应对不确定法律概念的适用和解释进行何种程度的审查并在可能的情况下予以修正?〔65〕

基于有效权利保护的原因,行政机关的解释结果需要完全受到行政法院的控制,行政法院的控制权经《德国基本法》第19条第4款在宪法上加以明确。〔66〕

对法律规范以及所包括的不确定法律概念作出最终的有效解释是司法机

---

〔62〕 *BVerfGE*,NVwZ 1993,666 f.:"法院控制的界线仅在于法律所规定的行政机关的自由空间。仅仅满足法律上的不确定性是不够的,而是需要找到法律上关于行政机关享有最终决定权的明确规定。"

〔63〕 如*Maurer*(Fn.42),§ 7,Rn.29;*Sachs*(Fn.42),§ 40,Rn.147。

〔64〕 *Erbguth*,Allgemeines Verwaltungsrecht mit Verwaltungsprozess-und Staatshaftungsrecht,8. Auflage,Baden-Baden 2016,§ 14,Rn.27;*Maurer*(Fn.42),§ 7,Rn.29 f.

〔65〕 如*Decker*(Fn.60),§ 114,Rn.32 f.;*Knack*(Fn.60),§ 40,Rn.18;*Maurer*(Fn.42),§ 7,Rn.30。

〔66〕 BVerfGE 15,275(282);31,113(117);St. Rspr. BVerfGE 103,142(156);129,1(20);*BVerfG*,NJW 1991,2005(2006);*Schmidt-Aßmann* in:Maunz/Dürig(Hrsg.),Grundgesetz-Kommentar,Stand 2016,Art. 19 Abs. 4,Rn. 183;*Schulze-Fielitz* in:Dreier(Hrsg),Grundgesetz-Kommentar,Band I:Präambel,Artikel 1 – 19,3. Auflage,Tübingen 2013,Art. 19 IV GG,Rn. 116;*Detterbeck*,Allgemeines Verwaltungsrecht mit Verwaltungsprozessrecht,14. Auflage,München 2016,Rn. 359;*Peine*,Allgemeines Verwaltungsrecht,11. Auflage,Heidelberg 2015,Rn. 230;*Maurer*(Fn. 42),§ 7,Rn. 56 ff. Im Schrifttum wird hingegen zum Teil ein Beurteilungsspielraum mit der Konsequenz einer lediglich beschränkten gerichtlichen Überprüfbarkeit der Auslegung und Anwendung von unbestimmten Rechtsbegriffen grds. anerkannt,so etwa die Lehre vom Beurteilungsspielraum,nach welcher der Behörde ein gerichtlich nicht nachprüfbarer Beurteilungsspielraum zusteht,wenn der Gesetzgeber unbestimmte Rechtsbegriffe verwendet hat,vgl. *Bachof*,JZ 1955,97;ausführlich dazu *Maurer*(Fn. 42);§ 7,Rn. 31 ff.

关所固有的职能。[67] 因此一般而言,法院控制包括确定法律规定的内涵意义以及事实依据,并对具体案件中所确定的事实适用不确定法律概念。[68]

仅在一些公认的案件类型[69]中或存在特殊的正当事由[70]的情形下才会例外地[71]打破完全由法院审查不确定法律概念的原则。[72]

除了这些公认的非封闭式的案件类型之外,由于在环境领域存在解释上的

---

〔67〕 *Pache*, Tatbestandliche Abwägung und Beurteilungsspielraum-zur Einheitlichkeit administrativer Entscheidungsfreiräume und zu deren Konsequenzen im verwaltungsgerichtlichen Verfahren-Versuch einer Modernisierung, Hamburg 2000, S. 44 ff; *Maurer*(Fn. 42), § 7, Rn. 58.

〔68〕 BVerfGE 64, 261 (279); 103, 142 (156); BVerwGE 94, 307 (309); VGH München BayVBl. 1993, 49(50); *Schmidt-Aßmann* in: Maunz/Dürig(Fn. 66); Art. 19 Abs. 4, Rn. 183; *Maurer* (Fn. 42), § 7, Rn. 3, 58. Beruht die angefochtene Verwaltungsentscheidung auf der Anwendung unbestimmter Rechtsbegriffe, ist deren Konkretisierung grundsätzlich Sache der Gerichte, die die Rechtsanwendung der Verwaltungsbehörden uneingeschränkt nachzuprüfen haben; die Regeln über die eingeschränkte Kontrolle des Verwaltungsermessens gelten dabei nicht für die Auslegung und Anwendung der unbestimmten Rechtsbegriffe, vgl. BVerfGE 7, 129 (154) = NJW 1957, 1757; BVerfGE 64, 261(279) = NJW 1984, 33.

〔69〕 Als anerkannte, wohl nicht abschließende Fallgruppen gelten Prüfungsentscheidungen, prüfungsähnliche Entscheidungen, beamtenrechtliche Beurteilungen, Entscheidungen wertender Art durch weisungsfreie, mit Sachverständigen und/oder Interessenvertretern besetzte Ausschüsse, Prognoseentscheidungen und Risikobewertungen (vor allem im Bereich des Umweltrechts und Wirtschaftsrechts), siehe z. B. *Maurer*(Fn. 42), § 7, Rn. 37 ff.; *Sachs* (Fn. 42), § 40, Rn. 175 ff.

〔70〕 Z. B. BVerfGE 64, 261 (279); BVerwG NVwZ 1991, 568 (569). Die besondere Rechtfertigung der Durchbrechung des Grundsatzes ist erforderlich, weil sie zu einer Einschränkung des Grundrechtes auf effektiven Rechtsschutz führt, siehe z. B. BVerfGE 59, 213 (216 ff.); 106, 263(266 f.).

〔71〕 Den Ausnahmecharakter betonend *Jakob/Lau*, NVwZ 2015, 241(246 ff).

〔72〕 BVerfGE 64, 261(279); BVerwG, NVwZ 1991, 568(569); *Bamberger*, VerwArch 93 (2002), 217(234 f.); *Sachs*(Fn. 42), § 40, Rn. 150 f., 158 ff., 165; *Ziekow*, Verwaltungsverfahrensgesetz, 3. Auflage, Stuttgart 2013, § 40, Rn. 47.

困难,因此在环境领域承认不确定法律概念的裁量空间被认为可行的。[73]

然而随之而来的关于进一步打破全方位法院控制原则的讨论首先指向一点,在科学技术领域对一个明确的独一无二的结论冠以全部精力是不可能实现的。这一领域正是以存在各种不同的观点而著称,这些观点在科学论文中目前并没有得出明确结论,彼此之间势均力敌、针锋相对。[74]

基于这一特点,在这一通过行政机关对不确定法律概念进行具体化尤为困难的特别复杂多变的领域,能够明确法院控制的职能界线。[75] 因此,在这类情形下,允许有资格的机关获得一定限度的自主决定的裁量空间是可行的。[76]

以宪法上对保障裁量空间的考虑为背景,[77] 我们仍需要仔细深入地审查,是否能够在具体案件中打破法院的完全控制原则。这里只有在具体案件中借助明确解释而确定的行政机关的积极授权[78] 才能对法院控制的限制作出判断。[79]

问题是,是否在良好专业实践经验这一不确定法律概念的范畴也存在打破法院完全控制原则的可能呢?良好专业实践经验原则构建了一个随时间变化而不断发展,从科学与实践中获得的以专业知识为基础的认识。[80] 因此通过专

---

〔73〕 *Sachs*(Fn. 42), § 40,Rn. 212.

〔74〕 *Sachs*(Fn. 42), § 40,Rn. 212;*Smeddinck*(Fn. 37),S. 43.

〔75〕 BVerfGE 84,34(50);BVerfG- K NVwZ 1998,128;BVerfGE,NJW 1991,2005(2006);BVerfGE,NVwZ 2012,432(435 ff.).

〔76〕 BVerfGE 54,173(197) = NJW 1980,2693;BVerfGE 61,82(114) = NJW 1982,2173;BVerfGE 83,130(148) = NJW 1991,2100;eingehend auch *Hill*,NVwZ 1989,401(402).

〔77〕 Eingehend *Schmidt-Aßmann/Groß*,NVwZ 1993,517(620 ff.).

〔78〕 Beispielhaft für eine solche Ermittlung BVerfGE, NVwZ 1993, 666 (669 f.). Ausführlich zu den Auslegungskriterien *Sachs*(Fn. 42), § 40,Rn. 161.

〔79〕 规范意义上的授权理论要求,由于根据法治国原则立法者负有义务对《德国基本法》第 19 条第 4 款所规定并保护的法律地位作出安排,所以原则上需要法律作出规定,行政机关在条文具体化上享有一定的裁量空间。参见 BVerwGE 59,213(216 ff.);*Bamberger*(Fn. 72),217(226);*Schmidt-Aßmann/Groß*(Fn. 77),617(621)。

〔80〕 *Hogenmüller*,Landwirtschaft(Fn. 3),S. 43 f.;*Müller*(Fn. 32),S. 38.

业人士的审核,行为能够比较容易地同良好专业实践经验实现一致,[81] 并以这样的方式实现法院控制。[82] 原则上我们无法构建出一种超越法院控制权并为行政机关的裁量空间提供正当事由的特别上乘的评价机制,因此良好专业实践经验原则通常无法满足采纳裁量空间的过高要求。

我们始终坚持,良好专业实践原则在其不确定法律概念的法律性质的基础上为国家干预提供了规范性前提条件,这原则上属于司法层面的问题。因此具体案件中解释上的争议可以交由法院裁决。行政机关在具体案件中解释良好专业实践经验概念的形成权首先要受到法院全方位控制的限制。

2. 表现为必要附加措施的国家介入权

良好专业实践经验构想所包含的[83] 受调控的自我调控[84] 是一种控制教义学上的安排,这种安排应当包括两种形式的国家行为:一种是社会的自我调控,如个人或集体出于合法的自私目的在遵守基本法关于自由的规定的前提下追求私利;另一种是国家调控,如国家通过公权力的载体[85] 形成许多生活关系。[86]

需要强调的是,仅依靠良好专业实践经验的规范构想并不能构建成功的国家

---

〔81〕 并且如果专业人士的审核在专业实践中具有重要影响,那么法治国内的法院必须设立审级,并且对结论负责。因此法官要从立法理由的意义上根据具体案件的情形审查还原"良好"专业实践经验原则的标准。参见 *Säcker/Boesche* (Fn. 47), 183 (185); *Marburger* in: Müller-Graff, Technische Regeln im Binnenmarkt, Baden-Baden 1991, S. 27 ff。

〔82〕 Beispielhaft *VGH München*, NuR 2003, S. 551 ff.

〔83〕 *Smeddinck* (Fn. 34), 634 (634); *Smeddinck* (Fn. 37), S. 40; *Hoffmann-Riem*, Ermöglichung von Flexibilität und Innovationsoffenheit im Verwaltungsrecht in: Hoffmann-Riem/Schneider, Verfahrensprivatisierung im Umweltrecht, Baden-Baden 1996, S. 9 ff.

〔84〕 Grundlegend *Mayntz/Scharpf*, Gesellschaftliche Selbstregulierung und politische Steuerung, Schriften des Max-Planck-Instituts für Gesellschaftsforschung Köln, Band 23, Frankfurt 1995, S. 9, 20, 23, 29.

〔85〕 *Schmidt-Preuß*, Verwaltung und Verwaltungsrecht zwischen gesellschaftlicher Selbstregulierung und staatlicher Steuerung in: Schmidt-Preuß/Di Fabio (Hrsg.), Verwaltung und Verwaltungsrecht zwischen gesellschaftlicher Selbstregulierung und gesellschaftlicher Steuerung, Veröffentlichungen der Deutschen Staatsrechtslehrer, Heft 56, Berlin 1997, 162 f.

〔86〕 *Smeddinck* (Fn. 34), 634 (634); *Smeddinck* (Fn. 37), S. 40; vgl. auch *Schmidt-Preuß* (Fn. 85), S. 162.

调控手段。如果要研究由不同因素与变量形成的,尤其处于农业领域占支配地位的事实,就需要在有效控制的意义上将良好专业实践经验与适当的辅助措施相结合。[87] 这些辅助措施包括国家的指导性措施、激励性措施与惩罚性措施。

(三)良好专业实践经验原则在农业法中的体现

良好专业实践经验的实践模型需要应用到对农业法具有重要意义的专业法以及环境法中。[88] 早在20世纪80年代,良好专业实践经验原则就已经被引入植物保护法与肥料法,并在1998年植物保护法修订的过程中,颁布化肥条例以及联邦耕地保护法确定的规范目录中作了深入规定。[89] 此外,在2002年颁布的联邦自然保护法层面以及2005年颁布的遗传工程法层面均贯彻了这一规范模型。之后良好专业实践经验的规定在其他环境法领域[90]也产生了重要作用。[91]

作为环境法对农业在国家层面乃至国际层面的要求的关键概念并日益发挥重要作用,[92]良好专业实践经验原则在其制度安排中对农业上允许的耕地利用加以定义,并作为允许的耕地方式的原则性规定发挥作用。[93]

借助具体的一般的以及专业上特殊的条件规定,应当建立一个考虑特殊情形的适用于所有农民和事实情况的共同的参考标准。(根据立法者的设想)该标准应当以在估计经济需要的情形下确立保护自然资源的标准为目标,并应当在农业领域坚持良好专业实践经验原则的情形下进行环保耕作。[94]

然而,良好专业实践经验的规范构想应当在具体的专业法律阐释中通过不

---

〔87〕 *Gerling*(Fn. 28), S. 79; ökonomische Instrumente thematisierend *Ritter*, DÖV 1992 641(645); *Smeddinck*(Fn. 37), S. 46.

〔88〕 *Hogenmüller*, Landwirtschaft(Fn. 3), S. 1, 43.

〔89〕 *Hogenmüller*, Landwirtschaft (Fn. 3), S. 1, 52 ff.; *Müller*(Fn. 32), S. 39.

〔90〕 如循环经济与垃圾法、水法、环境保护与田亩归并法。

〔91〕 *Hogenmüller*, Landwirtschaft(Fn. 3), S. 75; *Müller*(Fn. 32), S. 167 ff.

〔92〕 *Axer*(Fn. 15), 1533(1534); *Klinck*(Fn. 1), S. 154; *Smeddinck*, (Fn. 34), 634(634); Rehbinder, *NuR* 2011, 241(242) hinsichtlich des Naturschutzrechtes sowie *Winkler*, Ordnungsgemäße Landwirtschaft(Fn. 1), S. 546 hinsichtlich der „ordnungsgemäßen Landwirtschaft".

〔93〕 *Hogenmüller*, Landwirtschaft(Fn. 3), S. 1.

〔94〕 *Axer*(Fn. 15), 1522(1534); *Müller*(Fn. 32), S. 38, 107 ff.

同方式被具体化,就此而言,这一规范构想首先要同辅助措施的概念相区别。两者的区别可以通过比较耕地保护法与化肥法的规定加以阐明。

在耕地保护法中,良好专业实践经验原则的规定主要集中体现在《德国联邦耕地保护法》[95]第 17 条。根据《德国联邦耕地保护法》第 17 条第 1 款第 1 句,在农业上利用耕地应当通过遵守良好专业实践经验原则履行保障义务。《德国联邦耕地保护法》第 17 条第 2 款第 1 句具体化了该项义务,并在第 2 句以列举方式解释了良好专业实践经验原则。[96] 因此,《德国联邦耕地保护法》第 17 条免除了《德国联邦耕地保护法》第 7 条规定的一般保障义务,同时也收回了《德国联邦耕地保护法》第 10 条规定的行政机关的授权基础,改为对保障义务的强制性要求。[97]

由于《德国联邦耕地保护法》第 17 条第 2 款第 2 句所规定的基本原则无一例外地被描述为非常普遍遵守的措施,[98]并且耕地保护法没有授权通过法规或对规范具体化的行政规定对基本原则进行具体化,[99]因此与当地环境相适应的与耕地保护法一般要求的具体化只能通过行政机关的建议实现。

---

〔95〕 根据《联邦德国耕地保护法》第 1 条,耕地保护法的目的在于保护与恢复耕地功能,避免通过对耕地的影响破坏耕地的自然功能。参见 *Sondermann/Hejma* in: Versteyl/Sondermann(Hrsg.), Bundesbodenschutzgesetz, Kommentar, 2. Auflage, München 2005, § 1, Rn. 1 ff。

〔96〕 *Becker*, Bundes-Bodenschutzgesetz (BBodSchG), Mit den Verordnungen des Bundes zur Durchführung des BBodSchG, Kommentar, Stand 2016, § 17, Rn. 1 ff.; *Versteyl* in: Versteyl/Sondermann, Bundesbodenschutzgesetz, Kommentar, 2. Auflage, München 2005, § 17, Rn. 17.

〔97〕 *Hogenmüller*, Landwirtschaft (Fn. 3), S. 105. In Folge dessen stellt die in § 17 I 2 BBodSchG niedergelegte Beratungsanordnung, im Sinne derer die Grundsätze der guten fachlichen Praxis durch die nach dem jeweiligen Landesrecht zuständigen Beratungsstellen vermittelt werden sollen, die einzig mögliche Vorsorgemaßnahme dar, sich hierzu kritisch äußernd *Peine*, DVBl. 1998, 157(160).

〔98〕 *Ginzky*, ZUR 2008, 188(189); *Becker*(Fn. 97), § 17, Rn. 10.

〔99〕 Die oppositionellen Gesetzesentwürfe umfassten solche, vgl. Gesetzesentwurf der SPD-Fraktion, BT-Drucks. 13/7891, S. 49 sowie Gesetzesentwurf der Fraktion Bündnis 90/Die Grünen, BT-Drucks. 13/7891, S. 60; vgl. auch *Müller*(Fn. 32), S. 101.

与之相反,化肥法与化肥条例中对良好专业实践经验原则作了权威性规定。化肥法中授权法律条例对良好专业实践经验原则具体化,化肥条例颁布的过程中也采用了这种方式。良好专业实践经验原则通过化肥条例在次法律层面也得到具体化。[100] 同时该化肥条例还被用于转化欧盟硝酸盐指令。[101] 该条例融入了科学与技术的发展,既包括化肥使用以及用量控制的基本原则,也包括特殊化肥类型的数量限制。另外,它还规定若不遵守规章,则对违章行为处以罚款。这对良好专业实践经验规范的适用大有裨益。[102]

通过比较耕地保护法与化肥法的规定,我们首先可以发现二者在手段特征上的区别。

在耕地保护法中,《德国联邦耕地保护法》第 17 条第 2 款所确定的原则并没有设置相关的行政措施,[103] 而仅仅是以官方指导的形式介绍了一下该原则,没有任何强制性的约束效力。[104] 尽管行政机关的建议指导行为在耕地保护法中具有重要意义,但因为建议之外没有附加任何义务,[105] 同时也没有对《德国联邦耕地保护法》第 17 条设置命令与惩罚途径,[106] 因此保护耕地的主动权主要掌握在农民手中。

---

〔100〕 *Härtel*, Agrarrecht(Fn. 10), S. 43; *Müller*(Fn. 32), S. 67; *Kloepfer*(Fn. 53), § 19, Rn. 235.

〔101〕 Richtlinie 91/676/EWG des Rates vom 12. Dezember 1991 zum Schutz der Gewässer vor Verunreinigung durch Nitrat aus landwirtschaftlichen Quellen, ABl. L 375 vom 31. 12. 1991.

〔102〕 *Klinck*(Fn. 1), S. 97.

〔103〕 *Hogenmüller*, Landwirtschaft(Fn. 3), S. 105; *Müller*(Fn. 32), S. 105 f.

〔104〕 *Frenz*(Fn. 35), 642(646); *Müller*(Fn. 32), S. 105; vgl. auch *Lübbe-Wolff*, Erscheinungsformen symbolischen Umweltrechts in: Hansjürgens/Lübbe-Wolff (Hrsg.), Symbolische Umweltpolitik, Hansjürgens/Lübbe-Wolff, Berlin 2000, S. 40 f.

〔105〕 *Peine*(Fn. 98), 157(160); *Frenz*(Fn. 35), 642(646); *Hogenmüller*, Landwirtschaft (Fn. 3), S. 122 ff.

〔106〕 *Versteyl*(Fn. 97), § 17, Rn. 11 ff.; *Vogg* in: Landel/Vogg/Wüterich, Bundebodenschutzgesetz, Kommentar, Stuttgart 2001, § 17, Rn. 62; *Erbguth/Stollmann*, Bodenschutzrecht, Baden-Baden 2001, S. 101; *Lingner/Borg*, Präventiver Bodenschutz, Problemdimensionen und normative Grundlagen, Graue Reihe Nr. 23, Europäische Akademie zur Erforschung von Folgen wissenschaftlich-technischer Entwicklungen, Bad Neuenahr-Ahrweiler 2000, S. 53.

这导致该规范在实践中的有效性和与之相关的调控效果存在问题。尽管农业法律方面的指导意见对介绍良好实践经验原则具有重要意义,[107]但仅仅通过这种指导意见并不能实现预期的调控效果。[108]

与之相反,化肥法通过细致的法律框架将直接行为控制的元素与指导权、惩罚权和干预权相联系,对良好专业实践经验原则作一个较高程度的区分。特别是通过法律条例对该原则作出的具有法律约束力的具体化,使适用法律的农民和行政机关明显受益,这种具体化取得了很大成功。

虽然化肥条例获得了普遍的积极评价,但仍要强调一点,农业施肥导致的水域承担的巨大负担并没有因生效的化肥条例得到明显减轻。[109] 这不仅需要在耕地保护法中对良好专业实践经验构想加以区别,还要在化肥法以及农业专业法中加以区别。

三、对目前移植良好专业实践经验原则规范构想的评价以及对今后发展的可行建议

总之,良好专业实践经验的规范构想是一种行为调控上的法律手段,这一法律手段将外化的法价值标准同规范的指导方针相结合。

对于良好专业实践经验原则,不存在一个普遍的有效定义,而是在各个具体的专业法领域有很多独立的、在内容上存在很大区别的具体化适用。正如比较耕地保护法与化肥法规范的例子所体现的,不同专业法领域在技术移植方面存在很大不同。

正是因为让行政机关与农民了解掌握良好专业实践经验原则的适用具有重要意义,所以我们需要弄明白采用不同移植方式以及与之相关的实践上这一构想的局限性的理由。

由于原则上只有明确的规定才能产生具体措施,故而良好专业实践经验的

---

〔107〕 *Hogenmüller*, Landwirtschaft (Fn. 3), S. 110, 113; *Müller* (Fn. 32), S. 106.

〔108〕 *Schink*, UPR 1999, 8 (13); *Hogenmüller*, Landwirtschaft (Fn. 3), S. 119; *Müller* (Fn. 32), S. 106.

〔109〕 *SRU*, Umweltgutachten 2008 – „Umweltschutz im Zeichen des Klimawandels", S. 446; *Möckel*, ZUR 2007, 176 (177).

规范模型将会进一步向具体化和可操作性方向发展。在这个意义上以及存在实践局限性的背景下,我们需要明确,这种对良好专业实践原则的进一步发展能否实现,以及以何种方式实现。

除了在法律以及次法律层面对良好专业实践经验原则作进一步具体化之外,还要进一步讨论如何通过表现为国家干预的规范性措施增强规范模型的灵活性以及融入指导性措施、激励性措施与命令性措施。

借助这一构想的进一步发展以及与之相关联的法律与科学元素,可以向各个规范的指向者明确相应的标准化的义务性规定。

在相关专业法律领域确定良好专业实践经验原则的义务性要求能够试着以规范构想以原则的方式平衡现代农业中的经济利益与生态利益。

(徐凌波 校)

中德法学论坛
第14辑,第123~147页

企业经营自由与国家食品审查在食品安全领域的激烈冲突

在“现代社会中的农业——对于法律的挑战”国际学术研讨会上所做的报告

提洛·奥其斯*著　周沛远**译

食品安全是我们生存的基础,食品安全的监管和风险防控是政府的法定责任。欧洲《食品安全基础法令》为食品安全的监管提供了新的法律性基础,政府据此可以采取多种手段对食品安全和食品生产企业进行监督。但是企业自由经营权是食品生产企业的基本权利,政府不能过度地对其进行干预。本文从基本权利角度出发,讨论了《食品安全基础法令》与基本法所确立的基本权利之间的冲突,《食品安全基础法令》与基本权利之间界限,以及政府对企业经营自由干预的方式和程度。

关键词:食品安全;《食品安全基础法令》;基本权利;国家干预

Sichere Lebensmittel sind die Grundlage unserer Existenz. Die Kontrolle und das Risikomanagement der Lebensmittelsicherheit ist eine legitime Staatsaufgabe. Die Verordnung (EG) Nr. 178/2002 (Basis-VO) bietet einen neuen gesetzlichen

---

* 提洛·奥其斯(Thilo Ortegies):德国哥廷根大学农业法研究所科研助理,博士研究生。

** 周沛远:南京大学法学院中德法学研究所2015级硕士研究生。

Grund für die Kontrolle der Lebensmittelsicherheit. Gemäß dieser Verordnung kann der Staat zur Kontrolle der Lebensmittelsicherheit und der Lebensmittelunternehmer verschiedenartige Maßnahmen treffen. Aber unternehmerische Freiheit ist eines der Grundrechte des Lebensmittelunternehmers, deshalb kann die Regierung in die Freiheit des Betriebs nicht übertrieben eingreifen. Der vorliegende Beitrag geht vom Standpunkt des Grundrechts aus, diskutiert über den Konflikt und die Grenze zwischen der Basis-VO und den Grundrechten sowie die Methoden und die Stufe des Eingriff des Staates.

Key Words: Lebensmittelsicherheit, Basis-VO, Grundrechte, Eingriff des Staates

一、导 论

"安全的食品是我们生存的基础。"[1]食品法的主旨因此是保护消费者的身体健康、使其远离诈欺并使公众获得如实的信息。要达到一个较高的保护水平,不仅需要欧洲基础条约,[2]还需要像在欧洲法规 178 号(2002 年)(以下简称《食品安全基础法令》)[3]第 1 条中确立的那种关于食品的特别规定,并将这两者作为基础性的法律调整机制。[4]

---

〔1〕 联邦食品安全部部长克里斯蒂安·施密特(Christian Schmidt)2015 年 4 月 7 日在世界健康日上的讲话,载 http://www.bmel.de/SharedDocs/Pressemitteilungen/2015/101 - SC-Weltgesundheitstag.html(zuletzt abgerufen am 24.2.2016)。

〔2〕 Art. 114 Abs. 3 S. 1 und Art. 168 Abs. 1 des Vertrages über die Arbeitsweise der Europäischen Union(AEUV) Fassung aufgrund des am 1.12.2009 in Kraft getretenen Vertrages von Lissabon(Konsolidierte Fassung), ABl. Nr. C 115 vom 9.5.2008, S. 47 – 200.

〔3〕 Verordnung(EG) Nr. 178/2002 des Europäischen Parlaments und des Rates vom 28. Januar 2002 zur Festlegung der allgemeinen Grundsätze und Anforderungen des Lebensmittelrechts, zur Errichtung der Europäischen Behörde für Lebensmittelsicherheit und zur Festlegung von Verfahren zur Lebensmittelsicherheit, ABl. Nr. L 031, S. 1 – 24.

〔4〕 《食品安全基础法令》也被称为"新食品法总论"。so Holle, ZLR 2004, S. 307 (308).

“食品法的核心是食品安全。”[5]起初,无论在欧洲层面还是在欧盟成员国层面都没有在法律上界定食品安全概念。[6] 直到《食品安全基础法令》第 14 条才在成文法中确立了食品安全的一般性规定。[7] 尽管这个概念因“过于抽象”而“缺少对实践的指导力”[8]而一直备受批评,但它仍然是食品安全的核心规则,欧盟范围所流通的食品必须符合的各项规则都是以它为基础的。[9]

《食品安全基础法令》并没有从正面界定食品安全,而是从反面禁止交易不安全的食品。[10] 不安全的食品或是有害健康的,[11] 或是不适于人类食用[12]的。[13] 通过这一核心规则,欧盟的法令制定者将安全规定为所有商业食品生产

---

〔5〕 joh/Krämer/Teufer/Unland, ZLR 2012, S. 420(422).

〔6〕 Knipschild, Lebensmittelsicherheit als Aufgabe des Veterinär- und Lebensmittelrechts, Risikoverwaltung im europäischen Binnenmarkt, Baden-Baden 2003, S. 21.

〔7〕 Delewski/Fuhrmann, ZLR 2005, S. 645(656).

〔8〕 Schomburg, Rechtsrahmen funktioneller Lebensmittel, ordnungsrechtliche Aspekte und rechtspolitische Empfehlungen, Köln [u. a.] 2008, S. 98 f.; v. Danwitz, ZLR 2001, S. 209(218, 225, 230).

〔9〕 Schomburg(Fn. 8), S. 90; van der Meulen, EFFL 2012, S. 117(125) geht sogar so weit, Art. 14 Basis-VO als die wichtigste Norm des europäischen Lebensmittelrechtes zu bezeichnen: „There is no doubt in my mind that Article 14 [Anforderungen an die Lebensmittelsicherheit, Anm. d. Verf.] of the General Food Law is the single most important provision in all of European Food Law.“

〔10〕 Art. 14 Abs. 1 Basis-VO.

〔11〕 这里受到关注的方面源自《食品安全基础法令》第 4 条第 4 款。还有 2005 年 12 月 20 日《关于实行食品、食品原料和饲料的快速警报系统的一般行政规定》(以下简称《快速警报系统一般行政规定》)。此外该行政规定的第 1 条的修改也促成了关于快速警报系统和饲料登记的相关规定的修订。

〔12〕 什么时候流通的食品是不合适的,参见 Art. 14 Abs. 5 Basis-VO.

〔13〕 参见 Art. 14 Abs. 2 Basis-VO. 最近的判例有关于水果蔬菜严重发霉和受污染的案例。参见 Meyer, in: Meyer/Streinz (Hrsg.), LFGB, BasisVO, HCVO, Lebensmittel- und Futtermittelgesetzbuch, Basis-Verordnung (EG) Nr. 178/2002, Health ClaimVO 1924/2006, München 2012, Art. 14 Basis-VO, Rn. 47。

行为的主导动机和主要目标。[14]

然而无论是在德国还是在欧洲,食品产业总是要面对大量或是想象中的或是事实上的所谓“丑闻”和“危机”,它们引起大量的媒体关注,导致公众对食品安全的广泛讨论。[15] 通常媒体报道的食品丑闻持续的时间较短,而但却一次又一次地引起民众对于这种潜在危险情况的普遍担忧:毕竟所有人都受制于食品的供应。[16] 换言之,由不安全的食品引发的危害和风险直接影响到每一个公民的消费行为。受到打击的还有消费者的信赖。同时,公众对于产品信赖的丧失会导致十分糟糕的局面,并最终波及食品的生产者。[17]

这里就出现了一个问题,谁应该为我们的食品安全负责?尤其是近年来,公众逐渐意识到食品安全问题是国家的法定责任。[18] 通过观察我们可以用另一句话来描述这一社会发展的特征,即“逐渐消失的国家不作为的合法性”。[19]

对于食品安全保障的责任问题主要需要考察三个主体,即国家,食品经济

〔14〕 Gorny, in: Beck/Dannecker/Gorny/Mettke/Preuss (Hrsg.), BEHR'S Kommentar zum Lebensmittelrecht, Kommentar zum LFGB und zu weiteren lebensmittel-, bedarfsgegenstände- und futtermittelrechtlichen Vorschriften, Hamburg Stand 2015, C 2, Art. 14 Basis-VO, Rn. 282.

〔15〕 在2014年7月、8月在法国奥地利英国卢森堡和德国爆发了沙门氏菌疫情,而污染源很有可能是一种巴伐利亚州的蛋类产品。参见巴伐利亚州最高法院:Gutachten zur Struktur und Organisation des amtlichen Veterinärwesens und der Lebensmittelüberwachung, http://www.stmuv.bayern.de/verbraucherschutz/verbraucherinformation/lebensmittel/sondergutachten/index.htm (zuletzt abgerufen am 24.2.2016)。

〔16〕 Gerecke, ZLR 2006, S. 267 (270); Roth, Die allgemeine Lebensmittelüberwachung als Instrument des Verbraucherschutzes, eine systematische Darstellung unter besonderer Berücksichtigung der Rechtslage und der Organisationsstrukturen in Nordrhein-Westfalen, Stuttgart 2009, S. 16.

〔17〕 Horst, Kosten einer Krise: Verluste oder Investitionen in die Zukunft?, in: Bundesinstitut für Risikobewertung, Tagungsband, Was kostet eine Krise? -Fakten, Erfahrungen, Handlungsmöglichkeiten, Berlin 2006, S. 67(68). Tschiersky-Schöneburg, ZLR 2009, S. 403(410).

〔18〕 Tschiersky-Schöneburg, ZLR 2009, S. 403(410).

〔19〕 Calliess, Krisen in Staat und Gesellschaft: Verantwortung von Institutionen und Personen in der Krise, in: Bundesinstitut für Risikobewertung, Tagungsband, Handeln in Krisen und Krisenprävention, Berlin 2013, S. 12(14).

企业以及消费者自身。[20] 本报告主要探讨的是国家在这个责任共同体中应当发挥何种作用。

二、保障食品安全作为法治国的职责—宪法性的基础

在关注这个研讨会的主题——"对于法律的挑战"之前,先让我们明确另一个问题,即"法律的要求"。

不仅是联邦德国,整个欧盟都以民主和法治国作为基本原则。[21] 这一规定尽管看似简单,但它对保障食品安全有着深远的意义。一方面通过这一结构性的预设建立了法治国家;[22] 而另一方面从法治国原则中可以推导出一系列具体前提,首先是对基本权利的确认。[23]

基本权利以不同的形式和方法发生作用。基本权利一般被认为防御权,基于这种权利,个人可以对抗国家行为。此外,基本权利还对国家设定了义务,即通过积极的作为保护法益免受危险或(作为个人的)第三人的违法行为的侵害。国家有义务保护基本权利,[24] 当可以预见到基本权利所保护的法益将受到潜在威胁时,国家便有义务积极采取有效措施进行介入。[25] 由此基本权利的保护范围扩展到了其他的防御请求,这种防御针对的是来自第三人的基本权利侵害行为,而请求却是针对国家作出的,即要求国家确保防御外来的侵犯。[26] 如此形

---

〔20〕 Vgl. Schuppert, ZLR 2002, S. 297.

〔21〕 Calliess(Fn. 19), S. 12 f.

〔22〕 例如权利的分配法律的保留以及权利保障。Calliess(Fn. 19), S. 12 f.

〔23〕 Calliess(Fn. 19), S. 12 f.

〔24〕 Weiß, Die rechtliche Gewährleistung der Produktsicherheit, Baden-Baden 2008, S. 71 m. w. N.

〔25〕 这一保护义务夺走的并不是基本权利的防御功能,同样参见 Pestalozza, Das Recht auf Gesundheit. Verfassungsrechtliche Dimensionen, Bundesgesundheitsbl. -Gesundheitsforsch. -Gesundheitsschutz 2007, S. 1113(1116)。

〔26〕 Ebd.

象地形成了一个保护义务三角。[27] 在三角形的顶端是国家,而在其底端则分别是侵犯基本权力者和受到侵犯的人。[28]

对于消费者来说,在食品领域里最重要的基本权利首先就是生命和身体不受侵害的权利。[29] 这一权利不仅保障身体健康免受现实的损害,[30] 也保障身体健康免于潜在的危险,只要潜在的危险因其造成的影响而能够被等同于实害。[31] 这种保护义务的内涵除了传统的对于危害进行预防之外,必要时还延伸

---

〔27〕 Isensee, Das Grundrecht auf Sicherheit, zu den Schutzpflichten des freiheitlichen Verfassungsstaates; Vortrag gehalten vor der Berliner Juristischen Gesellschaft am 24. November 1982, Berlin 1983, S. 34; Stern, Das Staatsrecht der Bundesrepublik Deutschland, III/1, München 1994, S. 945 ff.; Robbers, Sicherheit als Menschenrecht, Aspekte der Geschichte, Begründung und Wirkung einer Grundrechtsfunktion, Baden-Baden 1987, S. 124; Dietlein, Die Lehre von den grundrechtlichen Schutzpflichten, Berlin 1992, S. 67; Krings, Grund und Grenzen grundrechtlicher Schutzansprüche, die subjektiv-rechtliche Rekonstruktion der grundrechtlichen Schutzpflichten und ihre Auswirkung auf die verfassungsrechtliche Fundierung des Verbrauchervertragsrechts, Berlin 2003, S. 190; Merten, Grundrechtliche Schutzpflichten und Untermaßverbot, in: Stern (Hrsg.), Gedächtnisschrift für Joachim Burmeister, Heidelberg 2005, S. 227(237).

〔28〕 Vgl. Schmitz, Grundrechtliche Schutzpflichten und der Anspruch auf Straßenverkehrssicherung, zur Umsetzung grundrechtlicher Vorgaben an die Verkehrssicherung öffentlicher Straßeninfrastruktur, Berlin 2010, S. 108.

〔29〕 Art. 2 Abs. 2 S. 1 Grundgesetz für die Bundesrepublik Deutschland (GG) in der im Bundesgesetzblatt Teil III, Gliederungsnummer 100 – 1, veröffentlichten bereinigten Fassung, das zuletzt durch Artikel 1 des Gesetzes vom 23. Dezember 2014 (BGBl. I S. 2438) geändert worden ist.

〔30〕 Im biologisch-physiologischen Sinn, siehe Schmidt-Aßmann, AöR 106(1981), 205(209).

〔31〕 Krings (Fn. 27), S. 228; Baumann, JZ 1982, 749(754); Dietlein (Fn. 27), S. 105 ff.; Hermes, Das Grundrecht auf Schutz von Leben und Gesundheit, Schutzpflicht und Schutzanspruch aus Art. 2 Abs. 2 Satz 1 GG, Heidelberg 1987, S. 236; Kloepfer, DVBl. 1988, 305(311); Murswiek, Die staatliche Verantwortung für die Risiken der Technik, verfassungsrechtliche Grundlagen und immissionsschutzrechtliche Ausformung, Berlin 1985, S. 138; Jaeckel, Schutzpflichten im deutschen und europäischen Recht, eine Untersuchung der deutschen Grundrechte, der Menschenrechte und Grundfreiheiten der EMRK sowie der Grundrechte und Grundfreiheiten der Europäischen Gemeinschaft, Baden-Baden 2001, S. 86.

至风险的防范(Risikovorsorge)。[32]

因此,国家的任务便在于制定相应的法律(预防性地)保护公民的生命与身体健康,并保证这些法律规定的内容得到有效的执行。[33] 由于国家机构在如何履行这一保护义务上有着相当大的有关怎样进行决定、价值评判和形成决议的裁量空间,法院的审查工作只能发挥有限的作用。[34] 此外,基本权利所要求的保护并不能转化为单一的保护措施。[35] 在对于这些要求国家至少要完成它的保护义务的讨论中,建立起了所谓的禁止不足制度(Untermaßverbot)。[36] 问题是,一般来说国家的保护责任并不在于必须实施某种特定的行为,是往往在于

---

〔32〕 Ausdrücklich:BVerfGE 56,54(78). Auch:BVerfGE 49,89(140 ff.);53,30(27);52,214(220).

〔33〕 这里仅仅适用于个别情况相关的判例和行政行为。

〔34〕 BVerfGE 39,1(42,44);46,160(164);77,170(214 f.);88,203(262 f.);115,118(159 f.);Alexy,Theorie der Grundrechte,Baden-Baden 1985,S. 420 ff.;Zippelius/Würtenberger,Deutsches Staatsrecht,ein Studienbuch,32. Aufl.,München 2008, § 17,Rn. 39 f.;Lediglich „gänzlich ungeeignete oder völlig unzulängliche"(BVerfGE 77,170(214 f.)staatliche Tätigkeiten scheiden aus dem Spektrum möglicher Schutzvorkehrungen von vornhinein aus. Um der Schutzverpflichtung gerecht zu werden,hat sich die verfassungsrechtlich gebotene Ausgestaltung der rechtlichen Regelungen dabei an Art, Nähe und Ausmaß möglicher Gefahren sowie an der Bedeutung und Schutzbedürftigkeit des verfassungsrechtlich geschützten Rechtsguts und an den bereits vorhandenen Regelungen zu orientieren,BVerfG,NJW 2002,S. 1638(1639).

〔35〕 Möstl,Die staatliche Garantie für die öffentliche Sicherheit und Ordnung, Sicherheitsgewährleistung im Verfassungsstaat,im Bundesstaat und in der Europäischen Union,Tübingen 2002,S. 108 f.

〔36〕 BVerfGE 88,203(254);98,265(356);BVerfG NJW 1995,S. 2343;Götz,in:Isensee/Kirchhof(Hrsg.),Handbuch des Staatsrechts der Bundesrepublik Deutschland,Bd. III,3. Aufl.,Heidelberg 2005, § 79,Rn. 30f.;Isensee,in:Denninger/Isensee/Kirchhof(Hrsg.),Handbuch des Staatsrechts der Bundesrepublik Deutschland, Bd. V., Heidelberg 1992, § 111,Rn. 165;Krings(Fn. 27),S. 297 ff.;Störring,Das Untermaßverbot in der wissenschaftlichen Diskussion,Untersuchung einer umstrittenen Rechtsfigur,Berlin 2009,S. 21 ff.;Badura,Staatsrecht,Systematische Erläuterungen des Grundgesetzes für die Bundesrepublik Deutschland,5. Aufl.,München 2012,S. 122 f.

达到某个特定的结果。[37] 国家所采取的保护措施必须建立在认真的事实调查与合理的价值评估基础之上,并足以提供适当且有效的保护。[38] 如果没有这样做,[39]那么就可能构成对宪法的违反。[40] 大部分情况下消费者是不可能完全自己监控食品安全的,[41]基于这一事实,国家在食品法领域履行其保护义务时,制定更为严格的标准就显得尤为重要。[42] 立法机关在履行保护职责时负有首要的义务,[43]其任务在于,对于不同自由领域间[44]的权利冲突进行衡量。[45]

三、与之对立的宪法权利—食品企业的基本权利

国家在消费者健康保护方面有着自身的界限,而这种界限是通过对于与之相对立的宪法立场进行考量而建立的。在这里需要考量的要素有基本权利的法律保留、比例性原则,[46]尤其是食品经营活动中的基本权利。[47]

---

〔37〕 Krings(Fn. 27), S. 254. Insofern ist die Frage danach, wie dem durch Verfassungsinterpretation entwickelten Schutzauftrag konkret nachzukommen ist, höchst komplex, vgl. Schmitz(Fn. 28), S. 133. BVerfGE 88, 203(254).

〔38〕 BVerfGE 88, 203(254).

〔39〕 意即要么国家没有提出保障更安全的食物的必要的法律基础,要么就是其忽视了这一条款中所包含的有效的监督的内涵。

〔40〕 Di Fabio, in: Maunz/Düring (Hrsg.), Grundgesetz, Kommentar, Band I, München 2009 -, Art. 2 Abs. 2, Rn. 93.

〔41〕 Heck, Paradigmenwechsel im Lebensmittelrecht: Vom speziellen Verbot zu Kontrollzwecken zum generellen Verbot mit edukatorischer Intention?, Taunusstein 2010, S. 122.

〔42〕 参见作为行政经济顾问的联邦审院主席在消费者健康保护组织所做的关于食品的困境的一系列讲话 Stuttgart 2012, S. 28。

〔43〕 Auch als „Gesetzesmediatisierung“ der Schutzpflicht beschrieben, siehe Isensee(Fn. 27), S. 44.

〔44〕 Gemeint sind die des Störers(Lebensmittelindustrie) und der Betroffenen(Verbraucher).

〔45〕 Krings(Fn. 27), S. 190; vgl. auch Isensee(Fn. 36), § 111, Rn. 112.

〔46〕 这里仍然表述为民主和法治国家。

〔47〕 So ebenfalls in Bezug auf das Lebensmittelrecht bereits Holle, Verfassungsrechtliche Anforderungen an Normierungskonzepte im Lebensmittelrecht, Baden-Baden 2000, S. 179 f.

最重要[48]的是工作和所有权自由。[49] 其他需要考虑的还有《欧洲人权公约》中所确立的各项基本权利,[50]这些基本权利不仅约束着欧盟自身也约束着全部其他受到欧盟法约束的[51]成员国。[52] 欧盟基本权利的保护与各个成员国的基本权利秩序之间的关系以及由此引发的关于欧盟基本权利对于各成员国的约束问题是近年来充满争议的话题。[53] 由此引发了"一系列方法论与教义学上的问题"。[54][55] 由此各国的专门法院首当其冲受到了现实的挑战。[56] 因

〔48〕 除此之外还有对于住宅、信息和数据相关的基本权利的不可伤害性的介入参见 in die allgemeine Handlungsfreiheit der Lebensmittelunternehmer in Frage, siehe dazu Roth (Fn. 16), S. 177 m. w. N。

〔49〕 Artt. 12 bzw. 14 GG.

〔50〕 Artt. 15, 16, 17 der Charta der Grundrechte der Europäischen Union (GRC), ABl. Nr. C 364 vom 18. 12. 2000, S. 1 – 22. Darüber hinaus gelten gem. Art 6 III EUV auch die (alten), als allgemeine Rechtsgrundsätze entwickelten, Unionsgrundrechte fort. Die Berufsfreiheit, EuGH, Rs. 234/85, Keller, Slg. 1986, 2897 Rn. 8, aber auch das Eigentum, EuGH, Rs. 44/79, Hauer, Slg. 1979, 727 Rn. 17, sind insoweit ausdrücklich anerkannt.

〔51〕 Im Hinblick auf das Merkmal „bei Durchführung des Unionsrechts" sehr weitgehend EuGH, Urt. v. 7. 5. 2013, Rs. C – 617/10 – Åkerberg Fransson, Rn. 19 ff.; zurückhaltend demgegenüber BVerfGE 133, 277 (Rn. 91); weniger weitgehend und einen „hinreichenden Zusammenhang von einem gewissen Grad" betonend: (EuGH, Urt. v. 6. 3. 2014, Rs. C – 206/13 – Siragusa, Rn. 24); ebenfalls zurückhaltender und stärker „die Einheit, den Vorrang und die Wirksamkeit des Unionsrechts" betonend (EuGH, Urt. v. 10. 7. 2014, Rs. C – 198/13 – Hernández, Rn. 47).

〔52〕 Art. 51 I 1 GRC.

〔53〕 Zum Verhältnis der Grundrechtsregime siehe bspw. Jarass, EuR 2013, S. 29 ff.; Thym, NVwZ 2013, S. 889; Tamblé, Der Anwendungsbereich der EU-Grundrechtecharta (GRC)-Grundlagen und aktuelle Entwicklungen, in: Tietje (Hrsg.), Beiträge zum Europa- und Völkerrecht, Heft 9 (2014), S. 5 ff.; Britz, EuGRZ 2015, S. 275 ff.

〔54〕 Huber, Grundrechtsschutz in Europa-Vermehrung, Verunsicherung, Kohärenz, in: Biaggini/Dingelmann/Kaufmann (Hrsg.), Polis und Kosmopolis, Festschrift für Daniel Thürer, Baden-Baden 2015, S. 305 (319).

〔55〕 关于在欧洲多层次法律系统中所提出的基本权利保护问题,在这里尚没有有益的解决方案。

〔56〕 hym (Fn. 53), S. 889 (895); Britz (Fn. 53), S. 275 ff.

为与联邦宪法法院不同,专门法院通常需要阐明欧盟法在这里是否给德国立法者留下了转化适用的空间。[57] 当必要的时候,还需要提请欧盟法院进行预先裁决。[58] 为了阐述的方便,下面的论述将以联邦宪法法院所形成的细致的关于基本权利的教义学理论为基础。国家为了执行欧盟法的规定所采取的措施,在没有对个别措施进行审查的情况下,只是搁置了界分的问题。进一步需要解释的是,“待检验的本国法措施是否当然地已经在欧盟法上进行了规定”。[59]

工作和所有权的基本权利保障了经济的自由发展。[60][61] 参与食品生产、加工、经营的食品企业所拥有的这些基本权利以及由此形成的国家干预限度必须予以考虑,并以合理的方式与消费者所拥有的基本权利进行权衡。在个案中,在食品生产商和消费者之间哪些基本权利具有优先性将通过比例性审查予以决定。[62] 这些被称为禁止过度的比例性原则表明,概括性地说,国家不能对食品安全提出过高的要求。[63]

人们将保护义务纳入这种考虑之中,如此形成了一条清晰的进路:当禁止不足原则划定了国家对于消费者保护的底线,禁止过度原则则表述了食品生产

[57] Nach Art. 267 Abs. 1 AEUV.

[58] BVerfGE 129,186(202) = BVerfG,NJW 2012,S. 45,Rn. 47.

[59] Britz(Fn. 53),S. 275 ff.

[60] Grundlegend zur sogenannten „Unternehmerfreiheit“ Ossenbühl,AÖR 115(1990),S. 1-30.

[61] Simon,Kooperative Risikoverwaltung im neuen Lebensmittelrecht,eine Analyse des neuen Lebensmittel- und Hygienerechts am Beispiel der Fleischerzeugung,Baden-Baden 2007,S. 191 m. w. N.

[62] 比例原则的基础来源于《德国基本法》第20条第3款所规定的法治国家原则,即一个国家的措施不仅要符合法律要求还要尽可能的与现实情况相适应,参见BVerfGE 23,127(133);86,288(346 f.);90,145(173);120,274(318 f.);120,378(401 ff.)。与其他欧洲法的执行相反的是,比例原则的适用有着联盟法的特点。与联邦宪法法院不同欧洲法院一般审查基本权利相关的措施的必要性和适当性。对于相称性的审查只有在基本权利的本质部分受到严重侵害的时候才会启动,即所谓的“完全不受尊重”和“触碰到基本权利的本质部分”。参见Trstenjak/Beysen,EuR 2012,S. 265(280)。

[63] Böhm,ZLR 2000,S. 241(245).

企业层面上所能被允许的受到国家介入程度的基本权利上限。[64] 食品法的目标和任务就在于,为这一企业经营自由和大众食品安全之间的宪法权利性冲突找到一条既平衡又合理的解决之道。[65]

(一)工作自由权(《德国基本法》第12条第1款)

根据对工作自由这一基本权利的保护,[66]食品生产者既可以按照自己的设想生产食品,[67]也可以按照自己的喜好销售商品和选择产品的种类。[68]

在实现国家保护义务的过程中,国家通过"生产禁止,生产限制,生产要求"或者信息公开来限制企业的生产自由。而企业依据其生产自由权[69]也可以对这些行为提出异议。[70] 但是这些限制一般来说只涉及执行工作的领域,而且所有合理的公共利益(包括企业的利益)都要被考虑,[71]以判断其是否具有可供辩护的理由。[72] 在食品生产企业造成损害的情况愈演愈烈的情况下,公共利益

---

〔64〕 Calliess, Rechtsstaat und Umweltstaat, zugleich ein Beitrag zur Grundrechtsdogmatik im Rahmen mehrpoliger Verfassungsrechtsverhältnisse, Tübingen 2001, S. 457 f.

〔65〕 Simon, BayVBl. 2009, S. 161.

〔66〕 BVerfGE 7, 377 (402). Geschützt sind sowohl die Freiheit der Wahl von Beruf, Arbeitsplatz und Arbeitsstätte, als auch die freie Berufsausübung, Scholz, in: Maunz/Düring (Hrsg.) (Fn. 40), Art. 12 GG, Rn. 1 ff., 22 ff.

〔67〕 Art. 12 GG ist gemäß Art. 19 Abs. 3 GG auf juristische Personen anwendbar, Scholz, in: Maunz/Düring (Hrsg.) (Fn. 40), Art. 12 GG, Rn. 106 f.

〔68〕 Meier, ZLR 1985, S. 354 (358); Holle (Fn. 47), S. 181; Simon (Fn. 61), S. 191.

〔69〕 Näher zur unternehmerischen Produktionsfreiheit siehe Ossenbühl (Fn. 60), S. 19 f.

〔70〕 Holle (Fn. 47), S. 181.

〔71〕 关于比例原则在《德国基本法》第12条中可以找到通过三阶层理论所表现出来的特殊特征。哪些形式和出于哪种动机才能构成对自由工作原则的介入取决于以上规定,但也受到介入强度、不同的辩护要求的影响。工作进行和工作选择的规则在这里是不同的,而在这里这两个规则又重新划分出了客观和主观方面的限制。这里可以参照 Maunz/Düring (Hrsg.) (Fn. 40), Art. 12 GG, Rn. 335 ff.

〔72〕 BVerfGE 7, 377 (405 f.); 13, 237 (240); 46, 120 (145); 53, 135 (144); 71, 183 (196 f.); 77, 308 (332); 81, 156 (189); ebenfalls zu den grundsätzlich ausreichenden Gemeinwohlbelangen BVerfGE 95, 172 (183). BVerfGE 30, 292 (316); 71, 183 (196).

相对于某一个限制仍然必须具有愈加重要的地位。[73] 在对比例原则进行审查时有着这样一个问题,尤其是从期待可能性的角度出发,在某一特定情况下被涉及的食品生产企业的自由请求权是否可以不被修正地对抗总体上的公共利益所具有的优势地位。[74] 这里对于特定的工作领域的各种情况可以进行区分和特别的考量。[75] 无论如何都不可容忍的是"绝对的消费者优先地位"。[76] 而一个这样的基本理解与作为"中间阶层的基本权利"[77]的工作自由权的本质设想也可能是不相符的。

(二)所有权自由(Eigentumsfreiheit)(《德国基本法》第 14 条)

除了工作自由权,食品法还把所有权自由作为"经济自由的第二大支柱"[78]引入了进来。根据"传统的简洁表述",[79]所有权自由与工作自由不同,保护的是已得利益,意即工作的成果。[80] 然而这两种基本权利的保护领域是有重叠的,[81]如此这样工作活动和对于财产的追求可以协调一致,[82]两者的适用

---

〔73〕 BVerfGE 30,292(316);71,183(196).

〔74〕 Hufen, Verfassungsrechtliche Maßstäbe und Grenzen lebensmittelstrafrechtlicher Verantwortung, zur Bestimmtheit, Differenziertheit und Verhältnismäßigkeit berufsregelnder Risikoverteilung, Baden-Baden 1987, S. 97; vgl. Holle(Fn. 47), S. 181; Simon(Fn. 61), S. 192.

〔75〕 BVerfGE 68,155(173); vgl. Holle(Fn. 47), S. 181.

〔76〕 Simon(Fn. 61), S. 192.

〔77〕 Siehe hierzu BVerfGE 7,377(397); Breuer, in: Isensee/Kirchhof(Hrsg.), Handbuch des Staatsrechts der Bundesrepublik Deutschland, Band VI, 2. Aufl., Heidelberg 2001, § 147, Rn. 29; Ossenbühl(Fn. 60), S. 1(6).

〔78〕 Ossenbühl(Fn. 60), S. 1(25).

〔79〕 Simon(Fn. 61), S. 193.

〔80〕 与此相对的《德国基本法》第 12 条保护工作活动本身意即职业。参见 Wittig, Bundesverfassungsgericht und Grundrechtssystematik, in: Ritterspach/Geiger(Hrsg.), Festschrift für Gebhard Müller, zum 70. Geburtstag des Präsidenten des Bundesverfassungsgerichts, Tübingen 1970, S. 575 ff. (590), den auch das Bundesverfassungsgericht in BVerfGE 30,292(334) im Zusammenhang mit der Abgrenzung der Schutzbereiche von Berufs- und Eigentumsfreiheit zitiert.

〔81〕 所有权与工作自由并不仅仅是具有"相互关联的功能",参见 BVerfGE 50,290(365)。

〔82〕 Papier, in: Maunz/Düring(Hrsg.), (Fn. 40), Art 14, Rn. 222.

便会产生想象竞合。[83]

以规则保护为特点的所有权的保护领域首先包括了将一般权利在某个特定的时间点建构成了所有权的要素[84]以及除此之外的以商业经营为导向的其他权利。[85][86] 当国家所采取的措施危及一个食品生产企业在经济领域的存在时,国家相关措施的实行除了要与其工作自由权相一致外还要审查其是否保障了所有权自由这一基本权利。[87] 即便在例外情况下允许对食品尤其是食品卫生领域[88]进行严厉的干预,也需要同时提高对于食品企业的强制补贴(Investitionszwang)。补贴不仅作用于商业经营领域,除此之外还关系到与之相连的食品生产企业的财产利用。这里我们再一次仔细思考就会发现,所有权自由的保护领域并不包括对于企业未来所可能实现某个特定行为的期待。[89] 宪法所关注的财产保护更多地受到既有的经济盈利状况的限制,而这种盈利状况也可以从企业的组织结构中找到蛛丝马迹。[90] 与之相反,一般上并没有受到保护的是经营者的信赖、维持某项特殊的法律规定或现有的经营条件。[91]

---

〔83〕 Auch das Bundesverfassungsgericht erklärt Berufs- und Eigentumsfreiheit in diversen Entscheidungen für nebeneinander anwendbar, so etwa BVerfGE 8, 71(79 f., 81); 21, 150(154 ff., 160); 50, 290(339 ff., 361 ff.); 128, 1(70 ff., 81 ff.).

〔84〕 即使联邦宪法法院[BVerfGE 58, 300(335)]宣称宪法所保护的财产权的概念仅具有宪法上的意义,是“不能被错认的”,即所谓的“单纯的立法活动所确立的标准”。参见 Maunz/Düring(Hrsg.), (Fn. 40), Art 14, Rn. 38.

〔85〕 这里需要理解的是“企业所有者手中所掌握的包括物的,人的和其他利益的总和的统一体”。参见 Maunz/Düring(Hrsg.), (Fn. 40), Art 14, Rn. 95 ff.

〔86〕 联邦宪法法院关于财产权保护的问题至今仍然未能阐明。参见 BVerfGE BVerfGE 66, 116(145); 68, 193(222f.); 77, 84(118); 81, 208(228); 96, 375(397) sowie zuletzt BVerfG NVwZ 2009, 1426, wird die Anwendbarkeit im Übrigen von Rechtsprechung und Literatur zutreffend überwiegend bejaht, siehe BGHZ 92, 34(37); BVerwGE 62, 224(226); Papier, in: Maunz/Düring(Hrsg.), (Fn. 40), Art. 14, Rn. 95 m. w. N。

〔87〕 Hufen(Fn. 74), S. 124; so auch Holle(Fn. 47), S. 182 und Simon(Fn. 61), S. 195.

〔88〕 So Simon(Fn. 61), S. 195.

〔89〕 BGHZ 45, 83; BVerwGE 62, 224.

〔90〕 Badura, AÖR 98(1973), S. 159 ff.; BGHZ 45, 150(155).

〔91〕 BGHZ 45, 150; 55, 261; 48, 58(61).

需要强调的是,所有权自由是"一项基础性的基本权利",这种权利与"对人身自由的保障"[92]有着内在的联系。就这方面而言,食品法的任务在于不仅要对消费者的生命和健康权,还要对企业的自由经营权进行恰如其分的衡量。

四、食品法中保护职责的展开

食品法的规则在广度和深度上都达到了一个相当高的水平,并且现今不仅在原则上,甚至是细节上都在欧盟法上得到了规定。[93]

对于消费者来说,这种保护框架在宪法上有着双重的意义:一方面,国家的抽象保护义务得以具体化。[94] 另一方面,承认消费者的保护请求可以对食品企业的行为自由进行限制,从而避免宪法和欧盟法仅仅单方面地保护食品企业的经济自由。[95]

食品监管机关的安全机关权限主要规定在《食品安全基础法令》,既所谓的"卫生领域一揽子方案"[96]、欧洲法规第882号(《监督法令》)[97]以及《德国食物和饲料法》[98]中。除此之外,官方监管的进一步展开体现与在普通行政规章

---

〔92〕 BVerfGE 24,367(389), siehe hierzu auch Papier, in: Maunz/Düring(Hrsg.),(Fn. 40), Art 14, Rn. 1 ff. m. w. N.

〔93〕 Beckmann, KommJur 2011, S. 441; Gundel, ZLR 2014, S. 264; ders., ZLR 2015, S. 143 m. w. N.

〔94〕 Krings(Fn. 27), S. 243.

〔95〕 Weiß(Fn. 24), 2008, S. 63, 71.

〔96〕 Das sogenannte EU-Hygienepaket besteht aus der Verordnung(EG) Nr. 852/2004 des Europäischen Parlaments und des Rates vom 29. April 2004 über Lebensmittelhygiene, ABl. Nr. L 139, S. 1, der Verordnung(EG) Nr. 853/2004 des Europäischen Parlaments und des Rates vom 29. April 2004 mit spezifischen Hygienevorschriften für Lebensmittel tierischen Ursprungs, ABl. Nr. L 139, S. 55 und der Verordnung(EG) Nr. 854/2004 des Europäischen Parlaments und des Rates vom 29. April 2004 mit besonderen Verfahrensvorschriften für die amtliche Überwachung von zum menschlichen Verzehr bestimmten Erzeugnissen tierischen Ursprungs, ABl. Nr. L 139, S. 206.

〔97〕 Verordnung(EG) Nr. 882/2004 des Europäischen Parlaments und des Rates vom 29. April 2004 über amtliche Kontrollen zur Überprüfung der Einhaltung des Lebensmittel- und Futtermittelrechts sowie der Bestimmungen über Tiergesundheit und Tierschutz, Abl. Nr. 165, S. 1.

〔98〕 Lebensmittel- und Futtermittelgesetzbuch in der Fassung der Bekanntmachung vom 3. Juni 2013(BGBl. I S. 1426), das durch Artikel 1 der Verordnung vom 26. Januar 2016(BGBl. I S. 108) geändert worden ist.

中的框架性监管中。[99]

（一）食品安全法的基本原则

《食品安全基础法令》首先规定了一般性的基本原则，这些原则不仅适用于欧盟自身对于食品法规的执行，也适用于各成员对食品法的执行。[100] 这里首要的控制目标始终是“像一条红线一般贯穿于整个《食品安全基础法令》的食品安全原则”。[101]

1．“总括性的安排”（Umfassender Ansatz）（《食品安全基础法令》第 1 条第 3 款）和食品生产企业自负其责（《食品安全基础法令》第 17 条第 1 款和第 19 款）

首先要提到的是，从“疯牛病危机”[102]事件中凸显出的两方面[103]问题：一方面，食品安全的风险所带来的全球性影响是不能被国界所阻碍的，因此单个国家在问题解决中所能发挥的作用是远远不够的。另一方面，显而易见的是仅仅在生产线的末端设置一个较高的标准对于消费者的保护是远远不够的。这一准则必须贯穿食品生产的全过程。[104] 食品法在这方面主要体现在“总括性的安排原则”。[105][106]

除此之外，还有食品生产企业自负其责方面的基本原则。[107] 其依据欧洲食

---

[99] Allgemeine Verwaltungsvorschrift über Grundsätze zur Durchführung der amtlichen Überwachung der Einhaltung lebensmittelrechtlicher, weinrechtlicher, futtermittelrechtlicher und tabakrechtlicher Vorschriften（AVV Rahmen-Überwachung-AVV RÜb）vom 3. Juni 2008, zuletzt geändert durch Verwaltungsvorschrift vom 14. August 2013（BAnz AT 20. 08. 2013 B2）.

[100] Schröder/Kraus, EUZW 2005, S. 423（424）.

[101] Meyer, in：Meyer/Streinz（Hrsg.），（Fn. 13），Art. 18 BasisVO, Rn. 1.

[102] „BSE“ ist die Abkürzung für die Tierseuche Bovine Spongiforme Enzephalopathie.

[103] Vgl. Knipschild（Fn. 6），S. 12.

[104] Roth（Fn. 16），S. 25.

[105] 相同的表述有：„food safety from stable to table“，„from farm to table“，„from plough to plate“ oder „from farm to fork“。

[106] Vgl. Knipschild（Fn. 6），S. 101 ff.

[107] 依据《食品安全基础法令》第 3 条第 2 号，食品安全企业是“所有的企业，无论其是否盈利，公有的或是私有的，仅仅是实行生产的一部分或是实行全过程的”。

品法的构想,食品企业在确保食品安全方面承担首要责任。[108] 首先,《食品安全基础法令》确立了监管部门履行食品法的要求的义务并将其运用于食品监管问题上。[109] 这里还适用受国家监管的自我监督原则,[110]一般又被称为"对监督自身的监督"。[111] 其次,政府监管部门与经营者密切合作共同保障食品安全。与此相对的是,消费者只对食品是否按照规定被储存和烹饪上负有直接责任,但其还可以通过购买决定等对食品安全施加间接影响。[112]

2. 风险分析(《食品安全基础法令》第6条)

作为其他的普通基本原则,食品法为立法者和执行者[113]规定了对于潜在风险进行调查的决策方针。[114] 借助系统化的方法,即所谓的风险分析的方法,[115]我们应该采取那些高效、合理、合目的性的措施以减少、阻断和规避健康安全风险。[116] 欧盟的立法者倾向于通过这种方法来保障食品法功能的实现,即"食品法应当基于科学的理论来应对食品安全风险确保其法治国功能的实现"。[117]对此,《食品安全基础法令》要求所有食品法上的措施都必须以风险分析为根据。[118]

---

[108] Artt. 17 Abs. 1, 19 Basis-VO. Siehe auch Erwägungsgrund 30 S. 1 der Basis-VO.

[109] Art. 17 Abs. 2 Basis-VO.

[110] Rützler, in: Streinz, Lebensmittelrechts-Handbuch, München 1988 –, II. A. 3. Baa), Rn. 24.

[111] Binnemann, ZLR 2003, S. 518(519).

[112] Simon(Fn. 61), S. 232 ff.

[113] Streinz/Fuchs, ZLR 2002, S. 169(184).

[114] Schröder/Kraus(Fn. 100), S. 423(425).

[115] 这种结合的行为模式(《食品安全基础法令》第6条第1款)由三种独立的步骤组成,即风险评估、风险管理、风险沟通(《食品安全基础法令》第3条第10号)类似的表述再一次体现在《食品安全基础法令》第3条第11~13号。

[116] Siehe Erwägungsgrund 16 und 17 der Basis-VO; Meyer, ZLR 2006, S. 675(675 f.).

[117] Simon(Fn. 65), S. 161(162).

[118] Vgl. Art. 6 Abs. 1 Basis-VO; Müller, Die Bewältigung von Lebensmittelrisiken durch Risikokommunikation, eine Analyse kommunikativer Verfahrenshandlungen im Lebensmittelsicherheitsrecht unter Einbeziehung des Verbraucherinformationsgesetzes, Berlin 2010, S. 16.

3. 预防原则(《食品安全基础法令》第7条)

食品对于人体健康的影响并不能总是被清晰地确定。《食品安全基础法令》在这里还规定了预防原则,即当依据可以获得的信息判断该食品具有危害健康的可能性,[119]只要在科学上尚存在疑虑,就可以采取暂时性的危机控管措施,直到获得更多的科学信息以便对风险进行全面的评价。在这里,科学上的不确定性不仅要求所采取的措施是暂时的,还要求在合理的时间内比例原则对所采取的风险管理措施进行评估,并进行风险比较。[120]

4. 可追溯性(《食品安全基础法令》第8条)

另一项规定是对于食品责任的可追溯性,[121]这不仅是企业首要责任的体现,也是国家和经济主体共同承担责任的表现。[122] 这里个别食品企业的责任仅限于说明直接的上游供货商和直接的下游接受者。[123] 这些从一个高效的追溯机制中获得的信息是"从流通环节中"[124]召回不安全食物并将信息准确告知消费者的基础。[125] 牛肉产品中未经告知被混入了马肉替代品的食品安全事件是一个典型的例子,显示出追溯机制在对于欺诈行为进行源头定位上有着多么重要的作用。

---

[119] Art. 7 Abs. 1 Basis-VO.

[120] Art. 7 Abs. 2 Basis-VO;siehe auch Simon(Fn. 61),S. 180 ff.,186 f.

[121] 《食品安全基础法令》第3条第15号把追溯性表述为"可以确认作为食品饲料的来源的动物或材料的可能性,或者可以被期待能够追踪到是食品或饲料的生产,加工,销售各个过程"。

[122] Art. 19 Abs. 4 Basis-VO, der bestimmt, dass „Lebensmittelunternehmer […] bei Maßnahmen,die getroffen werden,um die Risiken durch ein Lebensmittel,das sie liefern oder geliefert haben,zu vermeiden oder zu verringern,mit den zuständigen Behörden zusammen[arbeiten]".

[123] 这一规定最初是被理解为所有的食品生产企业对于所有的产品的全部生产过程都有着保障可回溯性的义务。参见 Gorny,Basis-Verordnung(EG)Nr. 178/2002,Grundlagen des europäischen Lebensmittelrechts,Hamburg 2010,Rn. 336,ist die Streitfrage in der Zwischenzeit durch die Mitteilung der Kommission für die Anwendung der VO(EG)Nr. 178/2002 endg.,S. 11 „faktisch" entschieden. Es wird von dem Ansatz „Ein Schritt dahinter-ein Schritt davor" ausgegangen。

[124] Weck,Lebensmittelrecht,2. Aufl.,Stuttgart 2013,S. 24.

[125] Siehe Erwägungsgrund 28 und 29 Basis-VO.

5. 对于消费者利益的保护(《食品安全基础法令》第8条)

《食品安全基础法令》还提到了对于消费者利益的保护。消费者对于他所食用的食物必须有能够按照常理进行挑选的可能。[126] 通过这种方式即可防治食品包装对消费者的误导。[127]

然而总体上说,《食品安全基础法令》第8条依然不够具体化。其内涵需要依靠其他的条文加以确定。如此《食品安全基础法令》第16条即进一步具体化了对于消费者的保护,使其远离不同的形式的[128]食品广告和包装装饰的误导。[129] 但是《食品安全基础法令》第16条仍然仅仅具有纲领性的特点,并且需要更进一步的完善。[130] 这一需要从欧盟法规第1669号(2011年)第7条中得到了满足。该条款阐述了欺诈的对象可以是食品的特征、效果描述、自然属性和有关疾病的表述。[131]

6. 透明原则(《食品安全基础法令》第9、10条)

《食品安全基础法令》把透明性作为最后一个原则规定在自己的条文中。[132]

受从过去的丑闻和民众的批评中所积累的经验的影响,在立法领域里所有的"食品法在论证,评价和审查的全过程中都要通过公开透明的方式与公众进

---

[126] Art 8 Abs. 1 S. 1 Basis-VO.

[127] Art. 8 Abs. 1 S. 2 Basis-VO.

[128] 指"外观和包装的形式,被使用的包装材料,包装的种类和表现的方式和有关的加工信息",参见《食品安全基础法令》第16条。

[129] Grube, in: Voit/Grube (Hrsg.), Lebensmittelinformationsverordnung, Kommentar, 2. Aufl., München 2016, Art. 7, Rn. 3.

[130] „Unbeschadet spezifischer Vorschriften", vgl. Art. 16 Basis-VO.

[131] 权威性的对于食品误导的保护的国家规定是第11条和第12条LFGB。因为《食品安全基础法令》第16条对于特别的国家规定有所保留,其并不限制成员国在联盟法的限制之下对于禁止误导的规定进行精细化的规定,参见 Zipfle/Rathke (Hrsg.), Lebensmittelrecht, Loseblatt-Kommentar aller wesentlichen Vorschriften für das Herstellen und Inverkehrbringen von Lebensmitteln, Futtermitteln, kosmetischen Mitteln, sonstigen Bedarfsgegenständen sowie Tabakerzeugnissen, 162. EL, München, § 11 LFGB, Rn. 13; a. A. Unland/Joh/Krämer/Teufer, ZLR 2010, S. 713. Siehe hierzu auch die Ausführungen bei Roth (Fn. 16), S. 161 ff。

[132] Weck (Fn. 124), S. 27.

行商讨”。[133][134] 只有在相对应的立法行为十分“紧迫”的时候才能放弃这些程序。[135] 《食品安全基础法令》的目标是加强消费者对于欧洲食品的信心。[136]

在与公众的商讨中具有较大的实践意义的是其所提供的信息。[137] 对于食品安全问题在欧洲层面的核心防卫机制是欧盟快速警告系统(RASFF－食物与饲料快速警报系统)。[138] 这些规定的目的即官方对于消费者的警告,[139] 都是为了实现对民众健康进行高水平保护的目标。[140][141] 不久以前的欧洲法院的判决使这些保护措施可以向更多的地方推广。[142] 上述表明,官方向公众警告并不以食品具有危害身体健康的危险为前提,只要发现食品不适合适用即可。[143]

(二)监管许可

如果不考虑《欧盟监管法规》和《德国食品、生活必需品和饲料法》[144] 之间

---

[133] Art. 9 Basis-VO.

[134] Erfasst sind nicht nur alle Akte der EU-Rechtssetzung, sondern darüber hinaus gemäß § 71 LFGB auch der Erlass nationaler Vorschriften, Pache, in: Meyer/Streinz (Hrsg.), (Fn. 13), Rn. 6 ff.

[135] Vgl. den letzten Halbsatz von Art. 9 Basis-VO.

[136] 尤其是这些对于欧盟内的食品经济有着基础性的意义,参见 Erwägungsgrund 22 der Basis-VO。

[137] Art. 10 Basis-VO. Umfassend hierzu Müller (Fn. 118), insb. S. 141 ff.

[138] Normiert in den Art. 50 bis 52 Basis-VO.

[139] 与此相对的不被包括在《食品安全基础性法令》第 10 条中的是通过食品生产者来实行的信息公开,或者说政府机构的对所有的对食品生产企业可以公开信息的义务的权利。类似的关于这种义务的表述参见《食品安全基础法令》第 19 条第 1 款第 2 句和第 20 条第 1 款第 3 句。Pache/Meyer, in: Meyer/Streinz (Hrsg.), (Fn. 13), Art. 10 BasisVO, Rn. 3.

[140] Art. 1 Basis-VO.

[141] Rathke, in: Zipfel/Rathke (Hrsg.), (Fn. 138), C. 1 101, Art. 10 BasisVO, Rn. 1.

[142] EuGH, Urt. v. 11. 4. 2013 – C – 636/11 (Karl Berger/Freistaat Bayern) = EuZW 2013, S. 43.

[143] 即德国的马肉丑闻,牛肉制品的生产者用马肉替代了牛肉。

[144] 这提出了一个一般性的区分欧洲和德国食品法的界限的要求。参见 zuletzt Busse, ZLR 2015, S. 302 ff., insb. S. 306 – 311 mit den entsprechenden Nachweisen zum Meinungsstand in Fn. 12。

的关系,政府机构享有广泛的监管权限。[145] 政府监管机构通过采取措施确保用以履行国家保护义务的法规得到贯彻执行,来履行其在宪法上所负有的保护职责。[146] 相应的规则只有“通过强有力的监管”才能够得到贯彻落实,[147] 主管的监管机构必须要审查,食品经济企业是否尽到了他们对食品安全所承担的首要责任。[148] 尽管这些设置以“竞争自由的思想”为基础并且由此以”危险防御为目的的国家监督“起到了重要的作用,[149] 而且除此之外企业自身也为他们所生产的食品安全承担了首要的责任,[150] 但是主管的政府部门依然负有监督企业责任实现的义务。[151]

在德国,监管权限的贯彻主体主要是各个联邦州。[152] 食品监管通过大约430 个地方的动物与食品监管局实行监管。[153] 联邦的职责在于确保相关部门之间的合作高效而又具有实效性。[154] 这些接受联邦领导的部门又掌握了以下其他监管手段。

首先是企业经营监管。这种又被称为“现场监管”(Vor-Ort-Kontrolle)[155]

---

[145] 这些被基础性地规定于《食品与饲料法典》第 39 条及以下数条,参见 Weck(Fn. 124),S. 64。

[146] Verfürth, Effektive Lebensmittelüberwachung, effektive Lebensmittelüberwachung als Voraussetzung des Verbraucherschutzes in einem System unverfälschten Wettbewerbs, Bayreuth 1996, S. 4; vgl. Roth(Fn. 16), S. 80.

[147] BT-Drucks. 7/255, S. 1(39); 7/2269, S. 1(3).

[148] Verfürth(Fn. 146), S. 4; vgl. Roth(Fn. 16), S. 80.

[149] Busse(Fn. 144), S. 302(317).

[150] Vgl. Art. 17 Abs. 1 Basis-VO.

[151] Verfürth(Fn. 146), S. 4; vgl. Roth(Fn. 16), S. 80.

[152] Artt. 83, 84 GG. § 38 Abs. 1 LFGB normiert, dass sich die Zuständigkeit für lebensmittelrechtliche Überwachungsmaßnahmen nach Landesrecht richtet.

[153] Tschiersky-Schöneburg, ZLR 2009, S. 403(406).

[154] Art. 4 Abs. 3 Kontroll-VO sowie Erwägungsgrund 16 Kontroll-VO.

[155] 关于哪些企业在什么时候会受到监控的决定,不会适用随机抽样原则,而是按照一个基于系统化的,风险定位的预先确定计划来执行。参见 Neuhaus, in: Frede(Hrsg.), Handbuch für Lebensmittelchemiker, Lebensmittel - Bedarfsgegenstände - Kosmetika-Futtermittel, Berlin 2010, S. 101(105)。

的模式属于监管部门常用的措施。根据欧洲食品法的纲领性规定,这些措施会“基于风险防控的”,[156]并在“生产,加工,销售全过程的”[157]得以贯彻落实。企业监管的任务在于确定食品生产企业是否执行了食品法的规定。所要检查的,一方面是生产流程是否符合了特殊的要求,[158]另一方面是对于产品相关的要求的审查。[159] 首先受到的检查的项目有,例如生产厂房、机器设备和生产流水线的卫生状况,或者是产品的包装是否完好。[160][161] 最后还要对产品进行特殊监管,包括对食品“内容”的检查,即对食品的原料、配料、添加剂的检查。[162]

在食品生产企业承担主要责任的大背景之下,重点在于对企业自我监管[163]进行监管。[164] 这里需要审查的还有所谓的质量管理和危险分析风险管控计分

---

[156] Art. 3 Abs. 1 S. 1 Kontroll-VO.

[157] Art. 3 Abs. 3 S. 1 Kontroll-VO.

[158] 因为各式各样的因素可以对食品安全造成直接或间接的影响,食品法不仅包括了大量的有关这些因素的条文,除此之外还有依据食品企业的行为的类别和方式而定的不同要求。参见 Roth(Fn. 16),S. 140 f。

[159] 与生产相关的条文规定了“那些构成,特性,效果和质量等”是食品所必须包含的,如此对食品法上将评判食品是否安全的标准进行了量化。参见 Roth(Fn. 16),S. 109。

[160] Weck(Fn. 124),CD,S. 65,Rn. 159.

[161] Vgl. Art. 10 Abs. 2 lit. b UAbs. i,iv,vi Kontroll-VO.

[162] Vgl. Art. 10 Abs. 2 lit. b UAbs. ii Kontroll-VO. Die in diesem Zusammenhang erforderlichen Betretungsrechte und Einsichtsbefugnisse regelt § 42 LFGB. Weitere Duldungs- und Mitwirkungspflichten statuiert § 44 LFGB. Der deutsche Gesetzgeber stellt dadurch nicht nur sicher,dass die Behörden gemäß Art 4 Abs. 2 lit. e Kontroll-VO über die notwendigen rechtlichen Befugnisse zur Durchführung der amtlichen Kontrollen verfügen, sondern trägt darüber hinaus auch den gegenläufigen Verfassungsrechten der Lebensmittelunternehmer Rechnung.

[163] Auch Art. 10 Abs. 2 lit a Kontroll-VO nennt die „Prüfung der von den Futtermittel- und Lebensmittelunternehmern eingesetzten Kontrollsysteme und der erzielten Ergebnisse“ an erster Stelle.

[164] Roth(Fn. 16),S. 209.

系统[165]及其运行效果。[166]

因为违反食品法的行为常常不能仅基于触摸等检查方法当场确定,[167]所以抽样调查就成为了一种十分重要的制度性工具。[168] 原则上,负有监管义务的人拥有自由选择抽取样本的权力。[169] 当然,欧盟法和国家法中都有着大量的限制监管人的裁量权的规定。[170] 普通行政法条例中关于框架性监管的条文规定了居民和行政区划内的食品企业每年要接受五次抽样调查。[171] 监管人员负有将抽样的一部分交给被抽样地的义务。[172] 这种所谓的对比抽样的目的在于,当被抽样品证明该企业违反了食品法的规定时,相关人有着申请对比检查的可能性。[173]

除了把定期或不定期的具有干预性的检查作为关于违法行为、危险或是其他情况的信息来源,还可以将被监管的企业方面的信息以及第三方的信息纳入考虑。[174] 例如,可以通过具体询问的方式来获得相关企业的信息。这种被征求的信息又被称为回复。此外还可能由企业主动地提供有关信息,这种信息又会形成报告。[175] 其他的部门和消费者也可以成为潜在的信息来源。[176] 最后一种情况举报人虽然通常不具备专业知识,但仍可将明显违反食品法的产品报告给有关部门。[177]

---

[165] Hazard Analysis and Critical Control Points.

[166] Roth(Fn. 16),S. 209.

[167] Meyer, in: Meyer/Streinz(Hrsg.),(Fn. 13), § 43 LFGB, Rn. 2.

[168] § 42 Abs. 2 LFGB verweist insofern auf § 43 LFGB.

[169] § 43 Abs. 1 S. 1 LFGB.

[170] Siehe ausführlich dazu Roth(Fn. 16),S. 221 ff.

[171] § 8 Abs. 1 S. 1 AVV RÜb.

[172] § 43 Abs. 1 S. 2 LFGB und Art. 11 Abs. 5 Kontroll-VO.

[173] Weck(Fn. 124),CD,S. 66,Rn. 163 ff.

[174] Roth(Fn. 16),S. 185 ff.

[175] Ebd.

[176] Ebd.

[177] Verfürth(Fn. 146),S. 3.

接下来有权的监管机构就可以发布一个食品流通禁令。[178] 尽管只要其被证明具有健康或是欺诈的危险,不符合法律规定的食品最终总会受到禁止。[179] 然而为了强制性地实行对于不法行为的禁令或禁止,一个基于行政行为的明确性和指引性功能的适当安排仍然是必须的。[180]

与之相反的是当有害健康或是不适于食用的食品已经进入流通环节时,为了阻止对于消费者的可能的伤害,单纯的禁止流通是不够的。在这里可以由食品的源头发布者实行产品召回。当食品已经被消费者获得时就只能考虑召回通知了。[181] 这样一个最新的媒体效应已经被 Mars 有限公司在从其产品中发现塑料的食品安全事件中予以运用了。[182]

最后还有这样一种可能,即有权的监管部门对公众就特定的某种食品发出警告。[183] 通过这种消极的监管机构的信息通知和警报,公众会在很长的时间里将该企业的形象与受到的伤害相联系。[184] 尤其是当为了保护消费者而发出预防性警告被预防性,而后来却被证明事实上完全没有健康危害时,这种对于企业的影响通常是毁灭性和不可逆转的。[185] 在这个背景下,从法治国的角度出发,一个监管部门所作出的措施必须遵循比例原则并且必须符合所有的构成要件。[186] 监管部门必须永远选择最轻微但也最有效的方法来排除危险。

---

〔178〕 § 39 Abs. 2 Nr. 2 und 3 LFGB; Art. 54 Abs. 2 lit. b Kontroll-VO.

〔179〕 Für gesundheitsschädliche Lebensmittel Art. 14 Abs. 1 i. V. m. Abs. 2 lit. a Basis-VO, für irreführend aufgemachte Lebensmittel § 11 Abs. 1 S. 1 LFGB.

〔180〕 Siehe hierzu, Roth (Fn. 16), S. 244 ff., 255 ff.

〔181〕 Art. 19 Basis-VO; § 39 Abs. 2 Nr. 4.

〔182〕 http://www.lebensmittelwarnung.de/bvl-lmw-de/app/process/warnung/detail17/17057 (zuletzt abgerufen am 24. 2. 2016).

〔183〕 假如其他的措施对于危险防御并不充足,法律基础是《食品安全基础法令》第 10 条以及《食品和饲料法典》第 40 条。

〔184〕 Pache, in: Meyer/Streinz (Hrsg.), (Fn. 13), § 40 LFGB, Rn. 1 ff.

〔185〕 Ebd.

〔186〕 Ebd.

五、总　　结

综上所述,国家在食品安全问题上仅仅通过禁止不足原则来满足最低限度的保护要求。间或出现的食品安全丑闻情况并不能动摇这一点。

人们应当避免“基本权利教义学的过度紧张”,[187]即便当问题严重时,宪法权利又要随时可以发挥基础性的作用。[188]必要的是一种在不同法律层级之间的考量,这种考量既要注意到基本权利对国家公权力的约束,[189]又要注意宪法权利的优势地位,[190]同时又不能忽视其他单个权利的独立性。[191]

无论是真实的还是臆想的食品安全丑闻都展示了一种确定的优化需求,即“我们希望我们的食物更加的安全”。[192]而这尤其体现在2002年通过《食品安全基础法令》重新建构的基准法律框架,它的基本原则促进了受监管的食品的投诉率的不断降低。[193]

作为新式的风险管控行政法,新食品法强调了经济企业与国家之间的合作

[187] Schmitz(Fn. 28),S. 169.

[188] Wahl,NVwZ 1984,S. 401(409).

[189] Gemäß Art. 1 Abs. 3 GG.

[190] Gemäß Art. 20 Abs. 3 GG.

[191] Vgl. Schmitz(Fn. 28),S. 170.

[192] 参见联邦风险评估研究所副主席Reiner Wittkowski在接受杂志采访时所作的讲话:http://www. topagrar. com/news/Home-top-News-Lebensmittel-sind-heute-so-sicher-wie-noch-nie-zuvor-1048048. html(zuletzt abgerufen am 24. 2. 2016)。

[193] 例如柏林议会行政机构所作的对于法律和消费者保护的食品安全报告,https://www. berlin. de/imperia/md/content/sen-verbraucherschutz/lebensmittelueberwachung/lebensmittelsicherheitsbericht_2013__dat_2012. pdf? start&ts = 1416314135&file = lebensmittelsicherheitsbericht_2013__dat_2012. pdf,S. 6 f. (zuletzt abgerufen am 24. 2. 2016),或者是Haunhorst的统计数据“食品到底有多安全?”Erfahrungen aus der amtlichen Überwachung und Untersuchung,Vortrag gehalten 6. Nds. Forum gesundheitlicher Verbraucherschutz Hannover,18. September 2013,abrufbar unter http://www. dgeniedersachsen. de/downloads/pdfs/2013/6_forum_tox_aspekte_18092013/130918_6NdsforumGVS_Haunhorst. pdf,S. 4 f. (zuletzt abgerufen am. 24. 2. 2016),以及联邦消费者保护和食品安全局2014年州记者发布会,http://www. bvl. bund. de/SharedDocs/Downloads/08_PresseInfothek/pi_20151123_Jahrespressekonferenz_Praesentation. pdf? __blob = publicationFile&v = 4,S. 10,15(zuletzt abgerufen am 24. 2. 2016)。

关系。尽管如此,现在还是不存在这样的一个共同体,使所有的参与者承担同样种类的责任,因为责任总是有不同的分类。[194] 食品经济企业要承担主要的责任。国家负有责任进行有效监管。但是消费者也不是完全免责的。为了将食品安全风险降到最小,食品法尤其提高了常识和一般利用的标准。消费者通过基础性的知识来降低食品安全风险也是有必要的,如此消费者就可以通过提高注意力来保护自己。与之对应的自我帮助的可能性使对国家保护义务设置界限具有正当性。[195] 除此之外,对于最重要的卫生规则的注意常常是避免由于食品问题而感染疾病的决定性因素。

自由与安全之间的冲突的解决与风险管控行政法之间也有着直接的内在联系。企业与消费者之间的对于责任承担所做出的努力越大,国家就可以越少地采取缩减其自由的有关措施。

最后政策层面上应该依据有关规定谨慎地使用日益精细化的规则。[196] 但值得怀疑的是,通过这样的制度安排是否能够阻止不法行为的发生。[197] 事实上,企业自负其责原则的现实运用表明,食品法基本规定中有关责任分配的内容令人非常满意。[198] 监管也是有效的。更加重要的是相关机构不仅在财政上而且在人员上也得到了充足的配置。而在食品法中仍然适用这一原则,即"良好的信赖便有更好的监管"。[199]

(徐凌波　校)

---

〔194〕 Simon(Fn. 61),S. 233 f.

〔195〕 öhm,Der Normmensch,materielle und prozedurale Aspekte des Schutzes der menschlichen Gesundheit vor Umweltschadstoffen,Tübingen 1996,S. 123.

〔196〕 So auch Teufer im Online-Spiegel für das Öffentliche Recht 5/2011, S. 16 (17), abrufbar unter http://www. publicus-boorberg. de/sixcms/media. php/boorberg01. a. 1282. de/boorberg01. c. 143177. de(zuletzt abgerufen am 24. 2. 2016).

〔197〕 So auch Teufer im Online-Spiegel für das Öffentliche Recht 5/2011, S. 16 (17), abrufbar unter http://www. publicus-boorberg. de/sixcms/media. php/boorberg01. a. 1282. de/boorberg01. c. 143177. de(zuletzt abgerufen am 24. 2. 2016).

〔198〕 So auch Teufer im Online-Spiegel für das Öffentliche Recht 5/2011, S. 16 (17), abrufbar unter http://www. publicus-boorberg. de/sixcms/media. php/boorberg01. a. 1282. de/boorberg01. c. 143177. de(zuletzt abgerufen am 24. 2. 2016).

〔199〕 So auch Teufer im Online-Spiegel für das Öffentliche Recht 5/2011, S. 16 (17), abrufbar unter http://www. publicus-boorberg. de/sixcms/media. php/boorberg01. a. 1282. de/boorberg01. c. 143177. de(zuletzt abgerufen am 24. 2. 2016).

中德法学论坛
第14辑,第148~165页

农业食品领域的新质量要求和社会责任:气候变化时代下从优质产品到消费者责任

莱蒂西亚·布尔热*著　汪　赛**译

人们对气候变化、人口增长和未来获得充足食物的权利的关注催生了新的社会需求。农业食品领域区分了质量的不同类型,并采纳了一些公共标准或者企业标准的方案以满足不同需求。本文首先介绍了不同的质量要求,其次描述了社会责任的新发展,并提出不仅经济主体要采取行动满足社会需求,消费者自己也必须负责。他们在购买食物和养成消费习惯时应当养成考虑自身切实需求以防止疾病(个体负面后果)和食物浪费(社会负面后果)的意识。

关键词:质量要求;社会需求;消费者;食物浪费

New concerns-notably related to climate change, the increase of population and the future of a right to adequate food-generate new social expectations . The agri-food sector has distinguished different types of quality and adopted public or private schemes in order to satisfy the various requirements. First, this article introduces different types of qualities. Second, it describes the new evolution in social responsibility and proposes that not only the economic actors should act to fulfill societal demands, the consumers also are required to be more responsible. They must enhance consciousness when purchasing foodstuffs and build consumption habits to provide themselves with what they need, taking into consideration their particular require-

---

* 莱蒂西亚·布尔热(Professor Dr. Leticia A. Bourges):巴黎第一大学法学教授,欧盟农村法理事会秘书长。

** 汪赛:南京大学中德法学研究所2014级研究生。

ments in order to avoid health problems(personal negative consequences) and food waste(social negative consequences).

Key Words: quality demands, societal demands, consumers, food waste

一、介　　绍

最早的两个关于食品的要求都在于确保生产安全食品[1]的同时不会对环境造成严重危害。[2] 从那时开始，社会对食品安全的关注与日俱增，对食品安全的要求也日趋多元化。新技术在食品供应链不同阶段的采用使得新标准的推行势在必行。同时，有大批的消费者热衷于土生土长、新鲜、有机、自然和可持续的产品。食品变得与往常不同，它包含了非常复杂的内容：它应该是安全的(一般标准)、充足的(个体标准)，以及可接受的(道德标准)；而现在，由于健康食品概念的普及，食品还应该是"养生的"。[3]

时至今日，人们对气候变化、[4][5]人口增长和在未来获得充足食物的权利的关注催生了新的社会需求。然而消费者的行为是否符合这些社会需求或能

[1] 欧洲已经开始通过立法限制添加剂的使用和监管质量标识。1990年的公共卫生危机引起法律的进一步变革，使其吸纳了有关食品卫生的规定，并推行HACCP体系(危害分析的临界控制点。1993年7月14日颁布的有关食品卫生的理事会指令93/43/CEE，OJ L175，19.7.1993，pp.1－11。后来，欧洲议会和欧洲理事会于2004年4月29日颁布的条例(EC)n852/2004替代了前述指令，OJ L139，30.04.2004，pp.1－54)。

[2] 社会以及随后的消费者开始逐渐关注食品生产所造成的环境问题，这导致共同农业政策(缩写：CAP)渐渐向环境保护方面倾斜(参见1982年和2013年的改革)。

[3] D. L. Zink，"消费者的需求和食品加工的趋势的影响"，*Emerging Infectious Diseases*，Vol. 3，N4，1997年10～12月，新鲜的、自然的、健康的并且没有糖、盐和脂肪的食物是养生的食物。国际性的文本上提到的食物通常指的是充足的食物，它采用客观方法考虑了消费者自身的身体条件。这种"养生"的食物似乎指的是食物的被称为"可接受的"主观特征，它往往与自己的宗教或营养信仰有关。

[4] IPCC第五次评估报告(AR5)。

[5] V. Sendai Framework for Disaster Risk Reduction 2015－2030，第三次旨在减少灾害风险的联合国世界大会，日本仙台，2015年3月14～18日，A/CONF. 224/.2(UNISDR)。UNICEF，气候变化带来的挑战：儿童将冲在第一线，2014年。

够实现这些需求,是否所有消费者都有同样高的需求呢?

农业食品领域区分了质量的不同类型,并采纳了一些公共标准或者企业标准的方案以满足不同需求。在第一部分,我们会回顾一下这些方案。在第二部分,我们会了解社会责任方面的一些新进展。时至今日,一直是经济主体采取行动满足社会需求,但现在,由于气候变化前景堪忧和食品安全问题迫在眉睫,我们也需要消费者来承担更多责任。

二、质量要求:不同类型的质量

法律试图确定不同质量类型的组成部分,但避免以“质量”一词的原意来定义此处的“质量要求”,因为“质量”有着非常强的主观含义。

欧洲农村法理事会(CEDR)第17次会议曾得出如下结论:即使无法得出一个一般定义,我们仍可以认为质量包括以下三种类型,即门槛质量(所有市场上流通的食品都必须是安全的)、惯常质量(由合同和用途加以定义)和感官质量(以味觉和品相为标准)。

农产品质量绿皮书[COM(2008)641 final]认为,质量意味着满足消费者的预期,这是指质量涉及那些农民希望告知消费者并且消费者希望获知的产品特征。因此,我们认为质量是与法定或协议规定的义务相关的一系列特征,这些特征被转化成一个质量标识或一个决定性评价。

交易中有两项基本的质量要求决定了一样产品是否可以出现在市场上。第一项是质量安全,一方面这意味着规定中有关卫生[6]的义务得到了遵守;另一方面也表明,该产品应当遵守其他关于产品的安全规定(添加剂、杀虫剂或者化学药剂的残留物)。欧洲食品安全局(EFSA)在风险评估方面作出了巨大努力。尽管如此,欧洲经济社会理事会(EESC)仍认为,拥有世界上最有效的食品安全防护体系的欧盟应当加强边境管控,以防止其他国家的病虫害进入欧盟区。该理事会认为,这些病虫害可能会给欧盟的生产者和消费者带来严重的危

---

〔6〕 卫生规定不仅监管产品本身。这些规定组成了“一揽子卫生规定”(regulations 852/2004/CE,853/2004/CE,854/2004/CE and 882/2004/CE,and directive 2002/99/CE)。从2002年起,由欧洲食品安全局(EFSA)来评估出现在欧洲市场上的产品的安全性。

害,并将欧盟的食品安全置于危险境地。[7]

第二项质量要求涉及法定的或者销售中使用的名称。为了防止某些商品名称对消费者产生误导,法律承担着准确地确定含义(巧克力、面包、啤酒、酸奶等[8])的任务。商品的命名会告知消费者他感兴趣的产品的必要特征,这在经济上和法律上都有非常重要的意义。[9] 这项质量要求与商品自由流通和公平竞争有关。

在欧盟,法定的或者销售中使用的食品名称必须符合欧共体的规定(《2000/13/CE 号指令》第 5 条第 1 款)。如果没有欧共体的规定,则应当符合该食品最终销售地所处的成员国的内国法或者名称惯例,或者应当对食品进行描述,使购买者足以了解该商品的真实性质,并与其他类似的产品区分开来(描述性名称,《1169/2011/UE 号规则》第 2 条第 2 款第 n 项)。如果该产品在生产地成员国被合法制造并投入市场,则欧盟允许经营者使用销售名称(非法定的

[7] 欧洲经济社会理事会(EESC),对“当前的体系保证了欧盟内的食品和食品供应的安全,并确保了改进的方法”的意见,Rapporteur Igor Šarmír,2015 年 3 月,OJ 2015/C 268/01:为了充分尊重欧盟安全标准,欧洲经济社会理事会呼吁确保食品,包括进口食品,都处于完全可追踪的状态。该意见指出,杀虫剂在欧盟授权使用的数量在 2000 ~ 2008 年间急剧下降(从 1000 降至 250)。但许多欧盟禁用的活性物质却在第三国允许使用,或者这些国家的最大残留限量高于欧盟允许的标准,这些物质通过进口的方式进入欧洲市场。尚未在欧洲建立保护机制的害虫、疾病和危险,可能导致欧洲很多领域的生产力急剧下降,并进而严重影响整个欧洲大陆的经济、环境和社会。生产成本的上升必然会导致利润下滑。

[8] 1988 年 7 月 14 日,欧洲法院第三分庭所作的判决,proceedings for compulsory reconstruction against Smanor S. A. ,case C – 298/87,深冻酸奶,European Court Reports 1988, p. 04489。1981 年 12 月 9 日,欧洲法院所作的判决,Commission against Italian Republic, *Vinegar I*,*case* 193/80,ECR 1981,p. 03019。1994 年 7 月 14 日,欧洲法院第五分庭所作的判决,penal procedure against J. J. J. Van der Veldt,case C – 17/93,ECR 1994,pp. I – 0537。

欧洲议会和欧洲理事会于 2000 年 6 月 23 日发布的有关供人类食用的可可和巧克力产品的指令 2000/36/CE,OJ L 197 3. 8. 2000,p. 19。欧盟委员会于 2009 年 3 月 6 日针对橄榄油的市场标准发布的条例 (CE) n°182/2009 amending regulation(CE) n°1019/2002,OJ L 63 7. 3. 2009,p. 6。

[9] 详见 art. 5,parr. 1,dir. 2000/13/CE。

名称)。然而,这样仍然有可能造成混淆,因此销售名称应当附有描述性信息(近似于销售名称)。[10]

农产品领域已然超前了一大步,它区分了不同类型的质量以满足不同的社会需求。归因于深厚的文化传统,欧盟在食品质量分级方案的发展中扮演了重要角色。质量政策是发展农村战略的重要一环,尤其是对于处于劣势的农村地区。[11] 通过这项政策,我们欣喜地看到,欧盟正试图保护欧洲长久以来对食品根据质量进行区分的优良传统。但除此之外,与生产方式、操作、保存和销售相关的考量都遭到了公众的质疑,新的检测标准亟待面世。技术加快了信息传播的速率,快速地改变着人们的消费习惯。这也意味着食品供应链需要关注物流业的发展,并进行自我更新。消费者对食品产地和制作工艺的关注增加了食品服务运营商与食品制造商、生产商之间的互动和对话,为企业标准质量方案的发展提供了空间。这个变化导致食品法具有多样性的法源,既有权威的法律法规,也有私人的规章制度,还有为适应科学技术和市场需求的快速变化而发展出的一系列规则。

(一)欧盟的公共质量方案

地中海沿岸的国家都倾向于将质量要求与产品的感官质量联系在一起。为此,他们已经发展出了一系列的质量标记,旨在稳定维护传统习俗的正品的价值。欧盟已经认可了这一体系。关于该体系的第一套规定基本上是由法国促成的,并且为了纪念法国国庆日,特地将日期注明为7月14日。而实

---

〔10〕 1979年2月20日,欧洲法院所作的判决,*Cassis de Dijon*,case 120/78,ECR 1979,p. 00649。1994年7月14日,欧洲法院第五分庭所作的判决,penal procedure against J. J. J. Van der Veldt,case C-17/93,ECR 1994,pp. I-0537。1981年2月19日,欧洲法院第二分庭所作的判决,penal procedure against Fabriek voor Hoogwaardige Voedingsprodukten Kelderman BV,case 130/80,ECR 1981,p. 00527。1983年3月17日,欧洲法院第二分庭所作的判决,penal procedure against De Kikvorsch Groothander-Import-Export Bv,*Bières*,case 94/82,ECR 1983,p. 00947。1981年12月9日,欧洲法院所作的判决,Commission against Italian Rep.,*Vinegar I*,case 193/80,ECR 1981,p. 03019。1985年10月15日,欧洲法院所作的判决,Commission against Italian Rep.,*Vinegar II*,case 281/83,ECR 1985,p. 03397。

〔11〕 Cf. CEDR,*L'agriculture multifonctionnelle*,*Aspects juridiques*,L'Harmattan,Paris,1999,notamment:J. Hudault,*Rapport de synthèse*, p. 716 et s.

际现行的规则规定在《第 1151/2012 号欧盟关于农产品和食品质量方案的规定》中，该规定经过了一个很长的程序才被通过——2010 的“一揽子质量要求”[12]是在一次公开的座谈会[13]后制定的，该座谈会的讨论结果被发表在农产品质量政策委员会会议纪要[14]中，该会议制定了许多战略性的方针政策。质量方案的重建旨在简化程序和规则，它包括以下内容：保护原产地标志（PDO）、保护地理标志（PGI）、保护传统特色（GTS）、有机生产以及建立可选择的质量条款。经规定处理过的质量方案主要涉及农产品、食品、葡萄酒、芳香葡萄酒、烈酒以及来自偏远地区（法国的海外领地以及亚速尔群岛）和山区的产品。[15]

针对质量方案规定的改革并非孤立无援，它本身处于欧盟更为宏观的经济方针中。它的目的在于鼓励创造更多的附加值，并用以增加农场竞争力，促使多样性发展，确保农村地区可持续发展。从这层意义上说，质量政策是共同农业政策（CAP）[16]的关键和战略性工具。这个方案下生产出的产品与地域有着十分紧密的联系。

---

〔12〕 针对农产品质量方案制定欧洲议会和欧洲理事会条例的议案，COM（2010）733 final，2010 年 12 月 10 日。制定欧洲议会和欧洲理事会规章以修改原先的欧洲理事会（EC）1234/2007 号条例，并以此作为市场标准 COM（2010）738 final。欧盟委员会纪要——食品标签应当包含受保护的原产地名称（PDOs）或受保护的地理标志（PGIs）的指导方针，OJ/2010/C341，16. 12. 2010，pp. 3 – 4。欧盟委员会纪要——欧盟关于农产品和食品自愿认证计划的最佳实践指导方针，OJ/2010/C341，16. 12. 2010，pp. 5 – 11。http://ec. europa. eu/agriculture/quality/policy/quality-package – 2010/index_en. htm.

〔13〕 由 Green Paper on Quality 发起［COM（2008）641］。

〔14〕 2009 年 5 月 28 日，［COM（2009）234］。详见农产品质量报道：遵循什么方针政策，2010 年 3 月 28 日，欧洲议会的倡议。欧盟委员会纪要：2020 年前的共同农业政策：迎接食物，自然资源和未来有关领土的挑战。Res. Parlam. 23. 06. 2011 on that communication.

〔15〕 2014 年 3 月 11 日，欧盟委员会授权的（EU）665/2014 号条例，欧洲议会和欧洲理事会有关使用可选的质量的术语“山区的产品”的（EU）1151/2012 号补充条例，OJ L179 19. 06. 2014，p. 23。

〔16〕 V.：Parlam. Resol. 承认农业是食品安全的战略关键领域（OJ C 136E 11. 5. 2012，p. 8）。

新的方案试图通过增强框架结构、迫使成员国履行防治职权滥用义务并采取公共管制手段来提高保护力度。[17] 这里的管制始终与欧盟成员国之间牵涉消费者保护的合作相关。[18] 此外,这项规定的重点在于推广高质量的产品。尽管有这些改进,这项方案仍因缺乏大胆革新而遭到批评。[19]

应该指出的是,这项质量方案是一项特定的旨在保护由产品的地域因素所决定的原产地标志的管理体制。欧盟成员国可以自己颁布有关规定以确定依地域划分的原产地地理信息的相关表述(即使是详尽阐述),但是这样的表述不可以产生与质量方案不同的误导。[20] 众所周知的是,地理名称即使没有达到注册要求的特征标准或者并非那么通俗易懂,也应当受到保护。[21] 抽象的原产地

---

〔17〕 它一直被视为对帕尔玛案和由法规加以保障的需要维护公众保护的独特属性的答案。成员国也有义务遵循有关发生在国内市场不公平的 b2c 商业实践的指令 2005/29 / CE(11. 05. 2005, OJ L149, 11. 06. 2005, p. 22)。

〔18〕 2004 年 10 月 27 日,由欧洲议会和欧洲理事会颁布的(CE)n. 2006/2004 号条例,该条例的内容是各国当局如何协作,共同保障消费者保护法律的实施,OJ L364, 9. 12. 2004, p. 1。当质量方案下的比例被当作因素来参考,并占很大的比重时,对消费者的明确保护就是通过该比例来表现的。详见 d. lgs. 297/04,意大利。

〔19〕 N. Coppola, *Regolamento* 1151/2012 *su DOP, IGP ed STG: una occasione mancata?*, *in* Alimenta Vol. XXI, 2013, n. 2, 31.

〔20〕 欧洲法院 2000 年 11 月 7 日所作的判决, Schutzverband gegen Unwesen in der Wirtschaft eV against Warsteiner Brauerei Haus Cramer GmbH 1 Co. KG, *Warsteiner*, case C – 312/98, Rec. 2000 page I – 09187, point 43 et s. Regulation(UE)n°1151/2012, art. 28 : les États membres peuvent conserver des règles nationales concernant les mentions de qualité facultatives qui ne sont pas couvertes par le présent règlement, pour autant que ces règles soient conformes au droit de l' Union.

〔21〕 欧洲法院 1992 年 11 月 10 日所作的判决, Exportur - *Touron d' Alicante et Jijona*, case C – 3/91, Rec. 1992 page I – 05529, points 28, 37 et 38。欧洲法院 2003 年 11 月 18 日所作的判决, Budéjovický Budvar, národní podnik against Rudolf Ammersin GmbH, case C – 216/01, Rec. 2003 page I – 13627, point 99。

标志也是被认可的,例如,用“山货”[22]来标识在山区生产的产品(这种命名方式抽象地表明了产品质量与产地的关系)。在这些情况下,考虑产品的材质十分重要。这与产品原产地的通用概念有关,这种地理标识会受到消费者的青睐,并最终给生产者带来经济利益。需要注意的是,还可能存在通用地理标识,即用国家作为产品原产地(如橄榄油[23]、肉[24])。

无论如何,在法律和公共质量方案之外,消费者也有自己的需求。这一需求驱使经济主体建立一个自己独有的标准。这些独有的标准在某种程度上补充了现行立法,因为它们可以快速地对消费者的需求、科学技术和社会的进步做出反应。

(二)新的需求:新的质量标识

消费者或者社会对于产品必要特征或食品供应链的不同层级的要求在近些年与日俱增。他们考虑到许多除了安全以外的因素,并设立了很多在过去被认为是超卫生或者与贸易无关的公共标准。

这些要求持续更新,而且还有科学和文化作为支撑。它们有很强的道德感,[25]

---

[22] 欧洲法院第五分庭1997年5月7日所作的判决,penal process against Jacques Pistre(C-321/94),Michèle Barthes(C-322/94),Yves Milhau(C-323/94)and Didier Oberti(C-324/94),joint cases C-321/94,C-322/94,C-323/94 et C-324/94,*Pistre*,Rec. 1997 page I-02343,points 37,42 et s。在意大利,类似的名称« prodotto della montagna italian ») regulated by d. lgs. n°228 de 2001,在农业部登记(installed by d. m. of 27 May 1998,GU n°205 of 12. 11. 1998)。

[23] 1998年12月22日,欧盟委员会颁布的关于橄榄油市场标准的(CE)2815/98号条例,OJ L 349 of 24. 12. 1998,p. 56 and modifications。2002年6月13日,欧盟委员会颁布的关于橄榄油市场标准的(CE)1019/02号条例,OJ L 155 14. 06. 2002,p. 27 and modifications。

[24] 1997年4月21日颁布的(CE)n° 820/97号条例,建立了一个识别和登记牛科动物以及牛肉和牛肉产品的标签的系统,OJ L117 07. 05. 1997,pp. 1-8;新规定已经包含在其法律依据第152条CE中了——2000年7月17日欧洲议会和欧洲理事会颁布的(CE)n° 1760/2000号条例建立了一个识别和登记牛科动物以及牛肉和牛肉产品的标签的系统并废除了欧洲理事会(EC)No 820/97号条例,OJ L204 of 11. 08. 2000,pp. 1-10。

[25] 2001/18/CE号指令特地提到了这一点(详见consid. 9,5 and 58 and art. 29),欧盟委员会还咨询了科学和新技术界的伦理组织(inception in 1991 - mandate in decision 2010/1/CE)。

考虑到了人类与环境。这也许是个人的或者社会的选择,但无论如何它有市场效果。

最重要的要求与环境有关,主要包括动物保护、保持物种多样性、环境可持续发展、资源合理利用、使用转基因技术、因地制宜、公平交易、改善工作环境、保护弱势群体、尊重人权和生产本地化。[26]

一项相关的要求涉及对某些得到了保护非物质文化遗产公约和国际粮食和农业植物遗传资源国际条约的认可的传统制作工艺的尊重。[27] 与此同时,联合国粮食及农业组织(FAO)也设计了一项传统农业体系,该体系被视为全球重要的农业遗产体系。[28] 欧盟已经认可了有保证的传统特产(TSG)这一质量标识,它无论是在产品成分构成还是在制作方法上都十分强调传统特征。随着国际上的逐渐认可和对天然产品需求的激增,遵循传统方法或文化已经成为一项重要的增加附加值的手段,对这类产品的需求也在与日俱增。[29]

---

〔26〕 欧盟委员会针对一个本地农业和直接销售标签计划对欧洲议会和欧洲理事会作的报告,COM(2013)866 final,2013年12月13日——详见(EU)n. 1151/2012号条例第55条。这一指令将"对短期食品供应链中真正农场产品的需求,以及辨识出它的需求"考虑在内。报告认为"本地农业"是指"在生产农产品的农场合理的距离内销售农产品"。有趣的是,这份报告认为任何对于"当地"的定义"在欧盟层面会变得很随意",因此,最终是消费者来决定产品是否来自"当地"。

〔27〕 第9.2条:"缔约双方同意承担涉及粮食和农业植物遗传资源的农民权利的实现,其余取决于国家政府。[…] 包括:a)保护与粮食和农业植物遗传资源相关的传统知识。"第5.1条d)"通过支持,尤其是土著和地方社区的努力,来促进包括保护区在内的野生作物的近亲和野生植物食品生产"。

〔28〕 全球重要农业文化遗产系统(GIAHS)被定义为"利用系统和景观的土地,并富含重要的共同适应社会环境的全球生物多样性发展和可持续发展的需要和愿望(粮农组织2002)",详见 http://www.fao.org/giahs/en/。

〔29〕 L. Bourges, E. Muñiz Espada, *La tradición en los productos agroalimentarios: su consideración actual y fundamentos para un desarrollo consciente de su valor multifunctional*(食品的传统:现实的考虑和深思熟虑的发展其多功能价值的基础), in *Festschrift* for Prof. Carlos Vattier Fuenzalida, Aranzadi and University of Burgos, Cizur Menor(Navarra), 2013, pp. 171 - 192。

许多需求都以道德作为基础,[30]尤其是在意识到我们有义务保护我们共同居住的地球之后。另一个更重要的道德基础则在于食品本身。[31]

在这一领域,通信技术的发展也应当是列入考量的重要因素,因为它前所未有地增加了消费者的参与程度,从而强化其作为决策创造者和经济主体的影响。当涉及食品事务时,这个问题尤为复杂。有些要求可能会因遵循"政治正确性"而不考虑实际的利益、可行性和成本。即使我们应当依赖消费者来调整社会、食品行业和市场,但一个关键问题仍须注意,即消费者所获知的信息必须精确。

无论如何,在很多重要问题上,信息是不充分的。这就需要有关当局主动采取措施。欧洲经济社会理事会指出了如何管理个人食物摄入的问题。即使人们已经制定了每日允许摄入量计划表(ADI),但仍额外摄入一些食物中的新的人造物质,而忽略 ADI 的存在。更有甚者,当我们只考虑人体随着饮食会摄入大量物质,而无视不同物质之间的累积和协同作用,那么问题就变得严重了,尽管这些物质单个来说可能是无害的。[32]

---

〔30〕 道德的可追溯性详见 C. Coff, *Ethical traceability*, in Kaiser, Matthias y Marianne Lien (eds.), *Ethics and the Politics of Food*, Wageningen Academic Publishers, Netherlands, 2006, pp. 56 – 61。

〔31〕 详见 L. Bourges, 'Una agricultura ética en el MERCOSUR, por qué no?' (Ethical Farming in MERCOSUR, why not?), Instituto de derecho agrario del Colegio de Abogados de Rosario (Santa Fe, Argentina), *VIII Encuentro de Colegios de Abogados sobre Temas de derecho agrario*, 2010, pp. 473 – 478. Id., 'Agricultura y alimentación: un avenir ético?' (农业和食品:符合道德的未来?) in V Foro Internacional del Observatorio de legislación agraria (MAGRAMA – Ministerio español de agricultura, medioambiente y alimentación), published online http://www.magrama.gob.es/es/ministerio/servicios/informacion/Bourges_tcm7 – 285721.pdf。

〔32〕 欧洲经济社会理事会(EESC)对"当前的体系保证了欧盟内的食品和食品供应的安全,并确保了改进的方法"的意见, Rapporteur Igor Šarmír, 2015 年 3 月, OJ 2015/C 268/01:欧洲经济社会理事会敦促欧洲食品安全署将该领域的科学知识尽快转化为条例。详见 Sofie Christiansen, Ulla Hass and a. a., "协同外部中断男性性器官发展四抗雄激素的混合物", *Environmental Health Perspectives*, Vol. 117, No. 12, 2009 年 12 月, pp. 1839 – 1846。报告 2013 年有关内分泌干扰物的贝尔蒙特宣言(内分泌干扰物是倾向于模仿荷尔蒙的物质,即使生物体暴露量显著低于 ADI,其中的关键变量是暴露的时刻,也会经常产生不利影响),以及其他类似文件[例如,2013 年 3 月 14 日欧洲议会决议保护公共卫生免受内分泌紊乱的维危害(2012/2066(INI)],并且谴责欧洲食品安全署没有认真对待内分泌学家的担忧。

作为公共行为的补充,利益相关者已经主动采取行动完善必要措施,以确保一些质量方案能够及时对消费者或社会的有关产品必要特征或食品供应链的不同层级的要求作出回应。

企业标准质量控制方案〔33〕类似于一种软性法律(具有可协商性和可修改性)。私主体主动接纳参考规范、标准规范或指令性规范,以便提高产业链的组织性使其拥有更好的可追溯性。〔34〕他们也可能被经营者要求尽可能达到供应商提出的特殊需求。它通常是一种合同制定的质量程序——"合同化的质量要求"。〔35〕企业标准质量方案可能会区分不同的认证方法:第三方认证、企业自我申明、标准制定者认证。这些企业标准方案也可能会被公共标准借鉴吸收。在法律领域,这种现象被称为自发规则,因为他们是自我管理过程的结果。作为私力自治的一种,它相对灵活、便于修改,并建立在合意基础之上,具有较大优势。

这些质量方案在涉及徽标或标志的适用或者其他质量标识,这些标识代表着商品的可信赖度,以便争取更多的消费者。因此,获取认证的目的在于更好地进入市场,增加市场份额和提升产品利润率。加入企业标准质量方案旨在更好地增加产品附加值,确保额外付出的成本得到更好的回报。

企业标准质量方案在完善补充公共质量方案的同时(在欧盟、国家或者地方层级),我们需要考虑如何保证这两者的共存,以及是否被消费者所接受。质量方案的复杂性会增加消费者的风险。

一般来说,质量方案的目标是追求产品本身的特征,但生产者的一些行为对社会需求的追求超过了产品性质本身。如今,这样的行为更有必要。

---

〔33〕在2010年,欧盟委员会曾计划了441个方案以便农产品和食品在欧盟市场销售。详见http://ec.europa.eu/agriculture/quality/certification/inventory/inventory-data-aggregations_en.pdf。

〔34〕在标准化的过程中,应该考虑食品法典和ISO规则所作的努力(尤其是ISO22000/2005定义了食品安全管理体系中的义务、ISO 9000结合了HACCP的各项原则,还有ISO22005:2007食物链可追溯性)。

〔35〕详见他们对意图控制产品生产基地的商标负责:国际食品标准(IFS)。英国零售商协会(BRC)。安全的高品质食品(SQF)。雨林联盟允许其商标证明其生产过程中意图保存生物多样性。

三、农业食品领域的责任:循环经济或食品产业链中扩展到全球的方案

卫生危机引入了一种将所有食品产业链的参与者纳入考虑范围的全球方案。气候变化、人口增长和食品安全要求不得不让我们对整体经济体系进行反思。而这一方面也包括消费者。

对环境、食品安全和社会经济参数的最新关注将循环经济理论纳入视野。这一理论描述了一个我们必须接受的新经济形式,即通过生产生态循环系统的产品实现完全的可持续性发展,做好垃圾处理回收再利用。

欧盟已经跨出了强有力的第一步,旨在创建一个稳定的政策框架以激励环保行动和相关投资。[36] 后续行动需要公共领域和私力领域的共同参与。

显而易见的是,考虑到食品安全的保障,食物损耗和浪费必然是循环经济[37]的内容之一,这也树立了全球性社会经济食品产业链这一概念进化的里程碑。这一点完善了食品产业链上的参与者的社会责任的内容,但同时增加了消费者的责任。

(一)食品产业链参与者的社会责任

食品产业链的全球化带来了一系列新的义务,不仅仅是确保安全和可追溯性,还要考虑相关事宜。毫无疑问的是,采用认证标准这一方法可以使得食品供应链上的参与者明确标准的内涵,从而确保了保障责任、产品信誉和商标索赔。但无论如何,商标也使不良生产者有机可乘(法国的肉诈骗案就是一个典型案例)。

---

[36] 为了增强竞争力、创造就业和绿色增长,欧盟委员会通过了一项基于循环经济的综合行动计划,并伴随着一系列的与损耗管理有关的立法提案,(2015 年 12 月):"一揽子"循环经济政策。详见 Commission, Communication *Closing the loop – An EU action plan for the Circular Economy*, *COM*(2015)614 *final*。

[37] 关于食物的浪费,我们必须采取措施减少浪费和找到一个共同的衡量方法,以便在实践中显示每天的食品消耗数据,实现可持续发展的全球目标,争取在 2030 年将食品消耗降至现在的一半。详见 Proposal for a directive amending directive 2008/98/EC on waste (COM(2015)/595 final)。

有两个事项增加了产业链参与者的责任:社会责任以及产品损耗和浪费。

社会责任可能适用于所有类型的公司,尤其是在循环经济的语境下。它还与欧洲理事会关于结合商业[38]与人权[39]的倡议有关。但有趣的是,欧洲理事会[40]的国际非政府间组织要求欧洲的企业在其进行境外投资时作为社会责任的楷模。环境保护是一个永恒的话题,因为它对资源的完整性和包括农业(它影响了许多与食品有关的权利的行使)在内的很多人类实践活动有着深远的影响。

现如今,考虑到气候变化、农业和食品安全,食物损耗和浪费已然成为食品产业链上极为敏感的一环。据估计,生产的食品的30%因为各种原因未能销售给消费者。[41]

联合国粮食及农业组织要求食品产业链的参与者减少食物损耗。加强管理措施势在必行:改善生产计划,使其与市场相一致;实现资源高效的生产和加工实践;用先进技术改进食品的保存、包装、运输和物流等。这需要全球的共同努力:公共的、社会的和私人的。

为防止食物浪费并为消费者供应更有营养的食物,零售商已经采取了一些市场策略来提供物美价廉的产品。"丑"的食品往往更好,换句话说,水果和蔬

---

[38] 问题实际上与企业经营者有关,但考虑到企业在农业和食品领域的重要性,这一点非常准确。"企业社会责任"一词描述了公司用他们的行为和努力来确保活动符合道德标准和其他国际人权文件的责任,以及他们如何让他们的活动对社会和人权产生积极的影响。详见UN,"Guiding Principles for the Implementation of the 'Protect, Respect and Remedy' Framework",2011年6月16日。

[39] 欧洲理事会、人权指导委员会(CDDH)、部长委员会的成员国对人权和商务的起草建议及其起草说明书,CDDH R84AddendumII(2015),2015年12月11日。判例:Parliamentary Assembly, Resolution 1757 and Recommendation 1936on Human Rights and Business,2010.

[40] 欧洲理事会的国际非政府组织会议,人权委员会、工作组人权、共同发展和迁移。

[41] 详见粮农组织在全球倡议节约粮食(www.fao.org/save-food/en/)。粮农组织估计浪费30%的谷物、20%的奶制品、35%的鱼和海鲜、45%的水果和蔬菜、20%的肉类、20%的油籽和豆类、45%的根和块茎。B. Lipinski; C. Hanson; J. Loma; L. Kitinoja; R. Waite; T. Searchinger,减少粮食损失和浪费。第二部分"创建一个可持续食品的未来",世界资源研究所环境规划署,华盛顿特区,2013年。

菜不能适用审美和商业的标准。[42]

值得一提的是 2008/98/CE 号指令[43]将"垃圾"定义为"任何的持有者抛弃、试图或被要求抛弃的物质或客体",它也包括"生物垃圾""来自家庭生活、饭店、酒店和零售场所的可生物降解的食品和厨房垃圾以及在食品种植过程中产生的类似废物"。立法和政策都对这类生物垃圾作出了不同的预防和垃圾分类管理的措施(预防、再利用、回收、价格措施和销毁)。如果产生更好的全球环保效应,这类遵守事先预防原则和可持续发展的处理措施应当被鼓励。将生物垃圾用于制造化肥和其他环境友好型产品也是同样值得鼓励的。另一个值得一提的文件是一部全票通过的法律,[44]它规定中型和大型零售商(大于 400 平方米)应当与慈善机构签订协议,以便于食品捐助。

这个问题之所以重要是因为食品垃圾对环境有重大的影响。[45] 它会导致负面的社会效益(对食品相关权利一直未能得到足够的保障)、负面的经济效益

---

〔42〕 法国:collective mark *Gueules cassés*;*Les fruits et légumes moches*(Intermarché v. https://youtu. be/lMARwAXmn_0) with 30% discount on price。加拿大:*Second life - donner une seconde vie aux fruits et légumes moches*(http://www. second-life. ca/)。英国:一项废物及资源行动计划,专门写给那些欣赏食物但讨厌浪费的人,三年时间已经减少了 13% 的浪费(2006/7 - 2010)。随着技术的进步,现在有很多软件专门针对这个问题。

〔43〕 Dir. 2008/98/CE del Parlamento y del Consejo de 19 de noviembre de 2008 sobre los residuos, DO L312 del 21. 11. 2008, p. 3.

〔44〕 2016 年 2 月 11 日颁布的与反对食品浪费有关的 n°2016 - 138 号法律,2016 年 2 月 12 日的 JORF n°0036。除此之外,在法国 *Pacte national contre le gaspillage alimentaire*,2013 年 10 月 16 日已经成为反对食品浪费的国家纪念日。

〔45〕 详见 FAO, *Empreinte des gaspillages alimentaires*, Rome, 2012 ; Id. , *Food wastage footprint*, 2013. Id. , E-Forum on Full Cost Accounting of Food Wastage. Rome, Italy, 21 October - 24 November 2013, http://www. fao. org/nr/sustainability/food-loss-and-waste/food-wastage-forum/en/. Reynolds, C. J. ; Thompson, K. ; Boland, J. ; Dawson, ' D. Climate Change on the Menu? A Retrospective Look at the Development of South Australian Municipal Food Waste Policy", *Int. J. Clim. Chang. Impacts Responses* 2011, 3, 101 - 112. Thyberg, K. L. ; Tonjes, D. J. ' Drivers of food waste and their implications for sustainable policy development ', *Resour. Conserv. Recycl.* 2016, 106, pp. 110 - 123. [CrossRef]。

(花费),以及负面的环境影响(产品的生产并不符合它的目的)。[46]

食品垃圾对全球化的限制似乎从食品产业链扩张到了消费者。消费者摆脱了原先被动获取食物的地位,逐步成为积极的有责任意识的参与者。

(二)社会责任:消费者是新的参与者吗

现如今,消费者既要对市场又要对社会负责,同时也必须对自己负责。

一方面,在(在市场上)购买食物时需要作出负责任的决定,在购买食物以后还要采取负责任的措施,以防止食物浪费(对社会)。确实,消费者的购买力决定了其对食物的选择,这里涉及国家的食品安全宏观政策,特别是确保民众获得足够的食物。最新的证据表明无论消费者获得了多少信息,他的购买决策还是由其购买力决定的。[47] 除此之外,消费者还应当意识到成本的增加和由谁来承担该项成本(社会还是消费者)。

在粮食危机和粮食安全问题[48]越来越引起人们的关注之后,食物浪费[49]成为了一个大问题。消费者在食物链中的重要作用已被确认。然而,若要消费者

---

〔46〕 粮农组织倡议节约粮食,有关粮食损失的一系列国际会议,并发的经济、社会和环境对食物损失和浪费所造成的影响,呼吁全球行动,2015年有三个主要行动同时进行:评估社会、经济和环境成本;沿着 waste-soil-energy 发现协同效应关系;支持立法和政策的发展。http://www. fao. org/fileadmin/user _ upload/save-food/PDF/Articles/DNC2015 _ Call _ to _ Action_v3. pdf.

〔47〕 Cfr. :T. Andreyeva, M. W. Long, and K. D. Brownell, 'The Impact of Food Prices on Consumption: A Systematic Review of Research on the Price Elasticity of Demand for Food', *American Journal of Public Health*: February 2010, Vol. 100, No. 2, pp. 216 – 222.

〔48〕 粮农组织:世界上供人类食用的三分之一的粮食丢失或浪费(相当于13亿吨/年),而10亿人正在挨饿(http://www. fao. org/food-loss-and-food-waste/fr/)。欧盟对此也很担忧(Commission, a. a. , *Preparatory Study on Food Waste Across EU27*, 2010)。2014年被宣布为反对食物浪费年。

〔49〕 这里我们只提到食物浪费,因为即使食物损失对食物供应链很重要,想消除也是不可能的。详见 FAO. *Global food losses and food waste – Extent, causes and prevention*, Roma, 2011。各大机构都已经对经济参与者采取了一些行动:2012年1月19日的欧洲议会决议如何避免食物浪费:在欧盟范围内获得更有效的食物链的策略(2011/2175(INI),符合可持续发展议程2030(UN、AG, A/ 70/1 2015年9月25日),要求委员会精心制定具体行动以便到2025年减少一半的食物浪费,同时避免其产生。

采取负责任的态度,那么得到充分的信息和良好的教育是十分必要的,[50]与食物浪费作斗争意味着他们应该有良好的营养。在欧洲食品政策的框架下,我们有方法来实现这一目标,为这一目的[51]而进行的斗争在许多国家已经逐步壮大了。[52]

另一方面,消费者的购买决策还受个体需求的影响。许多疾病都取决于我们吃什么。关于这点,发生过许多有关如何平衡饮食和防止肥胖的争论。

在涉及食品摄入可能带来危险的标志时,欧洲议会刻意对其采取更严格的营养标识,以警告消费者该产品可能导致肥胖。[53] 这是受到香烟包装的启发,

---

〔50〕 食品标签已经变得有点复杂,有观点认为,消费者应该被教会如何阅读标签,特别是与截止日期有关的信息。

〔51〕 详见欧盟平台下有关饮食、身体活动与健康的活动(http://ec.europa.eu/health/nutrition_physical_activity/platform/index_es.html);高水平的营养和身体活动(http://ec.europa.eu/health/nutrition_physical_activity/high_level_group/index_es.html);欧洲食品资讯委员会(http://www.eufic.org/index/es/)。有关饮食的不同活动,详见 http://www.eufic.org/block/es/show/eu-initiatives/。

〔52〕 法国:*Manger&Bouger*(www.mangerbouger.fr);美国:*Let's Move*(www.letsmove.gov);德国:*5 am Tag*(http://www.5amtag.de);意大利:*Guadagnare Salute*(http://www.salute.gov.it/portale/temi/p2_6.jsp?lingua=italiano&id=659&area=stiliVita&menu=programma),包括 *Forchetta e scarpetta* 计划。世卫组织合作的跨国调查学龄儿童健康行为,是一个关键的国家和国际(欧洲和美国)政策层面对青少年健康所做的统计数据。它每四年进行一次,下一次已于 2016 年 3 月开始。让青少年自己对健康有意识被认为构建家庭和改善人们的生活最好的办法。改善儿童或青少年身体健康的意义是希望能够提高一代人身体健康状况,正如美国项目祈祷。欧洲议会于 2016 年 3 月 8 日提出立法的解决途径,即做出提案(COM(2014)0032),制定欧洲议会和欧洲理事会条例修改(EU)No1308/2013 号条例和(EU)No1306/2013 号条例,该条例是关于在教育机构供应水果和蔬菜、香蕉和牛奶的援助方案(P8_TA(2016)0068)——议会委员会决议予以批准(11/04/2016,st-7837-2016-init)。独立的欧盟学校牛奶和水果的年度预算计划将合并,新计划将增加 2000 万欧元至 2.5 亿欧元。计划旨在促进水果、蔬菜、牛奶和奶制品的消耗。

〔53〕 这个问题乃现今的当务之急,是绿皮书和白皮书的目标:绿皮书,促进健康饮食和身体活动:防止超重、肥胖和慢性病的欧洲维度,2005 年 12 月 18 日,COM(2005)637 final;白皮书,有关欧洲营养、超重和肥胖相关健康问题的策略,2007 年 5 月 30 日,COM(2007)279 final。

告知消费者食用高热量的食物对身体有害(例如,“注意! 会导致肥胖过度”!)。这项提案引发了有关营养原教旨主义的讨论。防止酒驾的斗争和受它影响的酒精产品[54]的消费对酒水销售产生了不利影响,这项政策因为没有区分饮用和滥用、酒文化和嗜酒如命,以及普通酒[55]和烈酒而饱受批评。从某种程度上说,肥胖和酗酒这两种疾病具有可比性,但是肥胖与吸烟可能带来的疾病就不可相提并论了。酒精上瘾可能带来危险,但与贪食症并没有太大不同。奶制品的生产者对这一点可能颇为不满。但是值得注意的是,提前预防是防止这类食品被滥用的最有效的途径。

换句话说,上述两方面是紧密相关的:消费者必须负责。他们在购买食物和养成消费习惯时应当养成考虑自身切实需求以防止疾病(个体负面后果)和食物浪费(社会负面后果)的意识。

四、结　　论

在一些国家的特定人群中,人们格外关切食品质量,[56]但还有一系列其他十分重要的问题:环境、食品安全、商品价格波动和气候变化。

对产品的要求与日俱增,这些要求都与人们关注的问题有关,甚至超越了传统的感官质量,产生了许多不同的质量方案。现如今,这些考量更多地受到道德方面的影响,关注的主要是人类和地球的未来。

环境保护和对食品产业链参与者的道德行为要求使社会责任这一概念得以发展。如今,在全球化的背景下,消费者也被要求承担一定的社会责任。

除此之外,在循环经济的框架下,对于食品垃圾的处理也成为了解决气候变化和食品安全问题的关键一环。有研究表明,食品浪费具有现实性和不必要

〔54〕 L. 3323 - 2 条 c. santé publ. :对酒精广告是授权有限的支持。L3323 - 4 条规定了广告的内容并表明,通常这种类型的广告必须附有卫生通知指定的说明,表明滥用酒精对健康是很危险的。

〔55〕 F. Caballero, and Y. Bision, *Droit de la Drogue*, II éd. Dalloz, Paris, 2000, p. 784 :酒精、烟草和药物被认为北方的毒品。

〔56〕 Cfr. 美味的法国餐和地中海饮食是在人类非物质遗产的列表上的(联合国教科文组织)。

的负面效应。正如欧洲议会所建议的,我们必须采取措施来应对和防止超大规模的食品浪费现象。这就需要规则来规制相关主体的行为,如之前提到的法国法。当然,建立一个针对市场经济主体和消费者的教育项目也是十分必要的。明确相关概念和规则当然十分重要,但是同样重要的是能够在预防阶段就有效地减少甚至消灭食品浪费现象。

然而,欧盟出台的有关高品质产品的政策和循环经济理念都要面临一个严峻的问题,即进口产品拥有各种不同的标准。正如欧洲经济社会理事会所述,保证在一个市场上出售的产品具有相同的质量标准是十分重要的(安全性、环保性和活性物质使用等)。[57] 欧盟能否推动其他国家一同实施这些政策,针对气候变化对食品生产和生态条件的影响而采取的措施能否适应经济扩张?我们作为这一星球上的居民,又是否做好准备,成为一个有意识、愿意承担社会责任的消费者呢?

---

〔57〕 1988 年 7 月 14 日,欧洲法院第三分庭所作的判决,proceedings for compulsory reconstruction against Smanor S. A. ,case C - 298/87,深冻酸奶,European Court Reports 1988, p. 04489。1981 年 12 月 9 日,欧洲法院所作的判决,Commission against Italian Republic, *Vinegar I*, *case* 193/80,ECR 1981,p. 03019。1994 年 7 月 14 日,欧洲法院第五分庭所作的判决,penal procedure against J. J. J. Van der Veldt,case C - 17/93,ECR 1994,pp. I - 0537。

欧洲议会和欧洲理事会于 2000 年 6 月 23 日发布的有关供人类食用的可可和巧克力产品的指令 2000/36/CE,OJ L 197 3. 8. 2000,p. 19。欧盟委员会于 2009 年 3 月 6 日针对橄榄油的市场标准发布的条例 (CE) n°182/2009 amending regulation(CE) n°1019/2002,OJ L 63 7. 3. 2009,p. 6。

中德法学论坛
第 14 辑,第 166 ~179 页

农业领域的品种保护与专利保护

何塞 · 马丁内茨 [*] 著　金　健 [**] 译

培育种子与使用种子过程中的利益冲突关涉育种者的智力财产、消费者利益与公共利益,德国的品种保护从国家、国际和欧盟三个层面出发提供制度框架。作为功能性手段的品种保护包括保护植物种植者,以保证可持续营养供给安全和通过品种保护法上的育种优先权与专利法上的排他性权利保护在激励竞争开放型研究上的公共利益。根据《欧洲专利公约》应当对农业上的品种保护和专利保护进行界分,并结合欧洲专利局扩大申诉委员会的解释说明方法的可获专利性与植物的可获专利性。此外,对欧盟法的品种保护权和美国法上的专利权中的自我复制(Nachbau)现象进行比较。最后,必须强调,品种保护制度对提高农业产能、协调利益冲突、推动种子研究、满足人类营养需求均有推动作用。

关键词:品种保护;专利保护;利益冲突;自我复制

Die Interessenkonflikte bei der Züchtung und der Nutzung von Saatgut beziehen sich auf das geistige Eigentum des Züchters, das Interesse des Verbrauchers und das öffentliche Interesse. Der Sortenschutz in Deutschland besteht aus dem staatlichen, internationalen und eupäischen Schutzrahmen. Als funktionales

---

* 何塞 · 马丁内茨(Prof. Dr. Martinez):德国哥廷根大学法学院农业法、公法教授,哥廷根大学农业法学研究所所长。

** 金健:哥廷根大学农业法学研究所博士生。

Instrument bedeutet der Sortenschutz nämlich den Schutz des Pflanzenzüchters zur Sicherung einer nachhaltigen Ernährungssicherheit sowie den Schutz der öffentlichen Interessen an der Förderung einer wettbewerbsoffenen Forschung durch das sortenschutzrechtliche Zuchtprivileg oder durch Patentschutz als umfassendes Ausschließlichkeitsrecht. Die Abgrenzung zwischen Sorten- und Patentschutz in der Landwirtschaft ist nach den Vorschriften des Europäischen Patentübereinkommens vorzunehmen. Anhand der Auslegung durch die Große Beschwerdekammer des Europäischen Patentamts werden die Patentierbarkeit des Verfahrens und die Patentierbarkeit von Pflanzen erklärt. Ferner lässt sich der Nachbau im europäischen und deutschen Sortenschutzrecht mit dem im US-amerikanischen Patentrechtssystem vergleichen. Schließlich ist zu betonen, dass das Sortenschutzsystem die Leistungsfähigkeit der Landwirtschaft, Harmonisierung der Interessenkonflikte, Fortentwicklung der Saatgutforschung und die Erfüllung des Ernährungsbedarfs der Weltbevölkerung fördert.

Key Words: Sortenschutz, Patentschutz, Interessenkonflikte, Nachbau

一、培育种子与使用种子过程中的利益冲突

(一)育种者的智力财产

培育新植物品种需要投入极大的智力与财力。以传统熟知的、有机的方式或者是基于基因技术发展而来的育种以及新品种的培养过程,不但需要深厚的知识以及时间的投入,而且还需要耗费巨大的财力。[1] 一般而言,以传统手段培育植物新品种至少需要十年。[2] 对每一种植物品种而言,(从开发到)形成成熟的市场规模,需平均耗费150万~200万欧元。植物育种企业的"研究与开发比"(Forschungs- und Entwicklungsquote, F&E-Quote)均值为16.1%。也就是说,企业16.1%的开支是用于研发的。与其他领域相比,例如德国医药行业

---

[1] Leßmann/Würtenberger, Deutsches und europäisches Sortenschutzrecht, Baden-Baden 2009, § 1 Rn. 1 – 2.

[2] http://www.transgen.de/recht/1525.sortenschutz.html.

2010年的研发比仅约为8%，这个比例是相当高的。[3]

与其他的智力财产(如文学、艺术、发明、出版等)相同，育种也存在专有权益，第三人不能没做贡献，却通过获得新种类的植物、以贸易为目的进行繁殖以及获取培育者辛劳的经济成果等方式参与培育程序。[4] 育种的特点在于，一旦育种人出售新品种的样品或种子，不仅是总的信息随之出售，同时还出售了可生产更多此种植物的“工厂”，因为植物/谷种自身即为增殖机体，承载增殖所必需的遗传信息。[5]

(二)消费者利益

除了育种者的保护利益，消费者的利益也需要保护。因为随着每一次种子的增殖，植物本身也发生着变化。这意味着第一颗种子出售时种子的质量在随后的培育阶段并非总能被维持原样。[6] 然而，农民只关注种植符合种植条件和产品目标的品种。

(三)公共利益

与此相对的是公共利益。让农民保有经济自由以维持有资力的企业，乃公共利益的题中之义。[7] 当农民总依赖于购进生产者的原始种子时，此种自由将受到限制。此外，公共利益还体现于推动种子的发展。因此，育种者不能将植物培育的研发路线与其继续发展切断开来。[8] 可能是以下情形：农民或其他种植者被阻止或禁止种植方案使用其他企业的培育成果或其他企业的品种作为进一步培育方案的基础。[9]

如何权衡这些利益？对于这个问题，发展出了不同的规制模式，其基础是

---

[3] Angaben von der Saatgut-Treuhandverwaltungs GmbH(STV), abrufbar unter http://www.stv-bonn.de/Inhalt/leistungsstarke-sorten-fur-die-landwirtschaft.

[4] Vgl. bereits die Angaben zur Kartoffelnsaat in Freda Wuesthoff, GRUR 1957, pp. 49 – 56.

[5] Leßmann/Würtenberger, (Fn. 1), § 1 Rn. 1.

[6] Vgl. die Ausführungen in http://www.pflanzen-forschung-ethik.de/kontexte/patentrecht-sortenrecht.html.

[7] Immenga/Mestmäcker, EU-Wettbewerbsrecht, 5. Aufl. 2012, Rn. 10.

[8] Würtenberger, GRUR 2009, 378(379).

[9] Kock/Porzig/Willnegger, GRUR Int 2005, GRURINT Jahr 2005 Seite 183(GRURINT Jahr 2005 Seite 186).

世界范围的育种:一方面是品种保护法的保护模式,另一方面是专利法的保护模式。[10] 下面笔者将阐述错综复杂的保护模式在德国及欧盟是如何发展的,该模式以品种保护为重点,但同时也基于判例朝着专利法的模式发展。这也导致当今在品种保护法和专利法界限问题上出现了非常模糊、复杂的法律制度。

二、国家、国际和欧盟的保护框架

(一)德国的品种保护

品种保护是受民法规制、保护客体为特定植物新品种的竞争性品种权。[11] 在德国受 1985 年颁布并于 1997 年修订的《种子保护法》规制。[12] 对品种的保护,不仅涵盖了具体的增殖物质,也包括了对植物品种来说至关重要的、以自然遗传的方式传给后代的基因信息。[13] 品种保护的效力还及于总的产出和经营链:只有经品种保护权利人授权的企业才有权生产受保护品种的增殖物质、为增殖用途而准备、投入流通或为前述目的之一而进行保管。[14]

(二)国际层面的品种保护

在国际层面,该智力财产受 1961 年 12 月 2 日的《国际植物新品种保护》(UPOV)保护。[15] 该协定 1978 年 10 月 23 日修正版本于 1986 年 4 月 12 日在联邦德国生效。[16] 1997 年 3 月,中国引进了类似的品种保护制度,并于 1999

---

〔10〕 Leßmann/Würtenberger,(Fn. 1), § 1 Rn. 10.

〔11〕 Heinemann,MR-Int 2014,S. 85;Lange,GRUR Int. 1985,S. 91.

〔12〕 Neugefasst durch Bekanntmachung vom 19. 12. 1997,BGBl. I S. 3164;zuletzt geändert durch Art. 8 Gesetz vom 4. 4. 2016,BGBl. I S. 558.

〔13〕 Leßmann/Würtenberger,(Fn. 1), § 1 Rn. 6.

〔14〕 Lange,GRUR Int. 1985,S. 91.

〔15〕 International Convention for the Protection of New Varieties of Plants of December 2, 1961,as revised at Geneva on November 10,1972,and on October 23,1978;GRUR Int. 1962, 348ff.

〔16〕 http://www. upov. int/members/de/upov_membership. html.

年成为UPOV的缔约国。[17]

(三)欧盟的品种保护

在德国,国家层面的品种保护与欧盟层面的品种保护相重叠。借助数据可以清晰地发现:2015年共有24104项欧共体的品种保护权生效。[18] 截至2007年3月1日,德国共有受国家层面保护的品种权2391例。截至2014年4月1日计1764例。由于欧共体的品种保护,这一数字在过去的几年里急剧减少,[19] 这揭示了欧共体层面和国家层面品种保护的关系。

欧洲理事会1994年7月27日的2100/94号条例是欧洲层面的关于欧共体的品种保护的法律基础(《品种保护条例》)。[20] 德国与欧共体的品种保护共存。植物品种保护的规定在欧盟层面难以协调。[21] 所以,一如既往,成员国内容上存在不同的规定也同样适用。[22]《品种保护条例》第3条规定,欧盟法不得抵触成员国法进行国家层面的保护授权。所以,(各种保护)适用的地域范围不同。即便内国的品种保护限定在颁发品种保护的成员国领域内,欧共体的品种保护只能且排他性地在整个欧共体范围内有效。[23] 国家保护与欧洲保护的关系刻上了禁止双重保护原则的烙印:[24] 植物保护权利人既能申请内国保护,也能申请欧共体保护。颁发欧共体的品种保护的,该品种保护就不能成为德国品种保护的客体。[25] 在欧盟保护外又颁发德国内国保护的,国内保护不发生效力。已有德国内国保护权而仍获得欧洲品种保护权的,只要欧共体的品种保护

〔17〕 Erklärung abrufbar unter http://www.upov.int/upovlex/en/text_notification.jsp?id=70.

〔18〕 Datenquelle: Community Plant Variety Office, abrufbar unter http://www.cpvo.fr/main/en/home/about-the-cpvo/statistics.

〔19〕 Datenquelle: Bundessortenamt, abrufbar unter http://www.bundessortenamt.de.

〔20〕 ABl. L 227 vom 1.9.1994, S. 1.

〔21〕 Leßmann/Würtenberger, (Fn. 1), § 1 Rn. 27.

〔22〕 Leßmann/Würtenberger, (Fn. 1), § 1 Rn. 28.

〔23〕 Art. 1 Verordnung Nr. 2100/94.

〔24〕 Art. 92 Abs. 1 Verordnung Nr. 2100/94.

〔25〕 Art. 92 Abs. 1 S. 2 Verordnung Nr. 2100/94.

仍在，就不能获得内国保护权。[26] 正如数据所示，对于植物育种人而言，由于欧洲内部市场的关系，欧共体的保护更有吸引力。

三、作为功能性手段的品种保护

（一）植物种植者的保护：保证可持续营养供给安全

品种保护是一种功能性的手段，在报酬—激励理论意义上，它保障了育种人凭技术进步取得的报酬、社会的福祉和对发明人智力的鼓励。[27] 对此，也存在公共利益，即为了可持续性的营养供给安全而培育收益丰厚、健康、适合当地种植的植物品种。这些目标的意义因资源短缺、人口增长以及能源政策而明显越发。[28] 下面的数据说明了这一点：通过育种发展，在过去的20年内，在甜菜、小麦和土豆领域实现了巨大增产。育种的发展同时也平衡了农业种植面积的缩小，尤其是在小麦、大麦和油菜领域。因此，欧洲法院将增加产量定义为欧盟种子保护规定的主要目标。在国际层面上，这一颇具功效的评价也有所体现。2011年6月，G20农业部部长承诺通过国际合意的法律手段来保障以增加产量为目标的植物育种。[29] 该背景是小麦需求到2050年会增长60%的预测，即不通过扩张耕地面积，而通过高效的种子来实现。所以G20农业部部长们在2011年提出了“小麦创新”（Weizen Initiative）的口号。

（二）在推动竞争开放型研究上的公共利益的保护

1. 通过品种保护法上的育种优先权

品种保护法同时也包含了一种手段，借此去限制植物育种者作为种子上的智力财产所有权人而控制或调整种子的繁殖路径的权力，这就涉及所谓的通过

---

〔26〕 Art. 92 Abs. 2 Verordnung Nr. 2100/94.

〔27〕 Hoffmann, Mehrfachschutz geistigen Eigentums im deutschen Rechtssystem, München 2008, S. 88.

〔28〕 Siehe die Stellungnahme des *Wissenschaftlichen Beirats für Agrarpolitik* beim BMELV: Ernährungssicherung und nachhaltige Produktivitätssteigerung, Januar 2012, S. 15 ff.

〔29〕 *BMELV*, Pressemitteilung Nr. 127 vom 23. 06. 11.

育种优先权来保护。[30] 在植物的物质方面存在知识产权问题:培育的产品本身承载着生长性或再生性的增殖机体。[31] 通过(育种人)出售品种,农民获得实际的无限繁殖的可能性,对此,品种保护创建了一种平衡。当然,育种人全面的保护权阻碍了由第三人进行的育种发展和改良。育种优先权保证了第三育种人对育种物质的自由获取和使用。[32] 这样说来,种植优先权就成为了品种保护权的核心部分。

2. 作为全面排他性权利的专利保护

植物培育者智力财产的保护在美国受到限制。[33] 因为这部分是对专利权的保护。专利权赋予发明人在一定时间内(德国为20年)的一定权利,独占地使用其发明或允许其他人支付许可费用后使用其发明。相对的,专利权人须公开其发明,让社会能够共享"技术进步"。简言之,专利制度试图在发明人保护其创意或开发创意的经费投入的私人利益与通过在未来使用技术发明以促进社会福祉的这种公共利益二者之间保持平衡。长此以往,独占性使用权会提高研究与开发的投资和风险意愿,推动生物技术的创新,造福社会。[34]

然而,激励理论(Anreiztheorie)的批评者为证成专利的一般实质指出,迄今为止还不明确此种激励在事实上对于技术进步是否具备必要性。[35] 持续的批评称,专利在当前的形式上更多是有利于保障企业尽可能高的收益而非公众

---

〔30〕 Vgl. Wuesthoff,/ Leßmann / Wendt, Sortenschutzgesetz-Kommentar, 2, Aufl., Weinheim,1990, § 10 Rn. 6.

〔31〕 Institut für ökologische Wirtschaftsforschung/Öko-Institut/Schweisfurth-Stiftung/FU-Berlin/LAGS(Hrsg.):Agrobiodiversität entwickeln! Endbericht. Berlin 2004,S. 151.

〔32〕 *Leßmann/Würtenberger* (Fn. 1), § 3 Rn. 52ff; *Garben/Pingen*, (Fn. 1.), S. 26 sprechen vom Züchtervorbehalt. (培育者保留)。

〔33〕 Siehe die rechtsvergleichende und völkerrechtliche Beiträge in *Abbott/Cottier/Gurry*, International intellectual property in an integrated world economy,2. Aufl. ,2011.

〔34〕 Hofmann(Fn. 27),S. 82.

〔35〕 Bericht über die Auswirkungen des Patentrechts im Bereich der Biotechnologie unter anderem hinsichtlich ausreichender Technizität sowie hinsichtlich der Auswirkungen im Bereich der Pflanzen- und Tierzüchtung,BT-Drucksache 18/2119.

福祉。除了经济上的争论,生物伦理上的问题也值得探讨。[36]

3. 有利于品种保护的政策立场

欧盟及其成员国取得了广泛的一致:自然或生物的部分不具有可专利性。[37] 与之相反,通过技术手段,从组织分离组成部分,例如细胞、基因序列是可获得专利保护的客体,因为它们不再属于自然的机体中。2012 年 5 月,欧洲议会在一决议中确认,“全面的专利保护,尤其是在育种领域,当基因的动植物资源的获取途径被隔断时,可能会阻碍创新和进步、给中小种植者带来不利”。同时,要求以“育种优先”保持欧洲的品种保护模式。[38] 在政策层面,德国联邦议会已于 2012 年 2 月针对常规的种植的农业食用动物与植物有所申明。[39]

四、农业上的品种保护和专利保护界分

(一)《欧洲专利公约》第 53 条 b

这一政治上的要求在《欧洲专利公约》第 53 条 b 中得到印证。[40] 该规定将基于植物基因组杂交和随后的遴选的动植物的培育方法从可获得专利保护性(Patentierbarkeit)中排除。从字面上看,该规定只将方法从可获得专利权的对象中排除,而不是最终成果——植物。

---

〔36〕 Grundlegend Wolters, Die Patentierung des Menschen: zur Patentierbarkeit humanbiologischer Erfindungen aus dem Bereich der modernen Biotechnologie, Baden-Baden 2006.

〔37〕 Umfassend hierzu Wiese, Patentrecht und Landwirtschaft: ein internationaler Vergleich, Göttingen 1993.

〔38〕 Entschließung des Europäischen Parlaments vom 10. Mai 2012 zur Patentierung von im Wesentlichen biologischen Verfahren (2012/2623 (RSP)).

〔39〕 Antrag der Fraktionen CDU/CSU, SPD, FDP und Bündnis90/Die Grünen: Keine Patentierung von konventionell gezüchteten landwirtschaftlichen Nutztieren und -pflanzen, BT-Drs. 17/8344.

〔40〕 Übereinkommen über die Erteilung europäischer Patente (Europäisches Patentübereinkommen) vom 5. Oktober 1973 in der Fassung der Akte zur Revision von Artikel 63 EPÜ vom 17. Dezember 1991 und der Akte zur Revision des EPÜ vom 29. November 2000; siehe auch Beschluss vom 28. Juni 2001, ABl. EPA 2001, Sonderausgabe Nr. 4, S. 55.

(二)欧洲专利局扩大申诉委员会(die Große Beschwerdekammer)作出的解释

欧洲专利局扩大申诉委员会对该规定做了限制性解释,并通过解释发现了一个规则,育种优先权所隶属的品种保护的特殊性被认定为"不充分"。欧洲专利局扩大申诉委员会是欧洲专利局的最高审级,承担答复关于原则性意义的法律问题的任务,也有义务保障《欧洲专利公约》的统一解释。[41]

请容许笔者进一步阐释这个案例。[42] 毫无疑问,传统的培育方法属于培育方法。传统的培育方法中,从一个种类的众多既存的基因特征中选出具备特别值得期许的特征的一种,以发展该品种。基因物质的交换通过邻近的多样性的杂交来实现。推动优质特征的可能性为自然法则所规制,这是因为杂交一般而言只能在同一种类中才有可能。从常规的培育中并不能得出新的种类。

存在疑问的是新的培育方法,例如基因技术。通过基因技术,一个种类的基因为了移转试图获得的特征,将其接合到另一个种类的组织中。这样便能产生目前在自然中尚未存在的新组织。基因技术使细菌、昆虫、动物甚至是人类的基因转移到植物上,因此跨越物种间的自然壁垒成为可能。在此种情形下,我们须注意两种"发明",验证它们的保护必要性:(转移的)方法和新诞生的物种。[43] 所以在这种情况下,基本上植物源自于方法。[44] 有两种路径可供考虑。抑或方法作用于物种,这样对方法的可专利性的禁止同时也意味着对物种的可专利性的禁止。抑或两个方面分开。

如果我们看一下品种保护和专利保护的关系,那么出发点很简单。在专利保护和品种保护的关系中也奉行禁止双重保护原则:只要存在品种保护,植物的培育就从专利化中排除出去。[45] 在彼此的直接关系中,表明了品种保护权乃一种特别的、独立自主的权利,在此意义上排斥着专利权。

---

〔41〕 Pignatelli/Beckedorf, in Benkard, Europäisches Patentübereinkommen, 2. Aufl. München 2012, Art. 22 Rn. 2 – 3.

〔42〕 Siehe hierzu Walter, GRUR-Prax 2010, S. 329.

〔43〕 Walter, GRUR-Prax 2010, 329(331); siehe als weiteres Beispiel das Schweine-Patent, EP 1 651 777.

〔44〕 Die sog. product-by-process"-Patente, vgl. hierzu BGH, GRUR 1993, S. 651.

〔45〕 Leßmann/Würtenberger(Fn. 1), § 1 Rn. 13.

1. 方法的可专利性

我们看一下方法。不具有可专利性的方法存在于该方法将持续改变一种植物的总的基因组的时候。在此情形下,方法受品种保护权之保护。反之,可逆转的、部分的基因改变方法具有可专利性。[46] 例如欧洲专利局(EPA)扩大申诉委员会的"西兰花案"。[47] 蔬菜(西兰花)是通过特定的培育方法培育的,富含预防癌症、心血管疾病的促进健康的物质(硫代葡萄糖苷,又称芥子油苷 Glucosinolaten)。美国的康采恩 Monsanto(孟山都公司)申请了西兰花的专利权,在"beneforte"牌旗下以"超级西兰花"的称号在英语市场推广。方法并不基于基因操纵,而是基于传统的培育。扩大申诉委员会清晰地表明,培育方法中,植物的基因组进行了性的杂交,随后进行了选择,培育方法不能获得专利权,即使其通过使用分子标记进行时。[48] 这个判决说理充分。在理论上和在自然界不受人类的影响也可以完成的方法应当被排除在专利权范围之外。自然中进行的是基因组杂交,而不是(人为)选择出来的基因,所以这种过程属于品种保护。

2. 植物的可专利性

显然,此外还存在如下问题:该种可专利性的排除是否也适用于经此种培育方法获得的植物("超级西兰花")。[49] 这一问题在申诉程序随后的进程中再次呈现给扩大申诉委员会。2015 年作出的判决"西兰花 II 案"中,扩大申诉委员会确认,可专利性的排除对于"实质上的生物培育方法"作限缩解释。[50] 作为培育方法的成果的植物或种子上的专利权在该植物或种子来自常规的培育时也被允许。适例是植物是可专利性的品种,即存在新颖性和发明行为,该新种类具备可交易的实用性。[51]

---

〔46〕 Europäisches Patentamt, Große Beschwerdekammer, Entscheidung v. 9. 12. 2010, - G2/07, ABl EPA 2012, S. 130.

〔47〕 *Walter*, GRUR-Prax 2010, S. 329.

〔48〕 Europäisches Patentamt, (Fn. 46), Rn. 354.

〔49〕 Informationen vom Hersteller siehe unter http://www. superbroccoli. info/.

〔50〕 Europäisches Patentamt, Entscheidung vom 08. Juli 2013 - T 83/05 - 3. 3. 04, ABl EPA 2014, A39.

〔51〕 Europäisches Patentamt, Entscheidung vom 08. Juli 2013 - T 83/05 - 3. 3. 04, Rn. 110ff.

这种立场在“干缩番茄案”Schrumpftomate(Tomate II)判决中得到确认。[52] 这就牵涉一种特殊的风干番茄,此种番茄在灌木上悬挂更久,并因此干缩而不会腐烂。这种缺乏水分的番茄有助于番茄酱的生产,为食品企业节省干燥番茄所需要的长时间和昂贵的费用。这种番茄通过一种实质上传统的方法,如杂交、从野生与栽培的植物中选择而进行种植。方法本身不具备获专利的保护性。欧洲专利局EPA认为,方法与作为生产成果的植物之间需要加以区分,须认定保护的重点在于何处。在此案中,这里指的是新的植物。就此而言,这种植物具有可专利性。[53]

这种界分不仅在学说中,也在实践中遭到批判。尤其是荷、德、法、奥的专利部门和政府机构对此判决持批评意见。农民也批评道,对农业康采恩的依赖性因常规种子的专利而有所增加。[54] 笔者认为(以下)这一点至关重要:经此解释,依据《欧洲专利公约》第53条b的专利权上既存的禁止将失效。所以,德国立法者于2013年修订《德国专利法》具备正当性。(与荷兰相似)与西兰花上的专利类似的专利遭禁。此外,当下德国联邦政府活动基础的党团协议也预见到,为了贯彻相应规则,会影响到欧洲范围内的创新。[55] 实际上,培育优先权的适用范围的界定不应当只留给判决。鉴于法的安定性,而更应该征询欧洲的立法者(的意见)。

五、品种保护权和专利权中的自我复制(Nachbau)

(一)欧洲和德国的品种保护权中的自我复制

共同农业政策当下的核心目标是保障农业人口的合理生活水平。对种子

---

〔52〕 Europäisches Patentamt, Technische Beschwerdekammer, Vorabentscheidungsersuchen an die Große Beschwerdekammer vom 31.5.2012 – T 1242/06, ABl. EPA 2013, S. 42.

〔53〕 Ebd.

〔54〕 Herring, Biopatentierung und Sortenschutz: Komplementäres Schutzregime oder konfliktträchtiges Spannungsverhältnis, Frankfurt/M. S. 94ff.

〔55〕 Koalitionsvertrag zwischen CDU, CSU und SPD, 18. Legislaturperiode: Das bestehende Patentierungsverbot auf konventionelle Züchtungsverfahren, daraus gewonnene Tiere und Pflanzen sowie auf deren Produkte und auf das zu ihrer Erzeugung bestimmte Material soll durchgesetzt und die einschlägigen europäischen Vorschriften präzisiert werden.

生产者的智力财产的保护与该目标处于紧张关系中,因为在原始种子上的酬劳涉及农民时常考虑的核心的财产情况。对于农民来说,留种并使用自己种植的作物的种子,是一种花费更少的选择,也就是自我复制。[56] 在此,品种保护权在与专利权的关系中也寻求一种利益间的适度平衡,使农民有自我复制的可能,同时却也使之负有为受品种保护权保护的种子的、须经授权的自我复制而支付费用的义务。为自我复制支付费用天经地义。[57] 品种保护的目标在于为培育人的投资建立再融资机制。[58] 只有通过这种融资激励,才能促进"新的很有价值的人工栽培植物品种"、[59] 用高品质的种子支持农业和园艺的。但是使用费和农民在购进的种子和从中生长出的植物上的财产基本权利处于紧张关系中。自我复制费用和第一次购进种子的费用数额相同则有可能是一种不合理的利益冲突的平衡。因此,欧洲法院在判决中表明"自我复制的使用费须低于许可费"有理。[60] 依此,费用占每一品种的许可的50%。这样一来,农民在财政上就得到了很大程度的减负,有利于其稳定的收入。

但是对于未经授权的自我复制则须另外评价。"合理的酬劳"的额度可与许可费用相匹配,因为否则将失去其"惩罚的特性"和与之相联系的"控制作用"。[61] 如果自我复制的确存在,农民及受其委托的操作工对品种保护权利人负有提供自我复制程度信息的义务。[62] 然而,种子公司的请求权很难实现。根据种子公司的数据,可能有谷物的自我复制费用 400 万欧元、土豆的自我复制

---

〔56〕 Siehe § 10a Abs. 3 SortSchG; hierzu umfassend Krieger, Der Nachbau von geschützten Pflanzensorten in Deutschland, 2001; Leßmann/Würtenberger (Fn. 1), § 3 Rn. 33.

〔57〕 So zuletzt auch der EuGH, Urteil v. 25. Juni 2015, Rs. C – 242/14, ECLI: EU: C: 2015: 422.

〔58〕 Institut für ökologische Wirtschaftsforschung, u. a. (Fn. 46), S. 151; *Leßmann/Würtenberger* (Fn. 1), § 3 Rn. 58; agra-Europe vom 30. 4. 2012, Nr. 18.

〔59〕 § 1 SaatG.

〔60〕 EuGH, C-509/10, Saatgut-Treuhandverwaltungs GmbH, GRURInt 2012, 745, Rn. 42f.; zur Kritik Agra-Europe, vom 9. 7. 2012, Nr. 28.

〔61〕 EuGH, (Fn. 12), Rn. 42f.

〔62〕 § 10 a Abs. 6 Sortschutzgesetz.

费用约1000万欧元未得到主张。[63]

(二)美国专利权制度中的自我复制

或许这就是美国最高法院在2013年的“Bowman诉孟山都公司(Monsanto Co.)”[64]一案中严词拒绝“通过类似农民的优先权而打破美国专利权制度”的原因之一。[65] 低审级法院迄今也拒绝此种向品种保护权的“接近”。

美国最高法院查明,自我复制违反了“保护专利权合同”,该合同是所有向孟山都公司购买种子的农民必须签署的。该合同禁止保留从中长出豆子的种子。农民每年须从孟山都公司买新种子。此外,美国最高法院进行了如下论证:“假设买主能自己生产该产品且出售不计其数的复制品,那么专利仅能保护发明的唯一一次出售。”[66]法官们对“通过有效的监控系统至少可以引入克隆费用的一大部分”的可能性有认识错误。此外,法官们没有正确认识卡特尔法的范畴:美国种子市场的竞争条件在损害消费者的情形下得到了发展。放眼全球市场,横向的集中过程也是如此。[67] 1985年十个最大的康采恩占据了20%的受保护种子,2007年比例已然上升至67%。[68] 此外,越来越少但愈发庞大的康采恩支配着市场。这样的集中在美国已大步向前,而在德国才刚刚起步。当

〔63〕 Quelle:Saatgut-Treuhandverwaltungs GmbH(STV), abrufbar unter http://www.stv-bonn.de/Inhalt/leistungsstarke-sorten-fur-die-landwirtschaft.

〔64〕 Supreme Court, Urteil v. 13.05.2013, Case No. 11 – 796 – Bowman gegen Monsanto Co.

〔65〕 Supreme Court, (Fn. 64); Zum US-amerikanischen System siehe Herring, (Fn. 54), S. 62.

〔66〕 Supreme Court, (Fn. 64): „But in short order, other seed companies could reproduce theproduct and market it to growers, thus depriving Monsanto of its monopoly. And farmers themselves need only buy the seed once, whether from Monsanto, a competitor, or (as here) a grain elevator“.

〔67〕 Supreme Court, (Fn. 64): „But in short order, other seed companies could reproduce theproduct and market it to growers, thus depriving Monsanto of its monopoly. And farmers themselves need only buy the seed once, whether from Monsanto, a competitor, or (as here) a grain elevator“.

〔68〕 Siehe die Kritik der „Erklärung von Bern“: Konzentration auf dem Saatgutmarkt, abrufbar unter http://www.evb.ch/p17532.html.

前，德国有大约100家植物培育公司，其中约70家针对一项或多项人工栽培有自己的培育计划。而在美国只有5个世界级康采恩统治市场。[69]

若趋势进一步确定，正如众多指标所显示的那样，该趋势会如其他经济领域一样产生消极影响：一方面，市场缩小会限制研究，因为康采恩巩固、专注于自身研发的任务。另一方面，该集中使得新公司更难进入市场。最后，集中纵容了留下的市场参与者对食品行业和种子价格施以事实上的垄断权力。法律应以卡特尔法手段对此趋势进行规制，对相应的错误势头进行引导性干预。还应当注意，该判决是同世界其他国家的农业结构的规模条件都不同的美国农业结构为背景的。在欧洲，1200万农民经营着平均2公顷的耕地，而美国的200万农民却拥有平均180公顷的耕地规模。[70] 如果适用美国专利制度，欧洲和世界其他地区的农民的经济负担要比美国的农民重得多。

六、结　　论

笔者之前有意提出的伦理问题，即“生命可否获得专利保护”，相对于这个问题，一套法律制度对专利保护制度或品种保护制度的基本态度对农业产能而言至关重要。在几乎不给农民以融资余地、精细化程度更高的农业结构中，只有品种保护制度才能自我复制在相互冲突的利益中理性地作出协调一致的权衡。此外，品种保护制度可推动种子研究多样的、竞争导向性的进一步发展。这对于凭借高效的种子来满足未来世界人口的营养需求来说是非常必要的。

（冯洁语　校）

〔69〕 Ebd.

〔70〕 Quelle：Pflanzenforschung. de，abrufbar unter http：//www. pflanzenforschung. de/de/journal/journalbeitrage/landwirtschaft-den-usa-und-deutschland-ein-vergleich – 960.

中德法学论坛
第 14 辑,第 180 ~191 页

农业继受经营的民法保障

克里斯蒂安·巴巴拉·格拉斯 *著　吴小凤**译

为防止经营体的高额债务甚或分裂,《德国民法典》通过农庄继承权保护机制,以特权衡量的方式应对继承开始下的经营继受。《西北德农庄条例》与《单独继承法》提供了更好的特殊保护,力求实现单独继承人的继承,同时以明显低于市场价额的价值补偿退出继承的人。在实践中,以预设的继承顺位转让农庄占优势地位,但法律制度还不完备。为此,交易实践发展出了适当的合同类型及构造以保障农业经营。在关于继承开始的法律制度不完善的背景下,在预设继承的框架下谨慎地规定转让是最优选择。

关键词:经营继受;《西北德农庄条例》;《单独继承法》;农庄转让

Für den Erbfall hält das BGB mit den Regelungen über das Landguterbrecht Schutzmechanismen in Form privilegierter Bewertung bereit. Einen deutlich besseren Sonderschutz bieten die nordwestdeutsche Höfeordnung und Anerbenrechte, indem die Nachfolge durch einen einzigen Erben bei gleichzeitiger Abfindung weichender Erben zu Werten, die deutlich unter dem Verkehrswert liegen, angestrebt wird. Für die in der Praxis dominierende Übergabe landwirtschaftlicher Betriebe im Wege vorweggenommener Erbfolge sind die gesetzlichen Regelungen unzulänglich. Indessen hat die Vertragspraxis geeignete Vertragstypen und Strukturen zur Sicherung der

---

* 克里斯蒂安·巴巴拉·格拉斯(Christiane Barbara Graß):律师、调解员。

** 吴小凤:南京大学中德法学研究所 2014 级研究生。

landwirtschaftlichen Betriebe entwickelt. Gerade vor dem Hintergrund unvollkommener gesetzlicher Regelungen für den Erbfall ist der sorgfältig geregelten Übergabe im Rahmen vorweggenommener Erbfolge höchste Priorität einzuräumen.

Key Words: Betriebsnachfolge, Höfeordnung, Anerbenrechte, Hofübergabe

一、德国的经营结构

2014 年,德国拥有约 285,000 个占地超过 5 公顷(50000 平方米)农业地的农业经营体,[1]这些经营体当年共经营约 1670 万公顷的农用地,每个经营体农业用地的平均规模达到了约 59 公顷农用地。[2]

其中,大约 90% 的经营体是以农业个体企业方式来运营,通常是由家庭经营;只有 8% 的德国农业经营体的法律形式是合伙企业,另有不到 2% 的是法人(有限责任公司、合作社、股份公司)。[3]

根据 2013 年最近一次的调查,所有家庭企业经营了超过 65% 的农用地,其中,每个经营体的平均规模为 42 公顷。

二、经 营 继 受

未来几年里,这些家庭农业经营体的很大一部分会通过经营继受的途径转让给下一代。本文在下面所要概括论述的内容是,这种继受如何进行以及德国民法为此能起到怎样的保障作用。

三、继承抑或生前转让?

实践中,经营继受有两种情形。一种是生前根据当事人之间的意愿而完成,另一种则推迟被继承开始时。

---

[1] Situationsbericht des Deutschen Bauernverbandes 2014/2015.

[2] Agrarpolitischer Bericht der Bundesregierung 2015, Teil B, 2. 1.

[3] Agrarpolitischer Bericht der Bundesregierung 2015, Teil B, 2. 1; Situationsbericht des Deutschen Bauernverbandes 2014/2015.

对于由死亡引起的农庄继承,法定的继承权或被继承人对经营继受的遗嘱处分起着决定作用。

让年轻一代尽早参与家族企业,并且在被继承人生前就转让农业企业,这种想法十分普遍。据估计,约90%的家庭农业经营体在生前就移转给继承人。[4] 为了农庄的利益,人们希望提前采取能够确保未来的经营转让措施。除此之外,当前的退休金法也是生前进行经营转让的动因。现行有关农业经营者领取养老金的法律叫作《农业经营者养老保障法(ALG)》。根据该法的规定,农业经营者为了能够领取养老金,就必须将农业经营体几乎全盘出租,或者用更为理想的方式,在经营继受的框架下,将其持久地转让到另一个企业所有人的名下。在这里,养老金(《农业经营者养老保障法》第11条以下)、劳动能力降低的救助金(《农业经营者养老保障法》第13条)和丧偶抚恤金(《个体农民养老保障法》第14条)的提供,都要取决于完成对经营体的所谓"交付"(《农业经营者养老障法》第21条)。[5]

四、继承开始

一般的继承规则可能给农业企业继承人造成危及生计的负担。

案例分析:

丧偶农夫A是一个100公顷农业经营体的所有权人。他有两个孩子,儿子B——也是一个熟练的农业经营者,女儿C——从事非农职业。该农庄市值100万欧元。A死亡前未作出遗嘱处分。

(一)一般继承权

根据《德国民法典》第1922、1924条,A的两个孩子继承其父亲所有财产的同等份额,包括农庄。由此B和C各继承50万欧元的市值。

---

〔4〕 Ruby, ZEV 2006, 351; Graß in: Kroiß/Horn/Solomon, Nachfolgerecht, § 17 HöfeO Rn. 1; Roemer, in: Lüdtke/Handjery/von Jeinsen, HöfeO, 11. Auflage 2015, § 17 HöfeO Rn. 2.

〔5〕 Einzelheiten bei v. Garmissen, in: Dombert/Witt, Münchener Anwaltshandbuch Agrarrecht, § 11 Erbrecht und Unternehmensnachfolge, Rn. 179; Roemer, in: Lüdtke-Handjery/von Jeinsen, § 17 HöfeO Rn. 8; Alterssicherung der Landwirte, Kommentar des Gesamtverbandes der Landwirtschaftlichen Alterskasse, § 21 ALG.

如果兄弟姐妹不能就谁可凭借对他人的金钱补偿而接管农庄达成一致,且不考虑共同经营或共同租赁,那么该经营体通常须鉴于经济原因而被转让或拍卖,由此使每个继承人获得其享有的50万欧元份额。若其中一个孩子接管了农庄,他就须为农庄负担债务,以支付兄弟姐妹的50万欧元份额。

(二)民法上的保护

在上述情形下,没有遗嘱处分的农庄分割会导致企业的高额债务甚或分裂。这不符合立法者的意图。因此,为了防止分裂,立法者给农业经营体设立了特别保护。这一目标在德国法律体系中有着悠久的传统。[6]

对此,《德国民法典》本身只包含少量规定。需提及的有《德国民法典》第2049条(遗产分割时自耕农地的接收)、第2312条(计算特留份时须顾及收益价额)对自耕农地的规定。[7] 在确定特留份补足请求权时,自耕农地继承法的收益评估同样适用。[8]

继承补偿和特留份通常依市场价值计算,而在自耕农地继承法的适用领域,按收益价额估价取代了按市场价额估价。对此,《德国民法典》第2049条作了提示,收益价额应按照在通常的经营的情况下提供的纯收益定之。为了确定收益价额,应该用纯收益乘以资本化率。一些联邦州在《德国民法施行法(EGBGB)》第137条的适用中确定了17~25的系数作为资本化率。只要州法

[6] Wöhrmann, Das Landwirtschaftserbrecht, 10. Auflage, Einleitung, Rn. 1 ff.; von Garmissen, in: Dombert/Witt, Münchener Anwaltshandbuch Agrarrecht, § 11 Erbrecht und Unternehmensnachfolge, Rn. 1 ff.; Graß, in: Härtel, Handbuch des Fachanwalts Agrarrecht, Kapitel 37, Landwirtschaftliches Erbrecht, Rn. 6 ff.; Wolter, in: Härtel, Handbuch des Fachanwalts Agrarrecht, Kapitel 38, Landwirtschaftliches Sondererbrecht, Rn. 1 ff.; Graß, in: Kroiß/Horn/Solomon, Nachfolgerecht, Abschnitt 13 HöfeO, Einführung Rn. 1 ff.; von Jeinsen, in: Lüdtke-Handjery/von Jeinsen, HöfeO, Einleitung Rn. 1.

[7] Dazu im Einzelnen die Kommentierungen zu §§ 2049, 2312 BGB, insbesondere Wöhrmann, Das Landwirtschaftserbrecht, Kommentierung zu § 2049 BGB und § 2312 BGB, ferner die Gesamtdarstellungen von v. Garmissen, in: Dombert/Witt, Münchener Anwaltshandbuch Agrarrecht, § 11 Erbrecht und Unternehmensnachfolge Rn. 133 ff., Graß, in: Härtel, Handbuch des Fachanwalts Agrarrecht, Kapitel 37, Landwirtschaftliches Erbrecht.

[8] Bock, in: Kroiß/Mayer, Erbrecht, § 2325 BGB Rn. 18.

没有规定资本化率,根据主流且恰当的观点,就应当适用德国农业法协会(DGAR)推荐的资本化率——18,该系数与5.55%的利率相符。[9] 简单来说,作为计算收益价额的原始参数,净收益的确定应从经营总收益减去开支,该盈余可定期从经营体最近一次的年度计税结果中得出。这里,企业债务和员工家属的拟制债权请求权须从企业支出中扣除,外部资本利息则需计入支出,以此方式计算出与个人控制关系、个人融资相分离的价值。[10] 由于外部资本利息的计算,企业债务须从净收益与资本化率的乘积中扣除。可以确定的结果是,农庄的收益价额显著低于市场价额,因此,存在于地产的隐藏储备金也不会被计算在内。

只有当农庄所有权人未作出遗嘱处分,继承只能遵循法定的继承顺位规则时,在实践中,《土地流通法案(GrdstVG)》第13条以下规定的分配程序只起到很小的作用。只有当农庄所有权人未作出遗嘱处分,继承只能遵循法定的继承顺位规则时,方才适用。[11]

(三)《西北德农庄条例》与《单独继承法》

为保护较大的农业经营体,一些联邦州在《德国民法典》的规定之外,另外

---

〔9〕 Einzelheiten bei Graß, in: Härtel, Handbuch des Fachanwalts Agrarrecht, Kapitel 37 Landwirtschaftliches Erbrecht, Rn. 88 ff.; Piltz, Recht und Bewertung landwirtschaftlicher Betriebe, 2. Auflage 2015, Abschnitt F Ertragswert und Hofeswert; Köhne, Landwirtschaftliche Taxationslehre, 4. Auflage 2007, S. 858 ff.

〔10〕 Grundlegend Piltz, a. a. O., Köhne, a. a. O., S. 763 f.; siehe ferner Graß, in Härtel, Handbuch des Fachanwalts Agrarrecht, Kapitel 37 Landwirtschaftliches Erbrecht, Rn. 94 ff., ferner OLG Celle vom 10. 10. 2007 – 7 U 62/06, ZEV 2009, 141.

〔11〕 Zu Einzelheiten siehe Wöhrmann, Das Landwirtschaftserbrecht, Kommentierung zu den Vorschriften des GrdstVG-Zuweisungsverfahrens; von Garmissen in: Dombert/Witt, Münchener Anwaltshandbuch Agrarrecht, § 11 Erbrecht und Unternehmensnachfolge, Rn. 160 ff.; Graß, in: Härtel, Handbuch des Fachanwalts Agrarrecht, Kapitel 37 Landwirtschaftliches Erbrecht, Rn. 111 ff.; veraltet, aber immer noch grundlegend die Kommentierung von Pikalo/Bendel, Grundstückverkehrsgesetz, 1963, §§ 13 GrdstVG; Ehrenforth, Reichssiedlungsgesetz und Grundstückverkehrsgesetz, 1965, §§ 13 ff. GrdstVG; Lange, Grundstückverkehrsgesetz 1964, §§ 13 ff. GrdstVG; aktuelle Kommentierung der §§ 13 ff. GrdstVG noch bei Ruby, in: Burandt/Rojahn, Erbrecht, 2. Auflage 2014.

确定了特殊的民法规则。这里涉及适用于汉堡、下萨克森州、北莱茵—威斯特法伦州、石勒苏益格—荷尔斯泰因的《西北德德国农庄条例》,以及莱茵兰—普法尔茨州、黑森州和巴登—符腾堡州的《单独继承法》。此外,在《单独继承法》的适用中,《西北德德国农庄条例》尤为重要。

《西北德德国农庄条例》服务于维护农民家庭的高产农庄这一公共利益,从而确保国民供给。[12] 为此,农业特别继承权使用了两套不同的规则:向个人(农庄继承人或者农庄继受人)转让经营体,以及在计算其他继承人及特留份权利人的补偿请求权时作出的经营体收益评估。

由此对退出继承的人以及特留份权利人造成的不利,并不能构成保障国民供给的理由。该特别继承权的正当性更多地在于——在农业中,土地不仅是地理环境,更是决定性的生产要素,而且设立和建造新的经营体通常存在巨大的困难。[13] 此外,农庄主还须为自然环境保护及景观维护承担各种任务。

1.《西北德德国农庄条例》的具体内容

只有在施行了《西北德德国农庄条例》的州,农业经营体才受《西北德德国农庄条例》调整。这些州包括汉堡、下萨克森州、北莱茵-威斯特法伦州和石勒苏益格-荷尔斯泰因。

在这些联邦州,若农业经营体由一个农民单独所有,或由夫妻或有同居关系的双方(《西北德德国农庄条例》第 19 条)共同所有,且经营体拥有至少 1 万欧元的经济价值,则依法构成农庄条例意义上的农庄。拥有少于 1 万欧元,但超过 5000 欧元经济价值的企业,为了获得农庄资格,需要农庄所有权人额外的农庄设立表示,并在土地登记簿上登记农庄附注(《西北德德国农庄条例》第 1 条第 1 款第 1 ~ 3 句)。

2.《西北德德国农庄条例》对于继承的特殊规定

《西北德德国农庄条例》的核心思想在于农业经营体只能归一个单独的继承人所有,即农庄继承人(《西北德德国农庄条例》第 4 条)。通过此举,以阻止

---

〔12〕 BVerfG, Urteil vom 20. 03. 1963 – 1 BvR 505/59, NJW 1963, 947.

〔13〕 BVerfG, Beschluss vom 14. 12. 1994, – 1 BvR 720/90, BVerfGE 91, 346 = NJW 1995, 2977. Strikt gegen eine Privilegierung landwirtschaftlicher Betriebe im Erbfall: Röthel, Gutachten A zum 68. Deutschen Juristentag in Berlin 2010, Abschnitt C32; dagegen Graß, AUR 2011, 147.

经营体的分裂。

在被继承人的配偶或同居者的法定继承顺位之外,农庄继承人还可以是被继承人的晚辈直系血亲或其他亲属。对此,《西北德德国农庄条例》第 5、6 条作出了具体规定。根据《西北德德国农庄条例》第 5 条第 1 项,第一顺位继承人是子女及其晚辈直系血亲。通过此顺位,继承开始时经营继受的换代得以确定。在遗嘱的农庄继承顺位中,原则上任何自然人都可以被设为农庄继承人。不过,不可以设定有利于多人或者法人的遗嘱继承顺位。[14]

农庄继承人原则上必须依法经营农业经营体。其必须具备《西北德德国农庄条例》第 6 条意义上的经营能力。不论农庄是否依《西北德德国农庄条例》的法定前提而继承,抑或农庄所有人是否设立了遗嘱处分,这一资质要求都须满足。在预设的继承顺位中,农庄只能交付给有经营能力的农庄继受人(《西北德德国农庄条例》第 17 条第 1 款)。只有对在世的配偶或同居者才不要求经营能力(《西北德德国农庄条例》第 6 条第 6 款第 2 句)。[15]

没有成为农庄继承人的共同继承人可以从农庄财产中获得补偿(《西北德德国农庄条例》第 12 条)。不同于一般继承法规则的是,农庄财产并非依据农庄的市场价额,也非依据收益价额(《德国民法典》第 2312 条),而是依据所谓的农庄价额计算。农庄价额——最终确定的标准课税价格的 1.5 倍(《西北德德国农庄条例》第 12 条第 2 款第 2 句),通常只是经营体市场价额的一小部分。[16]

在我们开始的例子中,农庄价额可能为 48,000 欧元。而后的结果是:B 继承经营体,在适用农庄条例规则时,只需支付 24,000 欧元给 C,而非 500,000 欧元。

为弥补较低的补偿费,《西北德德国农庄条例》规定,若农庄继受人在继承开始后 20 年内出卖农庄或农庄土地,退出继承的人(在我们的案例中为 C)在第 12 条规定的补偿费外,可以向农庄继受人主张进一步的补偿请求权(《西北德德国农庄条例》第 13 条)。后续补偿请求权的额度取决于继承份额及销售所

---

〔14〕 Wöhrmann, § 4 HöfeO Rn. 11; Graß, in: Kroiß/Horn/Solomon, Nachfolgerecht, § 4 HöfeO Rn. 3; von Jeinsen, Lüdtke-Handjery/von Jeinsen, § 4 HöfeO Rn. 22.

〔15〕 当无经营能力的理由仅仅是年老时,不要求经营能力,《西北德德国农庄条例》第 6 条第 6 款第 2 句第 1 项规定。

〔16〕 Zur Ermittlung des Hofeswertes siehe insbesondere Piltz, Recht und Bewertung landwirtschaftlicher Betriebe, 2015, Kapitel F 3, S. 199 ff.

得收益。[17]

农庄法是任意法。农庄所有权人可以随时排除《西北德德国农庄条例》的约束,而受一般继承法的调整,为此,农庄所有人做出一项所谓的消极农庄表示并在土地登记簿上注销农庄附注(《西北德德国农庄条例》第 1 条第 4 款第 2 句)。他也可以在任何时候重新取得农庄资格(《西北德德国农庄条例》第 1 条第 4 款第 2 句)。

3.《单独继承法》

或许除了莱茵兰—普法尔茨州农庄规则,适用于个别联邦州的《单独继承法》(涉及整体农庄财产的巴顿州法、不莱梅州农庄规则、莱茵兰—普法尔茨州法对农庄规则的规定)在实践中都只发挥了很小的作用。[18] 通过转让农庄给一个单独的继承人,《单独继承法》同样致力于继承开始时保护经营体的目标,同时会基于一个显著低于市场价额的数额,确定退出继承的人的补偿请求权。

五、生前的转让

民法没有进一步规定农庄转让合同的要件和构造。《西北德德国农庄条例》通过第 17 条拓展了此规则——《西北德德国农庄条例》第 16 条关于由死亡引起的处分的规定同样适用于预设继承顺位的农庄转让。转让合同的内容构造是约款法学的典型结果。在过去的几十年里,已经发展出了固定的合同构造和合同类型。[19] 经营继受的保障很大程度上交由交易实践和司法判决来实现。

---

〔17〕 Einzelheiten bei den Kommentierungen zu § 13 HöfeO; insbesondere Wöhrmann, Das Landwirtschaftserbrecht, § 13 HöfeO; Haarstrich in: Lüdtke-Handjery/von Jeinsen, § 13 HöfeO, Hötzel, in: Faßbender/Hötzel/von Jeinsen/Pikalo, Höfeordnung, 3. Auflage 1994, § 13 HöfeO, Ernst, in: Steffen/Ernst, Höfeordnung mit Höfeverfahrensordnung, 4. Auflage 2015, § 13 HöfeO.

〔18〕 对于前述单独继承权,只有 Hartmann 对莱茵兰—普法尔茨州农庄规则的评述,但其只在 1954 的单独一版出现。

〔19〕 Einzelheiten und Muster etwa bei von Garmissen, in: Dombert/Witt, Münchener Anwaltshandbuch Agrarrecht, § 11 Erbrecht und Unternehmensnachfolge Rn. 179 ff., Roemer, in: Hannes, Formularbuch Vermögens- und Unternehmensnachfolge, Abschnitt C. 4, Übergabe von land- und forstwirtschaftlichem Vermögen, ferner Raude, Der Hofübergabevertrag in der notariellen Praxis, RNotZ 2016, 69.

为了保障交出农庄的所有权人,农庄转让合同通常具有终老财产合同的特征。大部分基于《德国民法施行法》第 96 条发布的州法规则——大部分规定于德国民法典的施行法中,都规定排除适用《德国民法典》第 323 条和第 527 条规定的法定撤销权,或者规定了更严格的适用要件。[20] 通过排除或修改履行障碍的法定规则,并替代以终老财产权人的损害赔偿请求权,经营继受得以稳固,且只有在严格的条件下方可被撤销。[21]

《德国民法典》第 593a 条规定,经营继受人代替转让人加入土地用益租赁合同,该规定进一步在法律上确定了农庄继受人的经营地位。

(一)"浮动的"经营继受/农庄转让

农庄主通常想将其经营体非终局性地转让给未来的经营继受者。这种情况在实践中通过所谓的"浮动换代"解决。鉴于此,前所有权人并非立即将农业经营体的所有权利转让给新的经营继受者。他还想一起工作一段时间,在阶段性的共同经营之后,才永久地转让经营体。

"浮动的农庄转让"系统是用来多阶段地实行营业转让的。[22]

在我们的例子中,儿子 B 尽早参与 A 的企业,对于 A 是有益的:尽管他觉得 B 太年轻,而不能现在就把农庄完全转交给 B。通常,他会为了维持自己的收入而参与分配经营所得。如果他因为年龄还不能申请养老金,用于生活开销的相应资金不够用怎么办?

交易实践中存在多种可能:

1. 对公司的经营继受

在前述情形下,人们会建议经营体所有人与 B 建立合伙企业。[23] 在这种"浮动的农庄转让"形式下,继受人 B 对企业的参与度会逐渐提高。由此,职责

---

〔20〕 Art. 15 § §7 PrAGBGB; Art. 17 BayAGBGB; § 5 SchlHAGBGB; Art. 2 Nr. 10 Lippisches Gesetz zur Regelung Leibzuchtrechts; §9 NdsAGBGB; §13 Ba. Württ. AGBGB; §60 Hess. AGBGB; §13 Rh. Pf AGBGB; §17 AG JusG Saar; §13 ThürAGBGB.

〔21〕 Dazu Graß, in: Härtel, Handbuch des Fachanwalts Agrarrecht, Kapitel 37 Rn. 189 ff.

〔22〕 Einzelheiten bei von Garmissen, in: Dombert/Witt, Münchener Anwaltshandbuch Agrarrecht, §11 Erbrecht und Unternehmensnachfolge, Rn. 193 ff.

〔23〕 Zur „Abgeber-Annehmer GbR" siehe von Garmissen, in: Dombert/Witt, Münchener Anwaltshandbuch Agrarrecht, §11 Erbfall und Unternehmensnachfolge Rn. 202.

也会逐渐移交给继受人。两个合伙人都获得收入,使他们得以保障自己的生计。此外,年轻的经营继受人可以逐渐承担更多的企业职责。

2."铁租赁"

农庄主与经营继受人通常会缔结一份长期租赁协议。该租赁的标的不仅是农用地,还包括运作及闲置的农庄财物设施、所有资产、供应和耕种权、保险金以及《欧盟共同农业政策》供资指导方针规定的支付请求权(即《德国民法典》第582a条规定的所谓的"铁租赁"〔24〕)。为了给经营继受做准备,双方会缔结长期的租赁关系,通常为10~20年。租赁期届满后经营体转让给承租人,完成经营继受。

3."莱茵继承"

"浮动"经营继受的另一路径是所谓的"莱茵继承"。此概念是指在保留用益权的前提下,于生前转让经营体的所有权。〔25〕在这种结构下,农庄出让人(这里是A)将所有权完全转让给经营继受人B,但保留经营体的用益权。虽然继受人B成为了所有权人,但用益权仍完全归属于农庄出让人A。而后,在A行使用益权时,他将经营体出租给自己选定的继受人B。这种经营继受形式的传统源自北莱茵—威斯特法伦州,在那儿被称为"莱茵继承"。

(二)转让合同

绝大部分的家庭农业经营体通过转让合同进行生前的经营继受。〔26〕

在拟定转让合同时须考虑,该企业是否属于受《西北德德国农庄条例》中的民事特别继承法所调整的企业。如果是,就须在合同文本中注意《西北德德国农庄条例》的特殊规则。为利于退出继承的人,《西北德德国农庄条例》第17条

---

〔24〕 Dazu im Einzelnen Roemer, in: Hannes, Formularbuch Vermögens- und Unternehmensnachfolge, Abschnitt C. 4 Übergabe von land-und forstwirtschaftlichem Vermögen, Rn. 36 ff.

〔25〕 Dazu Roemer, in: Hannes, Formularbuch Vermögens- und Unternehmensnachfolge, Abschnitt C. 4. 10 Hofübergabevertrag nach HöfeO unter Nießbrauchsvorbehalt (Rheinische Hofübergabe).

〔26〕 Gesamtdarstellungen bei von Garmissen, in: Dombert/Witt, Münchener Anwaltshandbuch Agrarrecht, § 11 Erbrecht und Unternehmensnachfolge Rn. 179 ff.; Graß, in: Härtel, Handbuch des Fachanwalts Agrarrecht, Kapitel 37 Rn. 177 ff.; Roemer, in: Hannes, Formularbuch Vermögens- und Unternehmensnachfolge, Abschnitt C. 4 Übergabe von land- und forstwirtschaftlichem Vermögen.

第 2 款拟制了继承开始,使他们在缔结转让合同并在土地登记簿上变更营业登记后,就获得《西北德德国农庄条例》第 12 条规定的补偿请求权,且第 13 条规定的补充请求权的后续补偿期限开始起算。

实践中,为了使经营继受人承担尽可能少的资金负担,并将现有资金进一步用于农庄,转让合同确定了固定的补偿数额。根据《西北德德国农庄条例》,补偿数额的底限在于退出继承者不可被剥夺的法定特留份。

转让合同中通常会规定以下几点:[27]

(1)转让的合同标的:除了原来的土地和地上建筑,还涉及财物、份额、供货权、投资、合作社份额、公司股份、负债;

(2)标的、不可转让的权利,如转让人的家具、私人账户、汽车、个人消费品;

(3)转让的时间;

(4)转让人和经营继受人之间所有先前的合同关系的解除(租赁和合伙合同);

(5)对转让人终老财产的规定(养老金支付、企业场所的居住和使用权、可能的实物给付、生病时的保护和照料、承担转让人使用住所的辅助费用、丧礼和埋葬费用);

(6)在经营继受人先死亡的情况下,可能的农庄再转让的规则;

(7)退出继承者的补偿额度;

(8)后续补偿的规则;

(9)对于不受《西北德德国农庄条例》保护的营业,根据《德国民法典》第 2049 条规定的一般土地继承权确定补偿规则。

合同条目的范围是相当广泛的。这使得每一次经营继受能有针对性、个性化地被拟定。

六、总　　结

《德国民法典》通过农庄继承权保护机制,以特权衡量的方式调整继承开始

---

〔27〕 Formulierungsbeispiele bei von Garmissen, in: Dombert/Witt, Münchener Anwaltshandbuch Agrarrecht, § 11 Erbrecht und Unternehmensnachfolge Rn. 179 ff., Roemer, in: Hannes, Formularbuch Vermögens- und Unternehmensnachfolge, Abschnitt C. 4 Übergabe von land- und forstwirtschaftlichem Vermögen.

时的经营继受。《单独继承法》提供了更好的保护，力求实现单独继承人的继承，同时以显然低于市场价额的价值补偿退出继承的人。

以预设的继承顺位转让农庄在实践中占优势地位，但法律规则还不完备。为此，交易实践在过去的几十年中发展出了适当的合同类型及构造，以保护农庄。正是由于法律对继承的规定不完善之背景，在预设继承顺位的框架下谨慎地规定转让被认为最优选择。

（尚连杰　校）

中德法学论坛
第14辑,第192~205页

关于农产品生产者组织的建立和推动*

——以乳品行业为例

克里斯蒂安·布斯**著　张玉华***译

个体农民为了增强市场实力而联结成为企业。他们可以建立经典的合作社形式,但该形式存在一定的缺陷,即没有对农业行业作出特殊的建构。农产品生产者组织则是特别适于农业经济发展的体制。对农产品生产者组织的认可和与之相关的财政资助、管理成本和销售活动在一定程度上构成了该机制的基础。区域性农产品生产者组织能够组成联合会,让农民进一步增强其市场实

* 此文是作者2016年3月17日参加在南京举办的“现代社会中的农业——对于法律的挑战”国际学术研讨会上演讲稿的扩充。此文的中文译文收录在会议同名的论文集(南京2016)中。会议由中德法学研究所、南京大学法学院和阿登纳基金会共同举办。此文还受作者的以下出版物影响:《被认可的农业组织的权利》,评注/法律文本/资料,2014年;《2014/15GAP改革的新农业市场法——由第1308/2013号欧盟法规代替第1234/2007号欧盟法规》,载《农业和环境法杂志》(AUR)2015年,第321~329页;《农业卡特尔法中的乳酪生产合作社的地位》,载《经济与竞争》杂志(WuW)2016年第3期;对苏联农业的陈述在1969年莫斯科出版的《列宁主义和农业及农民问题》的卷宗中被引用。在此次会议论文集中可以找到张红霄教授的论文《中国农民合作经济组织法律地位的辨析》,该论文探讨了中国对于农民生产合作社的法律规制,表明其与农产品生产者组织机制有一定的对比性。

** 克里斯蒂安·布斯(Dr. Christian Busse):德国粮食和农业部部门负责人,在波恩大学法律与政治科学系任教,并在哈根大学法学院担任农业法专家律师的讲师。

*** 张玉华:南京大学法学院中德法学研究所2014级硕士研究生。

力。农产品生产者组织和联合会都存在一定的卡特尔豁免。本文最后以乳品行业的特殊情况为例说明农产品生产者组织的建立和推动过程。

关键词:农产品生产者组织;认可机制;卡特尔豁免;乳品行业

Die einzelnen Landwirte schließen sich zu Unternehmen zusammen, um ihre Marktmacht zu steigern. Die Landwirte können daher auf die klassische Kooperationsform der Genossenschaft zurückgreifen. Allerdings besteht bezüglich der Form der Genossenschaft ein gewisser Nachteil. Denn diese Form besitzt auf Gesetzesebene in Deutschland keine spezielle agrarische Ausgestaltung. Die anerkannten Erzeugerorganisationen sind ausschließlich für die Landwirtschaft normiert. Die Anerkennung von Erzeugerorganisationen und deren finanzielle Förderung betreffend Gründung, Verwaltungskosten und Vermarktungsaktivitäten bilden gewissermaßen die Basis des Instruments. Regionale Erzeugerorganisationen sollten sich zu Vereinigungen zusammenschließen können, um auf diese Weise die Marktmacht der Landwirte gegenüber den nachgelagerten Stufen in der Lebensmittelkette noch weiter stärken zu können. Die Kartellfreistellung existiert bei Vereinigungen in ähnlicher Weisewie bei Erzeugerorganisationen.

Key Words: Erzeugerorganisationen, Instrument der Anerkennung, Kartellverbot mit Ausnahmeregelungen, Milchsektor

一、工业化社会中的农民

本文下面的内容将以乳品行业为重点阐述建立和推动农产品生产者组织的农业政策机制。为了进一步理解这种机制是如何产生的,我们需要对农民在现代工业社会中的角色有一个简要的了解。直到20世纪初,欧洲大部分地区及其相应的经济和社会仍然以农业为主要特征。而当今社会则以生产工业产品和提供服务为特点,工业产品取代农业产品,主导了商品世界。通过这一变化的过程,个体农民退出了社会和经济的中心地位。

作为人类生存的基础,农产品的生产尽管是受制于自然条件,但目前欧洲的农产品生产也是呈规模化经营的,个体农民已经不具有任何独立的经济实力。而且,与一个世纪前相比,人们平均用于食品的支出占收入的比例相对更小。此外,农民通常也不再直接与消费者交易其农产品,而是出售给中间商或再加工者。这样,农民生产出来的大部分初级农产品会被加工成另外的食品,并在食品零售店中出售。在欧洲,食品零售主要是由那些在一个国家或者甚至在整个欧洲从事经营的企业来承担。

我们可以理解,为了应对上面所描述的大致情况,个体农民们也联合形成企业来加强他们的市场实力。为此,农民们原则上可以采用公司法上的所有企业形式。据此,他们不仅可以建立《德国民法典》所规定的合伙,或者建立资合公司,也可以采取传统合作社这一互助形式。现代的合作社主要产生于德国,19 世纪,德国广泛开展的合作社运动中所产生的《德国合作社法》(Genossenschaftsgesetz)目前仍然有效。而大量的合作社恰恰产生在农业生产领域,这是农业产业的一个重要特征。

合作社的主要形式是供给合作社和加工合作社。人们通过供给合作社来统一销售所产出的初级农产品,而加工合作社是用于农产品的联合加工,并随后将再加工的产品以共同营收的方式进行销售。大多数的农业合作社都隶属于"德国赖夫艾森协会"(Der Deutsche Raiffeisenverein)这一农业合作社传统上的总协会。

然而,从对农业进行积极调整的政策角度来看,合作社在形式上是有一定缺陷的。因为并没有专门针对农业合作社进行设置,所以整部《德国合作社法》完全适用于各个经济领域。例如,在房产业和保险业也有建立合作社的悠久传统;消费者和经营者也可以建立合作社,一个常见的形式是所谓的消费合作社和购买合作社。因此,很难借助《德国合作社法》来追求在农业领域里实现特殊的政策目标的设定,特别是很难借助这部法律以补贴或结构性措施的方法对农业予以支持。

因此,欧洲 20 世纪 30 年代开始进行的现代农业市场立法活动中,农业政策必须为农业生产创设特殊的合作形式。例如,1930 年的《德国乳品法》出台使乳品生产者和加工者有可能共同建立各个乳品业协会。1951 年的《德国乳品和脂肪法》规定,在德国各个联邦州的层面建立乳品行业的所谓州际联盟,在此范围内,所有乳品业的从业者以及消费者群体都应当基于有利于乳品行业的目的而相互合作。

二、农产品生产者组织的认可机制

德国在1969年增加了一种组织形式(这种形式随后将被详细地介绍),如今已成为欧盟共同农业政策的一项重要机制。它是以生产者组织为特征的农业经济企业联合。这些生产者组织向政府机构提出申请并由其认可,通过这种认可享有特定的权利和义务。这些被国家认可的农产品生产者组织是专为农业经济量身定做的。这种体制特别适于发展农业经济,其与合作社制度不同的是,合作社制度并没有考虑那些可以由立法者建构的经济领域。农产品生产者组织可采取任何给予一般性权利的法律形式。如果不能采取通常的法律形式,就要认可为独立的法人。

这种新的组织形式在德国取得了巨大的成功。短期内超过1000个农产品生产者组织获得了认可,并且从国家财政中可以获得长年的资金支持。虽然在德国生产者合作社原则上对所有的农业部门都适用,但欧盟在推动这个机制方面则步伐缓慢。从1966年开始,该机制适用于水果与蔬菜行业的生产者。1970年至1999年间,加入了鱼、啤酒花、橄榄油和橄榄、棉花、烟草、香蕉和葡萄酒行业。重要的乳品、肉和谷物行业仍没有加入其列。直到2008年9月,欧盟乳品市场危机,才使欧盟层面上承认农产品生产者组织的呼声再次高涨。经过激烈的讨论,2012年,在欧盟层面上引入了乳制品行业的生产者组织机制。2013年,在欧盟层面上与德国模式相适应的机制终于扩展到全部农产品行业,并从2014年1月1日生效。

如今欧盟的这些新规定在效力上优先于德国的生产者组织法。因此德国法在2013年根据欧盟该法做出了调整。目前关于生产者组织的主要规则都规定在欧盟法而非欧盟成员国的本国法之中。然而欧盟法为成员国赋予一定的自由规制空间,从而使各国立法能够充分考虑到各区域条件的差异。另外对农产品生产者组织的认可不是由一个欧盟当局作出,而是由成员国的地方当局作出的。每个做出声明的认可在整个欧盟范围内有效。

该规定的一个重要因素是农产品生产者组织为了得到认可而必须满足的标准。这个标准目前在《共同农产品市场组织》(GMO)的(欧盟)第1308/2013号法规中得以明确,之后会简要概述。根据《共同农产品市场组织》第152条第1款c项,每个生产者组织至少须满足11项目标中的1项,这些目标范围很广。

在实践中最重要的目标可以在前三点i、ii和iii中找到:(i)确保一个体系化的、特别是质量和数量方面符合需求导向的生产;(ii)实现供给联合和成员生产适销,也通过直接营销;(iii)为响应环境和动物保护规定优化生产成本和投资回报,稳定生产者价格。

这清楚地表明,农产品生产者组织应当有助于改善参与该组织的农民的收入状况。使用共同购买的机器和共同购买种子以及共同耕种和管理农业用地降低了农民的生产成本。如果农产品联合销售,农民的谈判地位则相对于买受方得到增强。农产品的共同加工也使农民能够共享因加工而创造的升值价值。除此之外,许多其他的目的,如改善环境和动物保护、共同的研究项目和广告策略、统一的产品质量的发展也成为可能。欧盟立法者原则上希望促进农业企业之间任何形式的合作。

同时某些行业的特定目标被特别加以强调。其中包括《共同农产品市场组织》(GMO)第152条第3款的乳品行业、第160条的水果蔬菜行业、第162条的橄榄油和橄榄以及烟草行业。这清楚地表明,对农业领域特殊组织形式的运用使立法者能够考虑到农业产品行业之间的区别。这种对于特定行业的特殊规定遍及整个欧盟法规。只要这些规定普遍看来是有益的,随后就还会被强调。

除了义务和要满足特定的目标,还有更多其他的认可标准规定在《共同农产品市场组织》(GMO)第152～154条中。例如,一个同样重要的前提是,农产品生产者组织只能由生产者组成,因此同时也必须由生产者主动建立。因为不生产农业产品的人参与进来可能会带来一种风险,即该组织不完全由农民组成和领导。但这并不排除像银行这样的投资者资助农产品生产者组织,然而投资者对生产者组织的决策不得拥有投票权。

农产品生产者组织的核心是章程。因为章程包括所有生产者组织运作的根本性规定。除此还必须满足所有认可标准。因此在被认可之前,负责认可的官员要详细地审查章程。如果认可机关确定章程没有全部满足认可的条件,特别是生产者组织的运作没有通过章程规定得到保障,该认可机关必须拒绝认可。如果后来变更了章程,则必须毫不迟延地将变动告知认可机关,以此让其确定,是否仍满足认可的条件。另外,认可机关每年都要对一定数量的生产者组织进行详细的调查,确认认可标准是否在生产者组织的具体经营活动中得到遵守。

另外四个重要的认可标准还要强调一下。首先,章程必须包含对于资助生产者组织的详细规定。通常这些组织通过成员的会费获得资助。其次,最少授予成员资格一年。再次,一个成员原则上不允许成为另外一个同类农产品生产者组织的成员,因为如果不是这样,农产品生产者地位联合的想法就会被淡化。最后,第四点有特别的意义,章程——像《共同农产品市场组织》(GMO)第153条第2款c项要求的那样——必须做出这样的规定,“让联合在一起的生产者可以运用民主的方式控制他们的组织和决定”。

这是为了防止个别生产者或个别生产者团队控制整个农产品生产者组织。农产品生产者组织的概念是基于所有参与农民基本的平等性。尽管决策时的投票权可能会根据每个农场的大小或其他客观标准分配权重。然而必须排除的是,个体农民对生产者组织没有任何实际的影响。因此确保每个农民都能够在农产品生产者组织的成员大会上提出自己的想法与建议的规则是尤为重要的。

另一个认可标准是,参与生产者组织的最少成员数。这也是出于联合理念(Bündelungsgedanke)的考虑。然而行业之间情况非常不同。如果在一个行业中只有大企业,少数企业在一个生产者组织中合作就足以获得显著的职场地位。然而如果一个行业是由数量众多的小企业组成——就像乳制品行业——为了达到预期的目标则需要更大数量的企业。甚至在一个行业内部,欧盟成员国的情况也差别很大。

因此,欧盟将生产者组织最小范围的确定权让渡给了成员国。德国规定所有相关行业最少要有五家企业,因为即使在德国境内情况也不统一。这背后的理念是,最低成员数目的要求不应该妨碍农产品生产者组织的建立。如果一个生产者组织想要生产一种特别的农产品——比如一种特别的奶酪或特别的果汁,为了提升农民在奶酪或果汁销售中的市场实力,或者通过共同生产降低生产成本,一个更少的生产者成员数也是允许的。

三、农产品生产者组织的其他方面

农产品生产者组织机制可以得到多方面的资助,欧盟采取了一整套资助方式。首先是在财政上支持农民建立农产品生产者组织。德国1969年引入这种机制时就已经采取了这方面的措施。目前欧盟第1305/2013号规定作为当前欧盟农业结构法规,第27条规定了成员国的选择权,在最多五年的时间段内提供财政资助。每年最高资助额是100,000欧元。在德国联邦层面,将是否愿意提供该种资助的决定权让渡给了联邦州。欧盟第1305/2013号规定第35条第1款a项补充规定道,对农产品生产者组织的管理成本以及在最多七年内的共同促销措施进行补助。在此,成员国也可以像德国联邦州一样行使选择权。

同时《共同农产品市场组织》(GMO)也规定了对一些行业的财政资助,对此的另一个证明是,农产品生产者组织机制可以被灵活地设计。这样根据《共同农产品市场组织》第58条,德国的啤酒花生产者组织为追求他们的目标可以从欧盟财政中获得大量财政资助。根据《共同农产品市场组织》(GMO)第32条及以下条款,水果和蔬菜的生产者组织会得到相应的充足的财政支持,只要他们成立了一个符合特定要求的所谓的运营基金。为了能够获得资助,水果和蔬菜领域的农产品生产者组织必须要提交一个描述应如何运用该资助的业务方案。哪些措施能够被资助,允许成员国做出部分选择。此外,为了每个产品的实际供应更好地满足市场需求,欧盟委员会在《共同农产品市场组织》(GMO)第166条的基础上可以作出决议,允许其他行业的农产品生产者组织从欧盟财政中获得资助。

对农产品生产者组织的认可和与其建立相关的财政资助、管理成本和销售活动一定程度上构成了该机制的基础。欧盟农产品生产者组织也想在此之上实现市场规制。这个方面至今仍处于初始阶段,且在最近的欧盟共同农业政策改革的框架下得到扩展。这样做的原因主要为了减少对传统农业市场的干预。受WTO框架所限,欧盟必须限制对市场的直接干预,这会导致欧盟农业市场的自由化。在当前这种农业市场参与者自由交易的状态下,由国家来控制生产几乎是不可能的。因此就引出了由农产品生产者组织间接控制的想法,这超过了由补贴所带来的影响。

因此《共同农产品市场组织》(GMO)通过多种方式来影响农产品生产者组织。最重要的方法是根据《共同农产品市场组织》(GMO)第164条,已在一个行业确立了认可的农产品生产者组织的相关规定,扩大适用于这些行业中不是农产品生产者组织成员的农业企业。理论上,在全国范围内运用这种方式,可能使整个生产行业都根据共同的规则行事。此外《共同农产品市场组织》(GMO)第165条规定,非成员要承担由规定扩展出来的对农产品生产者组织的经济负担。这种监管手段让人联想到劳动法,在劳动法中雇员和雇主之间通过工会协商的劳动合同条件,由国家宣布其适用于相关领域的所有劳动者。

然而有几个成员国,德国也是其中一个,出于一般的经济政治原因反对《共同农产品市场组织》(GMO)第164和第165条对于农产品生产者组织的规定。因为市场这只看不见的手不应该通过如此严重的干预而受到限制。而且这种规制的实施也存在相当大的现实困境。这些国家就规定农产品生产者组织应该有一个最少的区域代表网络,且农产品生产者组织的规定也适用于非成员。因此,欧盟法将这种规制进行分类,作为成员国的可选机制。德国出于前述原因至今没有运用这种选择机制。

另一个只在《共同农产品市场组织》(GMO)第150条和第172条的乳品行业和肉类行业中找到的市场调控机制是,成员国可以选择让农产品生产者组织在特定地域保护的奶酪和火腿的供给上做一些调控。因此,欧盟认可对原产地地域名称和其他地理标志保护的制度。这种保护之下产出的成果不允许仿造。因此,这种产品有机会获得特别高的价值。如果该产品在市场上得以确立,每个生产者都会因为尽可能保持小量的生产者圈子和产品规模而享有利益。为了在法律效力上转化这些利益,如今欧盟采用了相应的供应控制机制。德国没有动用这样的机制,因为在德国没有相应的地域产品值得一提。此外,德国对相关的市场干预——就像农产品生产者组织规则扩展适用到非会员——持怀疑态度。

四、与反垄断法的关系

一个在政治上和法律上都非常复杂的问题是农产品生产者组织法和反垄断法之间的关系。从一开始,欧盟——德国类似——对一般性禁止卡特尔企业设置了例外规则。原则上不允许公司彼此商定市场比例,特别是价格。因为这损害了竞争者的机会平等性和最终的竞争自由。在这方面,自由的市场经济应当通过竞争者控制实现平衡。然而,市场中禁止卡特尔是有问题的,它存在不平衡之处,即当在食品行业零售商高度集中时,就可以对集中度较低的生产商和再加工层级施加显著的价格压力。为了弥补这种不平衡,一直以来都允许生产者方面在一定程度上形成卡特尔。这在德国和欧盟的反垄断法中规定的情形被认为是对农业领域的豁免,在《德国反限制竞争法》第28条和《德国共同农产品市场组织》第209条中都有相应的规定。

特别被认可的农产品生产者组织是从一般的卡特尔禁止中又进一步得到豁免的,就像《德国农业市场结构法》第5条和《共同农产品市场组织》第206条第1项以及第152条及以下条款又再次规定农业经济企业可以组成农产品生产者组织,而不用担心卡特尔当局对其进行干预。如果存在排除竞争和滥用卡特尔豁免的情形,则不再适用这些条款。其中个别的点是有争议的,但是这些争议出于一般考虑可暂时搁置。

为了更准确地定义农产品生产者组织的卡特尔法地位,《共同农产品市场组织》(GMO)对一些产品领域规定了特别条款,这些规定的出现和欧盟乳品市场紧密相连。2008年9月,乳品市场的全球衰退导致欧盟的许多奶牛场处于危险境地。除了资金支持,改善乳品生产商结构的思路也被提出。2015年4月1日,《欧盟乳品配额规制》的生效也已经预见性地发挥了作用,因为取消严格的市场调控将使许多原料奶在欧盟市场上具有明显更强的竞争力。

制定欧盟范围内国家认可乳品领域农产品生产者组织的有效规定,似乎是一个合适的完善结构的因素。当这些法规在2012年生效时,它们同时规定了特别针对乳品农产品生产者组织的卡特尔豁免。《共同农产品市场组织》第150条规定,乳品生产者可以在生产者组织中联合欧盟鲜奶总量3.5%的上限销售其鲜奶。同时第二种联合销售上限是生产者组织所位于成员国所产出的鲜奶总量的33%。

此规定适用于德国,意味着这两个上限是德国六个生产者组织结合起来的鲜奶总量。然而,单个生产者组织不允许出售鲜奶,鲜奶已经被每个奶农送交给了乳品合作社。采用这种方式应当避免许多成员国在乳品领域取得成功的合作社模式因生产者组织的机制而受损。但是除了这些细微的差别之外,重要的是通过这种方式可以根据不同行业的需要设置特殊的卡特尔豁免。

按照乳品领域模式,2014年《共同农产品市场组织》第169~171条中对比较特别的领域,如橄榄油和橄榄行业、牛肉和众多农作物群体——小麦、大麦、玉米、黑麦、燕麦和各种其他领域的——农产品生产者组织的豁免生效。联合的上限在每个成员国产量的15%~20%之间变化。如果这种规制方法有效,它可以扩展到其他产品领域。欧盟委员会在2015年11月颁布了上述三条规定(《共同农产品市场组织》第169~171条)的适用方针,以确保在各成员国实行一致的程序方式。

五、作为危机机制的农产品生产者组织

从欧盟委员会的设想得出了对自2014年以后生效规定的提议，以及由此农产品生产者组织体系扩大的提议。根据欧盟委员会的构想，农产品生产者组织应当在应对农产品市场危机中构成重要的基石。这种想法的先驱是既有的、且目前规定于《共同农产品市场组织》第33条第3款的、对水果和蔬菜行业的生产者组织规定的"危机预防"和"危机管理"功能，以避免或应对"水果和蔬菜市场"的危机。上述措施还包括"预防危机或阻止危机的沟通""市场退出"和"成熟前收获或不收获水果和蔬菜"。

其背后的想法是，农产品生产者组织可以通过运用财政手段自己决定在危机中以哪种方式或方法最能帮助到其成员。一方面，这样也可以减轻国家行政的负担，后者可以采取其他的危机应对措施。另一方面，农产品生产者组织在经营活动中应当注意，尽可能地避免此种危机并采取市场危机的预防措施。

这些在2014年来自水果和蔬菜领域的特定规范尚未明确扩展到全部农产品行业。《共同农产品市场组织》第152条第1款C项第xi点的目的条款原则上适用于全部的农产品生产者组织，但却指明了一个方向："对利用未来市场和保险制度所必要的技术帮助装备。"根据欧盟第1305/2013规定第36条，欧盟资金用于对"风险管理"体制进行的建设。

这其中包括一些保险制度，"收割、动物和植物保险"和"互助基金"，这不仅是针对不可抗力做好准备，也是为应对导致农民收入显著下降的市场情况做好准备。这些共同基金和水果、蔬菜行业的生产者组织运营资金是并行的。通过这种方式，应给予农民自力救济的帮助，这符合欧盟农产品市场的自由化原则。因此，基金不应仅仅来自于欧盟和成员国预算资金，而必须在相当程度上有一部分来自于受益农户的资金。农产品生产者组织自愿成为这些资金的运营商。

此外，根据《共同农产品市场组织》第219条及以下条款，欧盟委员会在其通常的市场危机职权框架下，在必要时可以动用农产品生产者组织机制。例如，可以预先规定农产品生产者组织作为特定行业危机救助的接收方并对此制定具体的行政措施。这为该机制开辟了广阔的应用空间，然而至今还没有被使用，因为在新规定生效之前的水果和蔬菜领域运用的经验令人失望。

利用农产品生产者组织应对市场危机的前提是,农产品生产者组织在受危机影响的领域占据了至少相当大的比例。在德国以及其他许多欧盟成员国,情况并非如此。虽然在这种情形下可以动用所述的集体协议声明机制,但是因为这种机制对于成员国是选择性的,因此不能被欧盟集中控制,至今仍然很难实现将农产品生产者组织作为应对市场危机的备用工具。

《共同农产品市场组织》第 222 条连接了市场危机与反垄断法之间的关系。根据这项规定在"市场严重失衡"的情况下,欧盟委员会豁免了比一般欧盟层面上的卡特尔禁止更广泛的农产品生产者组织,因此使农产品生产者组织更好地实施《共同农产品市场组织》第 222 条列出的七项危机措施成为可能。欧洲委员会的这些职权目前第一次被运用,因此相关的经验至今还没有。

六、联合会和行业协会的补充机制

为了完整地介绍农产品生产者组织的情况,在此不得不提及另外两个机制。当德国在 1969 年设立政府认可的农产品生产者组织机制时,通过国家批准已被认可的农产品生产者组织组成联合会的机制得到了补充。这样,区域性农产品生产者组织能够组成联合会,以这种方式让处于食品产业链下游层次的农民进一步增强其市场实力。

欧盟也已经采取了该机制,与现在《共同农产品市场组织》第 156 条的规定相适应。联合会为了能够被成员国当局承认,原则上必须满足农产品生产者组织的条件。成员理所当然不能是农民,而只能是被认可的农产品生产者组织。在欧盟法上规定的对于这些联合会的融资机会的市场权利,在很大范围内是和农产品生产者组织的相关规定相符的。对联合会的卡特尔豁免也以类似的方式存在。

与之相对,承认行业协会机制对德国来说是件新鲜事。按照《共同农产品市场组织》第 157 条第 1 款 a 项行业协会由"与生产相关的或至少与以下供应链中的一个环节——产品再加工或贸易,包括分销,与该产品相关的一个或多个行业——相关的经济部门的代表"组成。与农产品生产者组织和联合会不同的是,行业协会可覆盖多个产品行业。行业协会要追求的目标在《共同农产品市场组织》第 157 条第 1 款 c 项中以 14 种详细描述的目标形式确定下来。该机制的一般目的是提高食品链中从生产者到加工者再到零售商的运作方式。虽然这样的行业组织在法国有悠久传统,但在德国直到今天也没有被认可的行业协会。

与农产品生产者组织和联合会另一点不同在于,不允许行业协会自身从事市场经营,正如《共同农产品市场组织》第 158 条第 1 款 d 项明确规定的,否则在食品行业的诸多分部会有建立卡特尔的风险。因此规定在《共同农产品市场组织》第 210 条的卡特尔豁免被严格加以限制。另外,行业协会的有关经营活动也必须告知欧盟委员会,以此使这些活动被检查时能够符合欧盟法律严格的范围界限。最后,行业协会机制所面临的困难是,即竞争者通常为了保持自己的业务数据和策略而联合到一起。因此他们通常只提供很少的协同性活动。这些协同性活动包括联合促销、产品研发和环保活动。此外,通过行业协会,每个身在其后的食品行业让自身利益的代表和政界及国际机构紧密相连。

就像在联合会中一样,认可的行业协会也都参与了描述过的促进和控制措施。这样他们就可以得到在欧盟农业结构法中对行业的资助,且更容易地让供应适应市场需求。根据《共同农产品市场组织》第 222 条,在危机情况下的卡特尔豁免和根据《共同农产品市场组织》第 164 条的集体协议声明是一样有效的。在德国该机制能否像农产品生产者组织和联合会一样实施成功还有待观察。

七、在乳品行业的特殊情况

目前,正在再次举行关于农产品生产者组织机制的农业政策辩论。与 2008 ~ 2009 年度欧盟乳品市场上长期的低价格相似,这种情况的原因是多层次的。一个主要的原因是世界范围乳品市场价格的下跌,在重要的客户国家——如中国——对奶制品的需求下降以及全球乳制品产量上升。另一个主要的原因是欧盟和俄罗斯之间的相互制裁,在该框架下俄罗斯已在很大程度上禁止从欧盟进口乳制品。

在一年多欧盟持续的走低价格期间,很多奶牛养殖场都在财政上出现困难。因此,欧盟已决定在 2014 年冬季采取市场扶助措施,并要求欧盟成员国在 2015 年秋季制定财政预算,用于强化现有奶牛养殖场的资金流动性。同时,越来越多的声音认为,欧盟的乳品生产结构有待进一步改善。对此可以设想,2012 年在欧盟层面引入的乳品行业生产者组织的规定会得到进一步发展,对于一个特殊的行业来说,该机制也因此与当前的情况相适应。重要的是,农产品生产者组织是否应该被赋予一般反垄断法豁免之外的豁免是有待回答的。

欧盟委员会将在2016年夏季对2012年引入规定的运作方式提出审查报告,且目前正在征求各成员国关于与乳品相关的规定如何实施和在哪些范围设立新的乳品生产者组织的意见。如果证实,在欧盟层面上存在立法缺陷,欧盟理事会可能会呼吁欧盟委员会提议相应的改革规定,然后欧盟理事会和欧洲议会对此进行讨论。然而应该指出的是,农产品生产者组织机制更侧重于生产结构的方式改善和长期改善。此外,乳品生产企业已经有一个广泛的卡特尔的豁免,这些豁免至今还没有得到充分利用。

八、评价和展望

国家承认农产品生产者组织机制对于农业确有积极影响。遗憾的是缺少对农产品生产者组织在德国的实践和经济意义的详细研究。去年在互联网上创建的一个公共数据库——农业组织注册者——列出了所有在德国成立的被认可的农产品生产者组织,并从众多生产行业中提出了大约450家农产品生产者组织和联合会的数目。近年来出现了一定的小农产品生产者组织联合成更大的农产品生产者组织的趋势,这使总数减少了,而不是增加。

最终,农业政策因着农产品生产者组织可以运作一个相对灵活的、在不同情况下都可以使用的机制。因为这种机制自2014年才在欧盟层面上被采用,所以引入到整个欧盟的评估当中还为时尚早。肯定还需要10年的时间才可以得出一个详细的关于该体制对于欧盟应用的报告。在一定意义上,农业合作社观念的分化已在欧盟许多成员国有着悠久的传统。

有趣的是,早期的苏联已经使用了农业合作社。十月革命后以及随之而来的在德国和西欧大部分地区用其后一个世纪的时间消除封建制,大庄园被分给众多的农民。后来,农民们加入了合作社,就像列宁预见到的合作社计划一样。1925年25,000个地方农业合作社中有460万成员。

然而,这只是设想作为所谓的集体经济的一个中间步骤,在此框架下一个村庄农业经济的参与者共同建立一个集体,为了组织农民群体,使其与工人们地位相当。这种发展的结束点是征收新建立的农业企业以支持国家的计划经济。1945年后在民主德国出于这一理念而出现了农业经济生产合作社(LPG),其中农业经济企业开始是自愿合并,后来是强制合并。合作社观念的夸大,最终导致了私有产权的社会化,这证明是对农业有害的。因为这——就像东德的整个计划经济——导致了生产力下降。

在农业领域探索自由市场经济和国家调控之间的界限非常困难。自 1962 年以来,欧盟农业政策已对农资市场进行了深入的控制。然而随着时间的推移,这样的控制不再是可接受的,这不仅是 WTO 的观点,同时也出于财政和其他更多几个方面的考虑。目前,欧盟的农业政策在一个困难的过渡阶段中。对于农业领域进行国家干预的支持者和反对者互相较量。这场斗争也包括了农产品生产者组织机制。虽然对于农产品生产者组织的建立和基本结构没有争议,但为了间接调控农业市场,能够和应该在多大范围和程度内引入该机制仍是一个等待回答的问题。乳品行业自 2008 年以来尤其成为该利益关注的焦点。

中德法学论坛
第 14 辑,第 206 ~214 页

农民与农地在法律上的关系
——以农地用益租赁合同的塑造可能性和计划风险为例*

乌尔里希 · 特维斯**著　覃亦佳***译

除了法律上的框架条件、生产成本以及销售价格之外,计划安定性也是农地的重要因素。中德两国拥有相似的法律制度,但农民与农地在法律上的关系在两国还是有着显著的不同。德国法上的农地用益租赁合同的内容是:主要为了农业经济的目的,有偿地将带有用于居住的建筑物或土地经营建筑物的土地或不带有此类建筑的土地交给承租方使用和收益。在德国,农地用益租赁合同作为法律基础,对于农民对他人土地的利用具有重要的意义。从订立到结束,它既提供了机会也带来了风险。

关键词:农地用益租赁合同;农业法;农业经济

Planungssicherheit bezieht sich neben den rechtlichen Rahmenbedingungen, den Produktionskosten sowie den zu erzielenden Preisen auch und zu einem wesentlichen Teil auf die bewirtschafteten Flächen. Trotz ähnlicher Rechtsinstitute lässt sich feststellen, dass die tatsächlichen Rechtsbeziehungen des Landwirts zum

---

* 此篇论文是作者为了 2016 年 3 月 17 日于中国南京举办的“现代社会农业问题的法律应对”学术研讨会而著。

** 乌尔里希 · 特维斯(Prof. Ulrich Thewes):德国 Höxter 法院的院长。

*** 覃亦佳:中德法学研究所 2014 级硕士研究生。

bewirtschafteten Grundstück in Deutschland und China grob unterschiedlich sind. Bei dem Landpachtvertrag nach deutschem Recht handelt es sich um die Überlassung eines Grundstücks mit Wohn- oder Betriebsgebäuden oder ohne solche Gebäude gegen Entgelt zum Gebrauch und zur Nutzung überwiegend zum Zwecke der Landwirtschaft. Dem Landpachtvertrag kommt in Deutschland als Rechtsgrundlage für die Nutzung fremder Grundstücke durch den Landwirt herausragende Bedeutung zu. Er bietet von seinem Abschluss bis zu seiner Beendigung Chancen aber auch Risiken.

Key Words:Landpachtvertrag,Agrarrecht,Landwirtschaft

一、引　　言

“农业企业需要计划的安定性,以便这些企业能够为其经营的现代化以及为提升人们食品的多样性和质量而加大投入。”

德意志联邦饮食与农业部部长克里斯蒂安·施密特的这段话,[1]非常恰当地描述了农民经营行为的一个方面。与法律性框架条件、生产成本以及预期价格一样,计划的安定性也属于影响土地经营的一个重要因素。农民组织生产的可能性如实反映了计划的安定性。在涉及农地时,这就意味着农民需要考虑其对多少土地有短期、中期或者长期经营的可能性、意愿和必要性。为了利用现有的组织生产的可能性并同时尽可能地排除计划风险,这种经营性的决策首先需要在法律上有所保障。

在中国,计划安定性的缺失要小于行为可能性的缺失。目前,很多农民能够耕种的农地面积过于狭小,因此取得的收益也很少。农业在国民生产总值中只占有大约10%份额,而同时,中国却有大约一半的人口和40%的劳动者生活在农村地区。[2] 此外,对土地权利交易可能性的限制,以及对抵押土地获得贷款的限制,不但给土地的流转,也同样给对土地的投入造成了困难。这些问题

〔1〕 参见 Umsetzung der EU-Agrarreform in Deutschland,德国食品与农业部的宣传册,2015年版,第3页。

〔2〕 参见 Uwe Hoering:《中国农业:自给自足的经济形式与国际市场一体化的经济形式之间》,由 Asienstiftung(Essen)und dem Netzwerk 出版的宣传册,*EU-China:Civil Society Forum*,2010年版,第3页。

的原因在于中国土地权利的特殊形态,只有在指出了其与德国法律制度的异同之后,才能够阐明德国农地用益租赁法中十分重要的一些法律问题。

二、农民与农地在法律上的关系

在德国,农民与农地之间在法律上最简单、最可靠的关系是所有权关系,它可以建立一项广泛的、持续的使用权(参见《德国基本法》第14条以及《德国民法典》第903条)。除此之外,对于不属于自己所有的土地,农民也有取得使用权的各种不同的可能性。因此,即使具有不同的表现与意义,德国与中国现存的相关法律制度也有可比性。在中国,与德国私人所有权相对的是国家所有权与集体所有权。〔3〕 地役权作为有限制的使用权在德国和中国都有规定。〔4〕 在中国,与德国的用益权(《德国民法典》第1030条及以下)相对的是为了经营土地而设立的所谓"农村土地承包经营权"。〔5〕 根据中国物权法第126条,农村土地承包经营权按照使用种类被赋予30年到70年不等的承包期。在使用土地进行建筑方面,中国规定了与德国建筑权相类似的法律制度,即所谓的建设用地使用权〔6〕与宅基地使用权。〔7〕 在债法上,中国与德国都能够通过农地用益租赁合同产生对他人土地的使用权。

虽然中德两国拥有相似的法律制度,但农民与农地在法律上的关系在两国还是有着显著的不同。在德国,所有权主要被认为是物权,用益租赁合同主要被认为是纯粹债法性质的协议,并且在现存的地区差异下,两者处于一种相对协调的关系当中。因为中国排除私人土地所有权,对他人土地的使用权则以农村土地经营权的形式占主导地位。它允许权利人占有及使用耕地、林地、草地以及其他土地,发展耕业、林业、畜牧业,等等(参见中国物权法第125条)。但是,相比于所有权和宅基地使用权,农村土地经营权有一项缺点,即只要它存在

〔3〕 中国"82年宪法第10条"第1、2款规定,城市的土地属于国家所有。农村和城市郊区的土地,除由法律规定属于国家所有的以外,属于集体所有。

〔4〕 《德国民法典》第1018条及以下;中国《物权法》第156条及以下。

〔5〕 中国《物权法》第124条至第134条。

〔6〕 中国《物权法》第135条至第151条。

〔7〕 中国《物权法》第152条至第155条。

于集体土地上,就不能被抵押。

在德国,最重要的他人土地上的农地使用权是债法性质的,并且通过农地用益租赁合同设立。发展的趋势是,农场的数量越来越少,但农地上的农场面积反而越来越大。规模的增长主要是通过用益租赁实现的。1991 年至 2010 年之间,农场的数量从 541.376(农地面积在 2 公顷以上的农场)降至 271.783(农地面积在 5 公顷以上的农场)。同时,西德农场的平均大小从 42.8 公顷提升至 61.3 公顷,而在东德这项数据从 273.2 公顷降至 249.1 公顷。[8] 从这些统计调查中可以推断出农场的占有关系及所有权关系。它是根据老联邦州、新联邦州以及联邦总和来比较的。由于历史原因,在西德和东德也即旧联邦州和新联邦州之间,农场的平均占地面积有很大的差别。与之相反的是,有用益租赁土地的农场所占的百分比却差不多,2010 年在旧联邦州和新联邦州分别为 74.4% 和 74.6%。租赁地总共占了 2010 年全德国耕地面积的 59.8%。[9]

三、农地用益租赁合同的塑造可能性及风险

德国法上的农地用益租赁合同的内容是:主要为了农业经济的目的,有偿地将带有用于居住的建筑物或土地经营建筑物的土地(所谓的经营租赁)或不带有此类建筑的土地(所谓的土地租赁)交给承租人使用和收益(即获得孳息)。农业是指以获取植物或动物出产物为目的的土地经营与土地使用相结合的动物饲养以及园艺生产(参见《德国民法典》第 581 条以及第 585 条)。一份农地用益租赁合同的订立,需要考虑不同的经济条件以及(尤其是)法律上的规则条件,否则会有很大的计划风险。接下来我们通过一些示例来介绍几个不同的问题,它们既包含机遇也包含风险。

(一)合同期限

在合同自由的范围内,原则上合同双方是可以自由约定农地用益租赁合同期限的。除了期间不确定的合同,都要约定一个准确的有效期。承租人出于自身的经济处分自由,宁愿订立一个有效期较长的合同,而出租人为了不长期丧失土地的处分可能性,通常又倾向于较短的有效期。在实践中,经营租赁的有

〔8〕 数据来源于德国 2013 年食品、农业以及森林的统计年刊,第 36 页及以后。

〔9〕 参见 2013 年统计年刊,第 42 页。

效期在 12～18 年之间、土地租赁在 2～18 年之间是比较适当的。[10] 就有效期不确定的农地用益租赁合同可以通过普通的通知来终止。与此相对的是有确定终止期限的合同,只有出于特别重大的原因才能通过通知终止(参见《德国民法典》第 594e 条)。对于出租人一方而言,特别重大的原因可以是严重违反合同、承租人死亡、承租人将土地经营建筑物转让、违反合同目的的使用和承租人的支付迟延。对于承租人一方而言,特别重大的原因包括严重的合同损毁、不使用土地、显著地危害健康和承租人丧失工作能力。而承租人的死亡为其继承人提供了特别通知终止权(参见《德国民法典》第 594d 条)。

不确定期限的合同,可以在租赁年度的第 3 个工作日,以次租赁年度的末了为普通终止时间(参照《德国民法典》第 594a 条)。因此,对于合同双方而言约定一个确定的期限,在计划安定方面具有重要的意义。当然,如果租赁期限超过了一个特定的期限,法律也预先规定了一些强制性的形式条款。如果农地用益租赁合同期限长于两年但没有以书面形式签订,根据《德国民法典》第 585a 条的规定,视为有效期不确定的合同,可以通过普通通知终止。对于生效的协议,确定期限以及解约可能性的决定性标准就是书面形式。这规定在《德国民法典》第 126 条之中。根据该条,不仅需要合同双方的签名,并且要在一个统一的文书中写下所有重要的合同部分。重要的合同部分有合同双方完整的姓名、合同标的、合同期限和租金。统一的文书以在合同缔结时的实定关联(实物固定)或者连续的编码和编号、统一的图表格式、与原文内容上的联系为前提。[11] 在农地用益租赁合同订立和变更时发生的很多典型的表达错误或设计错误已经成了高级法院判决所处理的问题:

第一个案例出自北莱茵—威斯特法伦州的哈姆高等法院。在这个案例中,作为租赁客体的土地上没有正确标明相关的农田和小块农田,当然,在地籍图上有登记和标记,且地籍图也用回形针夹在了合同里。哈姆高等法院做出判决决定此行为未遵守书面形式,因其缺少对具体租赁土地的明确说明,农田和小块农田也未在合同中指明。地籍图对于书面合同的具体程度而言是不够的,因为它与合同并非固定在一起。[12] 德国联邦最高法院早已经针对合同中附件的

---

[10] 参见 Grimm/Norer,德国《农业法》,2015 年第 4 版,第 58 页。

[11] BGH, Urt. v. 24. 09. 1997 – XII ZR 234/95, NJW 1998, S. 58 ff.

[12] OLG Hamm, Urt. v. 13. 03. 2014, 10 U 92/13, AUR 2014, S. 224 ff.

运用是否应当遵守书面形式的问题作出了判决,判决如下:当主合同与附件固定在一起或者两个文件互相关联且都有签名时,才符合书面形式。[13]

在另一个案例中,合同中的出租人是由很多彼此并不熟悉的继承人组成的共同关系,联邦最高法院对此有两个疑问:[14]第一个问题是由一位共同继承人签订的合同是否有效。如果解释为一个共同继承人可以代表其余继承人而行为,那么答案是有效。这是一个对所有继承人生效的合同,并非是对(无权利能力的)继承人的共同关系。第二个问题涉及书面形式。答案是否定的,因为没有按顺序标明出租人。就这方面来说,所有继承人的名字都不可缺少。而且一个继承人的签名对于书面形式是不够的,因为无论如何都缺少对代理关系的必要陈述。

接下来的案例探讨的是用益租赁合同的事后变更对书面形式可能造成的影响。合同双方当事人签订了一份为期 10 年的用益租赁合同。4 年后双方当事人口头约定增加租金。此次租金的改变导致合同可以在法定期间内通知终止,即租赁年度的第 3 个工作日,以次租赁年度的末了为普通终止时间。因为根据罗斯托克州高级法院[15]和联邦最高法院的判例,[16]形式上无效的变更文书使主合同也在形式上无效,而形式上有效的变更文书可以修正主文书上的形式瑕疵。根据联邦最高法院进一步的司法判例:对用益租赁合同变更要满足书面形式的要求,需要变更文书与主合同进行实物固定,或者变更文书在主合同中被具体地援引;得到合同双方当事人的证实;包含变更的事项;包含附加条款,条款中明确保留主文书中所有其余的条件;且要合同双方当事人签名。[17]

(二)根据《德国农地用益租赁交易法》提出的异议

除了书面形式的瑕疵以外,行政机关的干预对农地用益租赁合同的持续性也有影响。在德国,原则上所有根据《德国民法典》第 585 条订立的农地用益租赁合同都适用《德国农地用益租赁交易法》。《农地用益租赁交易法》的立法目的在于,协调《德国基本法》第 14 条所保护的土地所有人的利益,即对于私人土

---

〔13〕 BGH, Urt. v. 24. 09. 1997 – XII ZR 234/95, NJW 1998, S. 58 ff.

〔14〕 BGH, Urt. v. 11. 09. 2002 – XII ZR 187/00, NJW 2002, S. 3389 ff.

〔15〕 OLG Rostock, Urt. v. 08. 10. 2009 – 3 U 137/08, ZMR 2010, S. 682 ff.

〔16〕 BGH, Urt. v. 09. 04. 2008 – XII ZR 89/06, NJW 2008, S. 2181 ff.

〔17〕 BGH, Urt. v. 23. 02. 2000 – XII ZR 251/97, NJW – RR 2000, S. 744 f.

地所有权的自由经济可支配性,以及针对农业结构维护和改善的公共利益。[18] 根据《农地用益租赁交易法》,农地用益租赁合同受行政机关调整。当然,合同的成立不依赖于行政机关的许可,但是存在一个通报程序,在这个程序当中,行政机关有提出异议的可能性。根据这个程序,出租人有义务、承租人有权利在农地用益租赁合同的订立或者变更之后的一个月之内告知相关行政机关。以下合同除外:在行政机关引导的程序内订立的合同、家庭农业用地用益租赁合同、不超过各州法律确定的规模的经营租赁合同或者土地租赁合同。有权机关[19]可以提出异议的条件规定在《德国农地用益租赁交易法》第4条。根据该条规定,在以下情况中可以提出异议:合同导致了土地使用的不良分配(农业用地经济利用面积的不良积累);合同导致了对土地不经济的分配;合同导致空间上的或经济上相关的土地占多数;或者约定的租金与收益比例不当(收益在通常的经营当中需要很长时间才能取得,只有租金过高的时候才会对合同提出异议)。[20]

有权机关可以通过发布通知来表达异议。可能会要求在确定的期限内废除相应的合同条款或者通过确定的方式更改条款,以完成合同签订。不遵守要求的,如果合同当事人没有提请法院判决,则合同视为无效。在这种情况下,农地经济法庭要么判定合同无异议,要么判定农地用益租赁合同无效。假使异议的客体是一个不适当的租金,农用地经济法庭也可以不判决其无效,而是更改它。

(三)农地用益租赁权和消费者保护?

这个标题被表述成为一个问题,“农地用益租赁权和消费者保护?”,因为人们可能会对一些合理性提出疑问:农地用益租赁权跟消费者保护有什么关系?事实上,他们过去所发生的联系远,会使很多人感到惊讶。在德国有很多保护消费者的规定。特别是在远程销售交易中、在交易场所以外达成的法律行为之中,即所谓的上门交易中,应当保护仓促订立合同的消费者。[21] 此处主要涉及《德国民法典》第312g条的撤回权,它使消费者尚有可能在14天内单方面解除

[18] 参见 Grimm/Norer,《农业法》,2015年第4版,第65页。

[19] 例如在北莱茵—威斯特法伦州的农林协会。

[20] Grimm/Norer,《农业法》,2015年第4版,第69页。

[21] 解析立法者的意图:Palandt-Grüneberg,《德国民法典》,2016年第75版,第355条 Rn. 2。

合同。在德国，很多农用经济土地属于私人所有，这些人既不是农民也不是企业家。因此，直到2014年6月12日，撤回权可适用于农地用益租赁合同。此种情形尤其发生在出租人本身就是消费者，而且合同的协商和订立发生在出租人自己家或者自己的工作场所这种场合，也即所谓的"上门情形"之中。在以前和如今都发生了不少此类口头订立并"通过握手"确认合同的情形。根据2014年6月12日之前生效的《德国民法典》第312条，撤回权可以适用于"以有偿给付作为客体"的合同，从2014年6月13日开始，撤回权只能适用于"以企业的有偿给付作为客体"的合同。[22] 因此，农地用益租赁合同的撤回权通常是被排除的。如果消费者是出租人，他的给付（不是承租的农民的给付）是有偿的。而在承租人方面，他们通常都是企业家，因此不大可能具有消费者的地位，也不大可能援用消费者保护的规定。

（四）所有权人变更

在解决了当出租人就是消费者时，是否以及如何作用于农地用益租赁合同，特别是短时间内结束合同的这种可能性的问题之后，最后再介绍一下出租人方面所有权人变更对租赁合同所产生的效果。因为从承租人的视角来看，所有人变更可能会导致合同的终止。根据《德国民法典》第593b条和第566条，出租人一方的所有权人变更不影响租赁合同的存在。在德国，这个由使用租赁当中产生的原则被一些法律人并不完全合适地称为"买卖不破租赁"。[23] 之所以说这个表达不是完全合适，是因为在德国有对于债权基本行为和物权转移行为的区分原则，与使用租赁合同和用益租赁合同有关联的是所有权的物权转移，而不是债权基本行为，即买卖合同。

另一个问题是，当出让人存在通知终止的原因时，受让人从何时开始享有通知终止权。理论上有四个关联点：土地买卖合同的公证书，权利、使用、负担和义务转移，关于时间点的自由合同协定以及土地登记簿的登记。按照《德国民法典》第873条第1款，解决方法如下：所有权依法随着土地登记簿上的所有权转移而转移给受让人。这个时间点不可以通过合同双方的约定而更改。对租赁合同的通知解除权也是在这个时间点转移给受让人的。

---

〔22〕 Gesetz zur Umsetzung der Verbraucherrechterichtlinie und zur Änderung des Gesetzes zur Regelung der Wohnungsvermittlung, 2013. 3. 20, BGBl. 2013 Teil I Nr. 58, S. 3642 f.

〔23〕 类似的规定可以在中国《合同法》的第229条中找到。

(五)结论

在德国,农地用益租赁合同作为法律基础,对于农民对他人土地的利用具有重要的意义。从订立到结束,它既提供了机会也带来了风险。一些风险可以在当事人的合同自由范围内通过权利塑造来控制,而如何排除风险是法律专业的工作。如果在合同订立时没有考虑到风险,那就是司法判决需要解决的问题了,特别是农业法庭,需要作出相应的判决。

根据现行法,中国农民对于所经营土地上的行为可能性以及从中所得的收入都受到限制。是否可以根据应然法对农村土地经营权进行改变,并使其拥有更好的交易可能性与可抵押性,最终能在中国受限的土地上更有效地使用,这仍需等待。

(柯伟才　校)

中德法学论坛
第 14 辑，第 215 ~226 页

农业企业作为能源生产者的法律框架条件

哈拉尔德·韦德迈耶*著　沈　逸　张丘铃**译

本文介绍了德国农业企业在过去25年特别是过去十年里加强了对可再生能源领域的投入，揭示了可再生能源的上网电价对农业的重要意义。为了适应新的形势发展，可再生能源发电上网电价的规则在过去的25年间不断被改动。

关键词：电力上网法；可再生能源法

Landwirtschaftliche Betriebe in Deutschland haben in den letzten 25, insbesondere in den letzten 10 Jahren, stark im Bereich der Energieerzeugung investiert. Grund dafür ist in erster Linie die Förderung erneuerbarer Energien anfänglich durch das 1991 in Kraft getretene Stromeinspreisungsgesetz, ab 2000 durch dasErneubare Energien Gesetz(EEG).

Key Words：StrEG，EGG

一、引论：农业中的能源产品

（一）可再生能源发电

在过去的25年间，特别是最近10年，德国农业企业加强了在可再生能源领域的投入。最初的推动力源自1992年颁布的《德国电力上网法》（StrEG）。[1]

---

* 哈拉尔德·韦德迈耶（Harald Wedemeyer）：德国下萨克森州农会专职法律顾问。

** 沈逸、张丘铃：南京大学中德法学研究所硕士研究生。

〔1〕 Stromeinspeisungsgesetz（StromEinspG）vom 7. Dezember 1990（BGBl. I S. 2633）.

2000 年以后,一部新的法律《德国可再生能源法》(EEG)又被颁布。[2] 这两部法律共同推动了生物物质发电、风力发电和光伏发电。[3] 农业企业基于其有用于经营的土地和建筑,具备了投身该领域的理想前提条件。其中,禽畜圈舍、粮仓和贮存仓库的顶棚可供用于光伏发电设施的安装;到 2014 年止,在德国约为 42. 5GW[4] 的光伏发电设备的总装机容量当中,农业企业的安装占据相当大的比重。但在农业用地上,光伏发电设备的安装却受到严格限制,[5] 因为这些土地必须保留其农业用途。截至 2014 年,风能发电的装机容量高达 43. 3GW。[6] 作为风能设备安装地点的土地所有权人,农场主也积极参与了这一领域。此外,生物物质发电也发展迅猛,其中,属沼气发电尤为突出,沼气发电设备的数量在去年已经超过了 8000 台,总装机容量接近 4 千万瓦,总发电量为 290 亿度。[7]

2014 年,德国可再生能源的发电量共计约 161GWh,[8] 约占德国发电总量的 27. 4%。[9]

(二)生物燃料产品

除了发展发电装置,早在十多年前农场主们就已经开始投身于燃料领域,特别是植物油产品领域。由于当时矿物油税率提高,而生物燃料却实行免税,[10] 这为后者创造了有利的市场竞争优势。生物材料免税政策引导了市场。2006 的生物燃料免征石油税[11] 利于生物燃料打入市场,但在 2012 年,针对生物燃料所

---

[2] Erneuerbare Energien Gesetz „2000" vom 29. März 2000 (BGBl I 2000, 305), geändert durch G v. 22. 12. 2003 I 3074 mit den Folgefassungen 2004, 2009, 2012, 2014 und demnächst 2016.

[3] §5 Nr. 14 EEG „2014" vom 21. Juli 2014 (BGBl. I S. 1066), zuletzt geändert durch Artikel 2 Absatz 10 des Gesetzes vom 21. Dezember 2015 (BGBl. I S. 2498).

[4] BMWI, Erneuerbare Energien in Zahlen, August 2015, S. 11.

[5] S. §51 Abs. 1 Nr. 2 und 3 EEG 2014.

[6] BMWI, Erneuerbare Energien in Zahlen, August 2015, S. 11.

[7] https://mediathek. fnr. de/entwicklung-biogasanlagen. html.

[8] BMWI, Erneuerbare Energien in Zahlen, August 2015, S. 8.

[9] BMWI, Erneuerbare Energien in Zahlen, August 2015, S. 7.

[10] §2 a Mineralölsteuergesetz (MinöStG) Art. 5 G. v. 21. 12. 1992 BGBl. I S. 2150, 2185, 1993 I S. 169; aufgehoben durch Artikel 3 G. v. 15. 07. 2006 BGBl. I S. 1534.

[11] Energiesteuergesetz vom 15. Juli 2006 (BGBl. I S. 1534; 2008 I S. 660, 1007), zuletzt geändert durch Artikel 10 des Gesetzes vom 3. Dezember 2015 (BGBl. I S. 2178).

征收的能源税被提高为全税率,[12]致使植物油生产不再获利,最终这个产业停业。尽管如此,农业仍然为生物燃料产业提供着原料,比如用油菜提炼植物甲酯、用谷物和甜菜提炼乙醇,而这仍然离不开农业为其提供原料。

二、法律框架条件

(一)发电——回顾

从1991年起,可再生能源发电开始被推动。并在其后的25年间从未被停止。《德国电力上网法》规定,可再生能源发电设备运营商有权要求接入公共电网,[13]提供和接收可再生能源电力,以及获得法定的补偿。根据《德国电力上网法》规定,(从1991年起)沼气发电设备的使用者能够获得每千瓦时电价的75%的补贴。[14] 20世纪90年代末的电力市场的自由化导致电价下降,以至于即使根据《德国电力上网法》的规定,可再生能源发电也变得不再能盈利。基于政策上的考量,一项新的制度必须被构建起来以保证进一步推动可再生能源发电的技术步伐不受阻碍。立法者改变了该法中相关的补偿制度。在2000年,《德国可再生能源法》(EEG2000)规定补贴的数额精确到每千瓦时。具体的规则如下表:[15]

装机容量达到	补贴(欧分/千瓦时)
500 千瓦	10.23 欧分
5000 千瓦	9.21 欧分
5000 千瓦	8.70 欧分

补贴数额与设备的装机容量的高低呈成反比,即设备装机容量越高补贴越少。一个装机容量达到500千瓦的沼气发电设备每输送1千瓦时单位的电量便可以得到10.23欧分的补贴,而装机容量达到或者超过5000千瓦的设备可以得到8.7欧分每千瓦时的补贴。

---

〔12〕 § 50 Abs. 3 Energiesteuergesetz.

〔13〕 § 2 StromEinspG.

〔14〕 § 3 Abs. 1 StromEinspG.

〔15〕 § 5 Abs. 1 EEG 2000.

例如,一个装机容量为 750 千瓦的沼气发电设备在 500 千瓦的范围内首先按 10. 23 欧分每千瓦时计算,超出的 250 千瓦按 9. 21 欧分每千瓦时计算,平均为 9. 89 欧分每千瓦时。

《德国可再生能源法》(2000)中的补贴规则也适用于光伏和风力发电领域。[16] 此外,这部法律也适用于水力发电、垃圾填埋气发电、煤矿瓦斯发电、沼气[17]和地热发电。[18]

除水力发电外,这项可再生能源发电的补贴请求权可以存续 20 年,投产那年为起算点。[19] 投产是指设备初次投入发电。[20]

《德国可再生能源法》(2000)的规则在 2004 年[21]和 2009 年[22]以修订案的形式被修订,其中就沼气和光伏发电领域的补贴规则进行了调整。

《德国可再生能源法》(2004)对使用可再生资源,如使用玉米或谷物等发电设置了一项偿付制度。[23] 立法者之所以这么规定的理由是"生物质能的利用在实现气候保护型能源供应方面有巨大潜力且该潜力至今尚未被充分地开发出来。同时,其利用也为当地的农林业发展提供了前景"。

为此,对沼气发电的补贴在基本补贴金额在每千瓦时 11 欧分的基础上增加了 6 欧分。这通常被称为可再生能源发电的奖励金。《德国可再生能源法》(2004)还规定了每千瓦时 2 欧分的奖励金,[24]该项奖励目的是鼓励可再生能源发电商使用特定的科技(如干燥发酵)和利用由中央供暖站发电产生的热量,[25]并对相应的设备配置的补贴最高可以达到 21 欧分每千瓦时。这项偿付

---

〔16〕 § 7 EEG 2000 – Vergütungen aus Windkraft; § 8 EEG 2000 – Vergütungen für Strom aus solarer Strahlungsenergie.

〔17〕 § 4 EEG 2000.

〔18〕 § 6 EEG 2000.

〔19〕 § 9 Abs. 1 S. 1 EEG 2000.

〔20〕 Clearingstelle, Hinweis vom 25. 06. 2010, Nr. 2010/1.

〔21〕 Erneuerbare-Energien-Gesetz vom 21. Juli 2004(BGBl. I S. 1918).

〔22〕 Erneuerbare-Energien-Gesetz vom 25. Oktober 2008(BGBl. I S. 2074).

〔23〕 § 8 Abs. 2 EEG 2004.

〔24〕 § 8 Abs. 4 EEG 2004.

〔25〕 § 8 Abs. 3 EEG 2004.

的设置使在2004～2008年间沼气发电设备的安装数量显著上升。

在光伏发电领域中，在建筑物屋顶上安装的光伏发电的设备被给予一项每千瓦时高达57.4欧分的补贴，这为其创造了大量的市场需求。[26] 在随后的那些年里，德国的产能和中国一样得到了提高。逐步地，光伏发电设备价格因而明显下降。面对多方要求，德国的立法者因而降低了对于光伏发电的补贴。目前，只需要给予新落成投产的光伏"屋顶"系统每千瓦时约12.31欧分[27]的补贴，该数额几乎是2004年所支付的补贴金额的21%。

在《德国可再生能源法》(2009)中，沼气发电的补贴被进一步提高了。这是迫于市场价格上升导致光伏发电的收益减少的情况下立法者的无奈之举。

使用可再生原料的补贴从每千瓦时6欧分上调到7欧分，[28]并且使用热能的补贴也从每千瓦时2欧分被提高到3欧分。[29] 同时补贴也适用于使用液体肥料(在150千瓦内4欧分每千瓦时，150～500千瓦内1欧分每千瓦时)、[30]使用环保的植物材料(2欧分每千瓦时)[31]或者使用低排放的发动机技术(1欧分每千瓦时)。[32] 这促使了在2009～2011年沼气发电设备建设的又一次明显增长，这也势必会加强包括土地市场在内的国内农业市场的竞争。

随着对《德国可再生能源法》(2012)[33]进一步的修正，《德国可再生能源

[26] § 11 Abs. 2 Nr. 1 EEG 2004.

[27] § § 51 Abs. 2, 31, 26 EEG 2014. http://www. bundesnetzagentur. de/DE/Sachgebiete/ElektrizitaetundGas/Unternehmen _ Institutionen/ErneuerbareEnergien/Photovoltaik/DatenMeldgn_EEG-VergSaetze/DatenMeldgn_EEG-VergSaetze_node. html.

[28] § 27 Abs. 4 Nr. 2 i. V. m. Anlage 2 Nr. VI 2 a EEG 2009.

[29] § 27 Abs. 4 Nr. 3 i. V. m. Anlage 3 EEG 2009.

[30] § 27 Abs. 4 Nr. 2 i. V. m. Anlage 2 Nr. VI 2 b EEG 2009.

[31] § 27 Abs. 4 Nr. 2 i. V. m. Anlage 2 Nr. VI 2 c EEG 2009.

[32] § 27 Abs. 5 EEG 2009.

[33] Gesetz zur Neuregelung des Rechtsrahmens für die Förderung der Stromerzeugung aus erneuerbaren Energien vom 28. Juli 2011 (BGBl. I S. 1634) und das Gesetz zur Änderung des Rechtsrahmens für Strom aus solarer Strahlungsenergie und zu weiteren Änderungen im Recht der erneuerbaren Energien vom 17. August 2012 (BGBl. I S. 1754) (kurz: PV-Novelle 2012).

法》(2014)最终在 2014 年生效,[34] 其中明显减少了对光伏发电的补贴的规则。[35]

2014 年终止了 2003 年开始的对沼气发电设备在可再生能源的发电上的支持。[36] 从那以后只有少量的沼气发电设备被建立,到 2015 年,新增的光伏装机量仅约为 10 兆瓦。

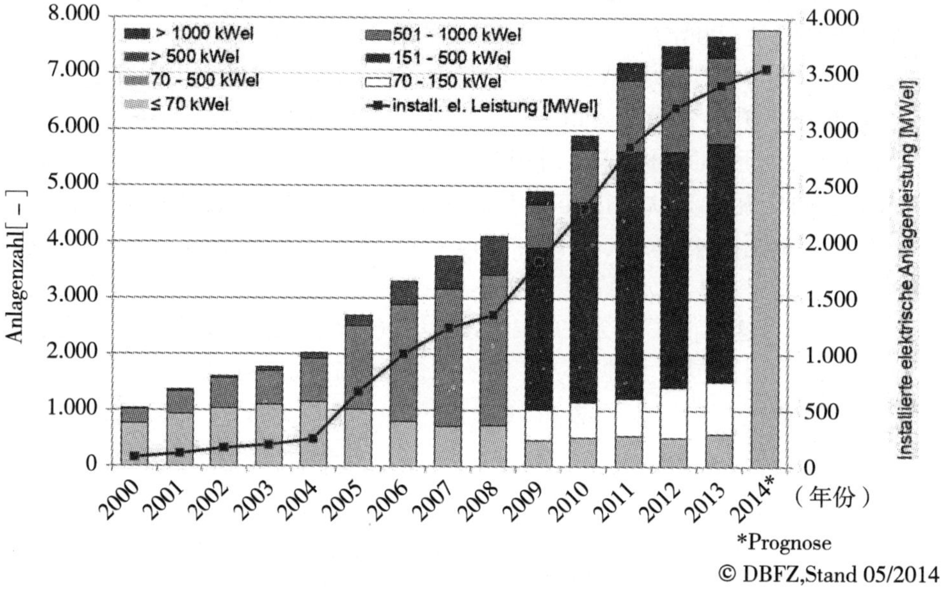

德国 2000 ~ 2014 年间沼气发电设备安装的数量[37]

图表注解:

2000 年德国有 1000 台沼气发电设备。在《德国可再生能源法》(2004)生效时这一数字是 2000。2004 ~ 2011 年间这一数字从 2000 上涨到超过 7200[在这期间先后适用新旧两部法,即《德国可再生能源法》(2004)和《德国可再生能源法》(2009)]。此后这一数字开始下降。

---

[34] Erneuerbare-Energien-Gesetz vom 21. Juli 2014 (BGBl. I S. 1066), zuletzt geändert durch Artikel 2 Absatz 10 des Gesetzes vom 21. Dezember 2015 (BGBl. I S. 2498).

[35] § § 51 und 30 EEG 2014.

[36] Siehe dazu § § 44 – 47 EEG 2014.

[37] Scheftelowitz/Thrän, Biomasse im EEG 2016, DBFZ, 4. 03. 2016, S. 3.

(二)可再生能源发电的输送按照法律对于新建设备的规定

《德国可再生能源法》(2014)与之前的规定一样继续推动着可再生能源发电的发展,同时设定了扩大可再生能源发电的目标:可再生能源发电的份额在德国电力消费总额中的比例在2025年应该达到40%~45%,2050年则要达到80%。[38]

为了使电力生产和电力消费进一步相联系,在未来电力市场的一体化应该被推动。这意味着电力不再仅仅像现在这样被输送后被转让给电网运营商,而是直接交到电力市场中的电力运营商手上。多数时候,设备运营商在电力交易所从电力运营商手中购买电力,并根据市场情况向第三人转售,立法者将其称为直接市场化。

风力发电和光伏发电依赖于天气情况和日照水平,而天气和日照状况是反复易变的,这使风力发电和光伏发电变得困难。因此我们需要一项技术来克服电力生产中的波动。而沼气技术恰好具备这样的功能,因为沼气不但可以用来发电还可以被存储。

(三)直接市场化

在直接市场化下可再生能源发电商可以得到一笔卖出收益。这笔收益金额来源于位于巴黎的欧洲电力交易所售出的电量。因为可再生能源不能以其价格营利,《德国可再生能源法》(2014)确定了每一个可再生能源的上网电价。可再生能源发电商额外地从电网经营者那里获得一笔价款,它来自于法定上网电价和以公历月为标准的平均交易价格之间的差额。立法者称为"市场奖金"。[39]

例如2015年,一个沼气发电设备的运营商使用他的500千瓦的设备的法定的上网电价为12.34欧分每千瓦时。[40]。11月的平均交易价格比如是3欧分每千瓦时。将法定的上网电价(12.34欧分每千瓦时)从11月所计算的平均交易价格中扣除,计算得到的市场奖励达到了3欧分每千瓦时。那么电网运营商偿付的市场奖励总计为(12.34-3=9.34欧分每千瓦时)。当供电商还想将电力资源更好、更进一步地市场化时,为了要得到市场奖励,他必须维持高于平

[38] § 1 Abs. 2 EEG 2014.

[39] § § 19 Abs. 1 Nr. 1,34 EEG 2014.

[40] Siehe § 44 Abs. 1 EEG 2014.

均交易价格的售价。此处的供电商也就是销售电力资源的人。

(四)上网电价期限

上网电价期间开始于运行设备的那一年,总计20年。[41]

(五)法定的债权债务关系

《德国可再生能源法》(EEG)以存在于电网运营商和供电商之间的债权债务关系为基础。因此在供给、接收(Abnahmen)以及补贴电力之前,电网运营商没有权利要求订立一个书面的合同。[42] 因此,关于上网电价金额或者返还请求权的法律争议由民法的特性和有序的司法管辖来处理。

(六)供电商的义务

为了保证将这些符合相应规则的供电设备链接到电网中,供电商必须注意这些法律和技术的指标。[43] 紧接着,专业人员完成电网的接入。此外,供电设备在有被确定的容量阀值的时候(比如给沼气发电设备是100kW或者给光伏发电设备是30kw),要装备上一个操纵装置,使在超负荷的情况下网络运营商有可能调节这个设备,能够整体或者部分地中止供电。

因为立法者也将《德国可再生能源法》(EEG)看作是一个保护气候的规则,为了尽可能地避免破坏气候的甲烷被排放到大气中,他们在生物发电装置上提出了特别的要求。因此,新的发酵仓库是被密封的,[44]并且安装天然气消耗装置(比如火炬)以防(中央供暖站的)发电设备的损害。[45] 发酵的时长也被法律规定(150天)。[46]

如果供电商没有履行法定义务,则将其上网电价请求权压缩到平均每个月交易所的价格(每月价格)。[47]

(七)扩大电网容量

电网运营商必须按照供电需求者的要求,加强、优化和扩建他们的电网,为

〔41〕 § 22 EEG 2014.

〔42〕 § 7 EEG 2014.

〔43〕 § § 10,11 EEG 2014.

〔44〕 § 9 Abs. 5 Nr. 1 EEG 2014.

〔45〕 § 9 Abs. 5 Nr. 3 EEG 2014.

〔46〕 § 9 Abs. 5 Nr. 2 EEG 2014.

〔47〕 § 25 Abs. 2 Nr. 1 EEG 2014.

了确保接收、输送和分配“可再生能源法中规定的电力资源”。[48] 当对于电网运营商来说扩建设备在经济上不可承担时，他的义务就终止了。当电网运营者没有对他们的义务负责，那么他要补偿供电需求者因此产生的损失。

(八)通知和证明义务

供电营运者有告知每年决算的必要信息的义务。[49] 此外，递交一份由环境鉴定人认证的发表意见，是确定上网价格的前提条件。[50]

(九)电力输送管理

当电网超负荷时，允许网络运营商部分或者全部地从电网中撤出他们的设备。[51] 再考虑光伏发电设备。当在一定范围内一个设备规则被执行时，网络运营者要通知供电商。网络运营者应该偿还供电商漏掉的收入以及由此产生的花费。这也可能适用于存在的对于网络运营商的损害赔偿请求权。

(十)接入电网的花费

供电商不得不承担可再生能源发电设备在下一个国家电网接入口的花费。[52] 否则，网络运营商分配给供电商其他位置的接入口，就会承担更多的花费[53]。优化、强化或者扩建电网的花费由网络运营商承担。[54]

(十一)上网电价的花费的分配

可再生能源补贴产生的费用被分摊到被输送的电的购买价格上，最终由消费者承担。[55] “由可再生能源产生的费用分摊”的数目，在每个日历年被重新算出。2016 年的数字是 6. 345 欧分每千瓦时并且在最近一年剧烈攀升。[56] 特别是为了减少一些耗电较多的企业的沉重负担，可以全部或者部分地免除这些

---

[48] § 12 EEG 2014.

[49] § 71 EEG 2014.

[50] Siehe unter anderem § 47 Abs. 3 S. 2 EEG 2014.

[51] § 14 EEG 2014.

[52] § 16 Abs. 1 EEG 2014.

[53] § 16 Abs. 2 EEG 2014.

[54] § 17 EEG 2014.

[55] § 61 EEG 2014, § 7 Ausgleichsmechanismusverordnung (AusglMechV) vom 17. Februar 2015 (BGBl. I S. 146).

[56] https://www.netztransparenz.de/de/EEG-Umlage.htm.

企业的关于可再生能源法产生的费用分摊。[57]

(十二)双重的市场化禁止

可再生能源法规定电不允许多次出售或者出让给其他人。[58] 因此,根据《德国可再生能源法》(2014),被输送的电和二氧化碳排放证书不允许投放市场。这导致了可再生能源法上的上网电价的废止。

(十三)生物质的可持续性要求

像过去的规定一样,《德国可再生能源法》(2014)包括一个公布规定的授权,依照欧盟法的可再生能源的方针[59]来调节持续加大发展生物质的要求。[60] 迄今为止,中央供暖站只利用流动性的用植物油和植物油甲酯提炼的生物质。[61] 由于其复杂性,个人难以做到。

(十四)未来可再生能源发电的上网电价

为了建立上网电价的公开招标的基础,《德国可再生能源法》需要一个新修正案。立法者的目的在于,未来的上网电价的数额要在一个招标程序中被公开并且得出一个有紧密市场相关性的上网电价。因此,关于生物质发电的最高价值被拟定为14.48欧分每千瓦时。[62] 在招标程序的结构中,利益相关者应当以低于某个价格(比如14.00欧分每千瓦时)报价。当给出的报价是最优的时候,报价者会得到和报价相同的附加费用(这里是14.00欧分每千瓦时)。在前述种情况下,沼气供电将持续20年。《德国可再生能源法》(2016)应该在本年年中生效。2016年年末开始第一轮公开招标。

为了让补贴期限为20年但在明年到期的沼气设备能够连接入网,应该给

---

〔57〕 § 64 EEG.

〔58〕 § 80 EEG 2014.

〔59〕 Richtlinie 2009/28/EG des Europäischen Parlaments und des Rates vom 23. April 2009 zur Förderung der Nutzung von Energie aus erneuerbaren Quellen und zur Änderung und anschließenden Aufhebung der Richtlinien 2001/77/EG und 2003/30/EG.

〔60〕 § 90 EEG 2014.

〔61〕 Biomassestrom-Nachhaltigkeitsverordnung vom 23. Juli 2009 (BGBl. I S. 2174), zuletzt geändert durch Artikel 3 des Gesetzes vom 20. November 2014 (BGBl. I S. 1740).

〔62〕 Kabinettsbeschluss vom 8. 06. 2016 über den Gesetzesentwurf des EEG 2016, § 39b Abs. 1.

予其公开招标的可能性。在立法程序之前,关于公开招标尤其是招标的最高价值的问题被激烈讨论。[63]

(十五)建筑规划法规的上的优先权

为了使可再生能源供电设备也能在内部地区以外建立,也就是能够在所谓外部地区内建立,《德国建筑法典》(BauGB)[64]中应当有相应的改动。

《德国建筑法典》因而规定了原则上只允许特定的建筑规划在外部地区实施。[65] 该特定建筑规划中特别包括了服务于农业企业的那些供电设备,[66]当在这个企业中消耗的电力中的大多数是由供电设备产生的(明显超过50%),那么该供电设备服务于该农业企业。[67]

由于在外部地区内更大的沼气、光伏或者风能发电设备的建造是不被允许的,[68]立法者因此在《德国建筑法典》中采纳以下优先权:

风能发电设备原则上允许在外部地区有优先权,[69]除非乡镇或者城区已经将特殊计划的区域安排给了风能发电使用。风能发电设备只有在以上提及范围内被允许,反之在外部地区的其他地方不再存在优先权。

在外部地区建立沼气发电设备只有满足以下条件才被允许。[70] 首先,这个沼气供电设备必须在农业企业或园林建筑企业中使用。其次,沼气供电设备已经应该被连接到一个公共的供给网络中。此外,还须满足下列条件:

(1)这个空间的规划与企业的空间功能有关;

(2)沼气主要产生于企业或者主要产生于相关的农业企业或者园林建筑的企业;

---

[63] für die Ausschreibung der Anschlussförderung für Bestandsanlagen ist ein Höchstwert von 16,9 Cent vorgesehen(§ 39f Abs. 5 Nr. 3 Entwurf – EEG 2016).

[64] Baugesetzbuch in der Fassung der Bekanntmachung vom 23. September 2004(BGBl. I S. 2414),zuletzt geändert durch Artikel 6 des Gesetzes vom 20. Oktober 2015(BGBl. I S. 1722).

[65] § 35 BauGB.

[66] § 35 Abs. 1 Nr. 1 BauGB.

[67] BVerwG, Urteil vom 4. 11. 2008, 4 B 44. 08

[68] § 35 Abs. 1 Nr. 5 BauGB.

[69] § 35 Abs. 3 S. 3 BauGB.

[70] § 35 Abs. 1 Nr. 6 BauGB.

(3)在每个小农庄或者企业的驻地只运行一个设备;

(4)并且每年一个沼气供电设备的电容在每个不超过2.3百万标准立方,另外的设备燃烧供暖的功率不超过2.0百万瓦特。

最后,也就是屋顶上和在外部地区上存在的建筑的外墙上安装的光伏发电是被允许的。[71] 设备必须被安装于建筑上。当光伏发电的设备的面积明显大于屋顶面积或其高度高于屋顶,此时"建筑物从属关系"的法律前提就不再存在了。

三、结　论

通过上述内容,我们认识到可再生能源的上网电价在农业上有特别的意义。可再生能源的补贴的规定在过去的25年间持续地被修改以适应新的要求的发展。我们认识到了光伏发电和风能发电有限的可持续性,却没有认识到推动沼气发电的重要作用。更多的时候是立法者唤起了人们一个巨大的期望,沼气净化成甲烷紧接着将它们输送到天然气的网络中,并直接引起上网电价事实上的减少。未来将如何走下去的问题现在存在于整个行业。虽然整体的情况不容乐观,但沼气科技给解决这个问题提供了一个可能性,因为沼气科技的运用能够平衡可再生能源中风能和太阳能的供电的易变性,这也进而使被提供上网的电价变得合理。

[71] § 35 Abs. 1 Nr. 8 BauGB.

外国法译介专栏

南京大学、哥廷根大学中德法学研究所 译

《德国反限制竞争法》(2013 年 8 月修订)

中德法学论坛
第 14 辑,第 229 ~308 页

《德国反限制竞争法》*

(2013 年经第八次修订,于 2013 年 8 月 7 日公布)
南京大学中德法学研究所译

第一编 限制竞争行为

第一章 限制竞争的协议、决议及协同行为

第一条 禁止限制竞争协议

禁止以阻碍、限制或扭曲竞争为目的或者产生阻碍、限制或扭曲竞争后果的企业间协议、企业联合组织的决议以及协同行为。

第二条 协议的豁免

(1)企业间的协议、企业联合组织的决议以及协同行为不适用第一条,如果协议、决议和协同行为有利于改善商品的生产或销售,或者有利于促进技术或经济进步,同时,消费者能够适当地分享由此获得的利益,而且:

1. 参与企业没有受到为实现上述目的所不必要的限制;

2. 上述行为也没有排除参与企业就相关产品的重大部分开展竞争的可能。

(2)在适用第 1 款时,同时适用欧洲理事会或者欧盟委员会发布的关于《欧盟运行条约》第 101 条第 3 款适用于特定种类的协议、企业联合组织的决议以

---

* 《德国反限制竞争法》共分六编,翻译成中文超过 6 万字。最早的版本由邵建东翻译;在此基础上,2005 年第七次修订版由方小敏、杨娟、李淳翻译;这里收入的 2013 年第八次修订版中文翻译由南京大学中德法学研究所李琼、郝慧、冀梦娇、徐苗、李悦、周晓慧等多位同学共同完成,由方小敏审校。使用该翻译文本,请注明由南京大学中德法学研究所翻译,并注明本书出处。

及协同行为的条例(集体豁免条例)。即使协议、决议及行为不会损害欧盟成员国之间的贸易,本款规定仍然适用。

第三条 中小企业卡特尔

以通过企业间合作实现经济过程合理化为内容的、由处于竞争关系中的企业订立的协议、企业联合组织的决议,视为符合第 2 条第 1 款的豁免规定,如果:

1. 没有因此实质性地损害市场竞争;并且

2. 该协议或者决议有利于改善中小企业的竞争能力。

第四条至第十七条

(已废止)

第二章 市场支配,限制竞争的行为

第十八条 市场支配

(1)如果一个企业作为某类商品或者工商业服务的供应者或需求者,在相关产品市场和相关地域市场上符合了以下条件,即具有市场支配地位:

1. 没有其他竞争者;

2. 没有面临实质上的竞争;或者

3. 相对于其它竞争者具有突出的市场地位。

(2)本法意义上的相关地域市场的适用范围大于本法的生效范围。

(3)在评估一个企业相对于它的竞争者的市场地位时,特别应考虑以下因素:

1. 市场份额;

2. 财务实力;

3. 采购或销售市场的可入性;

4. 与其他企业联系的紧密程度;

5. 其他企业进入市场时法律上或事实上的障碍;

6. 来自本法适用范围以内或以外的企业的实际或潜在的竞争;

7. 将其供货或需求转变为其他产品或工商业服务的能力;

8. 市场选择其他企业的相反市场的可能性。

(4)如果一个企业有至少 40% 的市场份额,则推定这个企业具有市场支配地位。

(5)当有如下情形时,两个或两个以上的企业具有市场支配地位:

1. 在特定类型的商品或工商业服务上，它们之间不存在明显的竞争；以及

2. 它们在整体上满足第 1 款规定的前提。

(6) 当有如下情形时，多个企业组成的整体具有市场支配地位：

1. 由三个或更少的企业组成，一共拥有 50% 的市场份额；或者

2. 由五个或更少的企业组成，一共拥有三分之二的市场份额。

(7) 第 6 款的推定可以被推翻，如果这些企业证明：

1. 可以期望他们之间有明显的竞争；或者

2. 这些企业组成的整体相对于其他竞争者没有优势市场地位。

第十九条 具有市场支配地位的企业的禁止性行为

(1) 禁止一个或多个企业滥用市场支配地位。

(2) 当具有支配地位的企业作为某种特定类型的商品或工商业服务的提供者或需求者时，滥用尤其存在于以下几种情形中：

1. 直接或间接地不正当妨碍另一家公司，或者，没有客观的正当性理由，直接或间接地区别对待同类公司；或者

2. 提出与有效竞争环境下理应获取的报酬或其他交易条件相背离的报酬或交易条件；在此，特别应当考虑在有效竞争的同类市场上企业可能采取的行为方式；或者

3. 提出的报酬或其他交易条件与它自己在其他同类市场上向同类购买人要求的报酬或其他交易条件比较相差甚远，且无实质性正当理由；或者

4. 拒绝其他企业以合理对价进入其拥有的网络或其他基础设施，导致另一个企业由于事实上或者法律上的原因无法在前置或者后置市场上作为占市场支配地位的企业的竞争者从事经营活动；但是，占市场支配地位的企业能够证明因为运营条件或者其他原因导致网络或其他基础设施的共同使用不可能或者不可期待的除外；或者

5. 利用其市场地位，要求或促使其他企业在没有任何实质性正当理由的情况下给予他利益。

(3)第 1 款结合第 2 款第 1 项和第 5 项的规定也适用于在第 2 条、第 3 条、第 28 条第 1 款、第 30 条第 2a 款、第 31 条第 1 款第 1、2、4 项意义上的相互竞争的企业的联合组织。第 1 款结合第 2 款第 1 项的规定也适用于根据第 28 条第 2 款或第 30 条第 1 款第 1 句或第 31 条第 1 款第 3 项实施价格约束的企业。

第二十条 具有相对或优势市场力的企业的禁止性行为

(1)第19条第1款以及第2款第1项的规定也适用于中小企业所依赖的企业或者企业联合组织,如果作为某类商品或工商业服务的供应者或需求者的中小企业如此依赖于该企业或企业联合组织,没有充分的、可期待的可能性转向其他企业(重要市场力)。如果某类商品或服务的需求者从供应者不仅得到商业上通行的折扣或其他利益给付,还长期额外获得同类需求者不享有的特别优惠,在本款第1句意义上推定该供应者依赖于需求者。

(2)第19条第1款以及第2款第5项的规定同样适用于企业和企业联合组织与依赖于它们的企业之间的关系。

(3)相对于中小企业具有市场优势的企业,不得利用其市场优势,直接或者间接地不公平地阻碍这些中小竞争者。第1句意义上的不公平阻碍,即如一个企业

1. 提供低于成本价的《食品与饲料法》第2条第2款意义上的食品;或者
2. 提供非临时性的低于成本价的其他商品或者工商业服务;或者
3. 以高于该企业自身在该市场中要求支付的价格,向在下游市场上与该企业在销售商品和工商业服务上形成竞争的中小企业供货。

除非每一次均有实质性正当理由。当及时的卖出可以阻止商品腐坏或者商人商品卖不出去以及其他类似严重程度的情况时,低于成本价提供食品是有实质性正当理由的。在公益机构任务的范围内,低价出售食品给公益机构,不属于不公平的阻碍。

(4)如果基于某些事实,根据一般经验判断,一个企业有利用其第3款意义上的市场优势的迹象,该企业有义务推翻这一判断,并对该企业业务范围内可能产生请求权的情形予以澄清,如果相关竞争者或者第33条第2款规定的协会无法予以澄清,而被请求的该企业却较容易澄清,并且可以合理期待它澄清的。

(5)经济联合组织、企业联合组织以及质量标志协会不得拒绝企业的加入,如果该拒绝会导致实质上无正当理由的不平等待遇,并在竞争中给企业造成不公平损害。

第二十一条 禁止联合抵制,禁止其他限制竞争的行为

(1)企业及企业联合组织不得以不公平地损害某些企业为目的,要求另一个企业或者企业联合组织封锁供货或封锁采购。

(2)企业或企业联合组织,不得用不利益胁迫或加害其他企业,或者向其他企业承诺或提供好处,促使其他企业从事按照:

1. 本法;或者

2. 欧盟运行条约第 101 或第 102 条;或者

3. 欧盟委员会或卡特尔当局根据本法或欧盟运行条约第 101 或第 102 条做出的处分;

不得作为合同约束内容的行为。

(3)企业或者企业联合组织不得强迫其他企业:

1. 加入第 2 条、第 3 条或者第 28 条第 1 款中所规定的协议或者决议;或者

2. 与其他企业进行第 37 条意义上的合并;或者

3. 为限制竞争的目的,在市场上采取同一形式的行为。

(4)禁止因为其他企业申请或建议卡特尔当局干预,而对它施加经济上的不利益。

第三章　欧洲竞争法的适用

第二十二条　本法与《欧盟运行条约》第 101 条和第 102 条的关系

(1)对《欧盟运行条约》第 101 条第 1 款意义上的、妨碍了欧盟成员国间贸易的企业间协议、企业联合组织的决议和协同行为,也适用本法规定。在这种情况下,还应根据《欧共体第 1/2003 年号条例》的第 3 条第 1 款第 1 句,即欧共体理事会于 2002 年 12 月 1 日颁布的"关于实施《欧共体条约》第 81 条和第 82 条竞争规则的条例"(载于《欧共体官方公报》2003 年第 L1 期第 1 页),同时适用《欧盟运行条约》第 101 条的规定。

(2)企业间协议、企业联合组织的决议和协同行为虽然符合了"妨碍欧盟成员国间贸易"这一要件,但

1. 并未限制《欧盟运行条约》第 101 条第 1 款意义上的竞争;或者

2. 满足了《欧盟运行条约》第 101 条第 3 款的豁免条件;或者

3. 包含在某个关于适用《欧盟运行条约》第 101 条第 3 款的条例内,

则根据《欧共体第 1/2003 年号条例》第 3 条第 2 款第 1 句的规定,不得依据本法禁止该企业间协议、企业联合组织的决议或协同行为。

这并不影响本法第 2 章的适用。在其他情形下,依据欧盟法,优先适用《欧盟运行条约》第 101 条。

(3)本法也可以适用于《欧盟运行条约》第102条规定的禁止滥用行为。在这种情况下,根据《欧共体第1/2003年号条例》第3条第1款第2句,还应该适用《欧盟运行条约》第102条的规定。本法中较之共同体法更为严格的规定的适用不受影响。

(4)在不损害欧盟法的前提下,本条第1款至第3款规定不适用于企业合并控制规定。主要以实现《欧盟运行条约》第101条和第102条以外的目的为目的的规定,不适用本章规定。

第二十三条

(已废止)

第四章 竞争规则

第二十四条 定义,申请承认

(1)经济联合组织和企业联合组织可以为它们所在的领域制定竞争规则。

(2)竞争规则,是指那些调整企业竞争行为,抵制竞争中有悖正当竞争原则或有效的效能竞争原则的行为,并鼓励在竞争中符合这些基本原则的行为的规定。

(3)经济联合组织和企业联合组织可以向卡特尔当局申请承认竞争规则。

(4)要求承认竞争规则的申请必须包括以下内容:

1. 经济联合组织或者企业联合组织的名称、法律形式以及通讯地址;

2. 其代表人的姓名以及通讯地址;

3. 对该竞争规则的业务适用范围和地域适用范围的说明;

4. 该竞争规则的原文。

申请必须附有:

1. 该经济联合组织或企业联合组织的章程;

2. 竞争规则符合章程要求的证明;

3. 同一经济层次的其它经济联合组织或企业联合组织和企业以及供货人或购买人联合组织,以及相关行业各有关经济层次的联邦性组织的清单。

在申请中不得做出或者使用不正确或不全面的陈述,为申请人或其他人骗取对竞争规则的承认。

(5)对已获承认的竞争规则所作的修改或补充,必须通知卡特尔当局。

第二十五条 第三人的意见

卡特尔当局应当给同一经济层次的非参与企业、竞争规则所涉及的供货人和购买人的经济联合组织或企业联合组织以及相关经济层次的联邦性组织发表意见的机会。当消费者的权益受到显著影响时,第一句规定同样适用于消费者中心和其他得到公共资金支持的消费者协会。卡特尔当局可以针对要求承认的申请进行公开的口头会谈,任何人都可以提出反对承认的抗辩。

第二十六条 承认

(1)卡特尔当局以做出处分的方式,承认竞争规则。该处分的内容是,卡特尔当局将不行使它依第六章享有的权力。

(2)竞争规则违反了本法第1条的禁令并且不能根据第2条和第3条获得豁免的,或者违反了本法、《反不正当竞争法》的其他规定或者其他法律条文的,卡特尔当局必须拒绝要求承认的申请。

(3)经济联合组织和企业联合组织应当将其制定的、已获承认的竞争规则失效的事实,告知卡特尔当局。

(4)卡特尔当局事后认定具备第2款所规定的拒绝承认的条件的,应当撤销或撤回承认。

第二十七条 竞争规则的公布,公告

(1)获得承认的竞争规则应当在联邦公报中中公布。

(2)在联邦公报中应当公告以下内容:

1. 第24条第3款规定的申请书;

2. 第25条第3款规定的口头会谈时间的安排;

3. 对竞争规则的承认,竞争规则的修改和补充;

4. 第26条第2款规定的拒绝承认,第26条第4款规定的撤销或者撤回承认。

(3)在依第2款第1项公布申请书时,应当指出,申请承认的竞争规则已经存放在卡特尔当局供公众查阅。

(4)第2款第1项中规定的申请书获得承认的,公布该承认时,只需提及申请书的公布即可。

(5)对已获承认,但没有依照第1款公布的竞争规则,卡特尔当局依照第24条第4款第1句的说明回答咨询。

第五章 适用于特定经济领域的特殊规定

第二十八条 农业

(1)第1条不适用于农业生产者企业,也不适用于农业生产者企业的联合

组织以及这些联合组织的联盟做出的有关以下内容的协议和决议：

1. 农产品的生产或销售；或者

2. 为储存、加工、处理农产品，使用共同设施。

但以不含价格约束和不排除竞争为限。培植植物的企业和饲养动物的企业以及在这一层次上从事经营的企业，视为农业生产者企业。

(2) 第 1 条不适用于有关农产品的分类、标记或者包装的垂直价格约束。

(3) 农产品指《欧盟运行条约》附录 1 中所列的产品以及对这些产品进行加工或处理后得到的商品，其加工和处理通常由农业生产者企业或其联合组织承担。

第二十九条 能源经济

一个供应电力或者管道煤气的企业，不得通过以下方式滥用其单独或者与其他供应企业共同享有的市场支配地位：

1. 提出的报酬或其他交易条件与其他供应企业或者其他同类市场中的企业相差甚远，除非该供应企业能证明存在实质性正当理由，并且仅在卡特尔局的程序中适用说明责任和举证责任倒置；或者

2. 提出的报酬不合理地超过成本费用。

在根据第 1 句确认滥用行为的时候，不考虑在竞争中本不会产生的成本费用。第 19 条和第 20 条的规定不受影响。

第三十条 报纸期刊的价格约束

(1) 报纸或期刊发行企业通过与对方签订协议，从法律上或者经济上约束购买者的产品转售价格，或者对购买者施加与固定转售价同样的约束，直至产品到达最终消费者，上述协议行为不适用第 1 条。报纸期刊的影印品、替代品和通过整体评估可以被视为出版物类型的产品，以及以报纸期刊为主的组合产品，都属于报纸和期刊。

(2) 第 1 款中与价格和价格组成部分有关的协议采用书面形式。为此，参与人只要在价格清单或者价格报告文件上签字即可。《民法典》第 126 条第 2 款在此不适用。

(2a) 第 1 款不适用于依照第 1 款对报纸或杂志的价格进行约束的企业（新闻出版商）的联合组织与以下两种主体之间订立的行业协议：一种是由其客户企业组成的联合组织，即指对存在价格约束的报纸和杂志有（错页、缺页等）退回权并将该报纸和杂志连带退回权销售给最终销售者的企业（新闻批发商）；另

一种是由该联合组织代表的企业，只要在该行业协议中规定了批发商对报纸和杂志的全面、非歧视性的销售，特别是销售的条件、报酬，以及由此产生的无偿服务。对此，第1句涉及的联合组织和由其代表的新闻出版商和新闻批发商根据《欧盟运行条约》第106条第2款确保为了整体经济利益在固定零售中全面、非歧视性地销售报纸和杂志。第19条和第20条不受影响。

(3)下列情况下，联邦卡特尔局可以依职权或者依受约束的购买者的申请，宣布价格约束无效，并且禁止使用同类价格约束：

1.该价格约束被滥用；或者

2.该价格约束本身或者该价格约束与其他限制竞争行为一起会导致受约束的商品价格上涨，或者阻碍其价格的下降，或者限制其生产或销售。

第三十一条　供水合同

(1)第1条的限制竞争协议禁止不适用于公共供水企业(供水企业)和以下几种主体之间的协议：

1.其他供水企业或区域性公法团体，只要协议一方有义务在某一特定领域通过固定的管道路线实现公共供水；

2.区域性公法团体，在该区域性公法团体的义务范围内，只许可该区的一家供水企业在对最终消费者现有的或计划中的直接公共供水线路之上或之下安装和运营管道；

3.由其分配供水的供水企业，只要该主体保证通过固定管道路线供水的顾客免于承受比其在和大规模供水企业的分配协议中约定的顾客不利的价格或条件；

4.其他供水企业，只要是为了如下目的签订协议的，即仅可以为了实现公共供水，将特定供水企业的固定管道路线供一家或多家供水企业支配使用。

(2)根据第1款的协议以及该协议的修改和补充应当采用书面形式。

(3)不得通过根据第1款签订的协议或该协议实现的方式滥用依本法的豁免规定获得的市场地位。

(4)滥用尤其存在于如下情形：

1.供水企业的市场行为违背与之有效竞争的市场基础；或者

2.供水企业向其顾客要求比同类供水企业不利的价格或交易条件，除非该供水企业能证明有不可归责于其自身的差别待遇的情形；或者

3.供水企业的收费不合理地超过其成本费用，合理的成本费用是指在理性

经营下发生的费用。

(5)不存在滥用于以下情形,当供水公司特别是出于技术或卫生的原因,拒绝和其他企业签订有关在其供水网络中供水的协议,并因此拒绝与之相关的取水(管道输水)。

第三十一 a 条 水供应分配,申报义务

(1)根据本法第31条第1款第1、2、4项签订的合同及其修改和补充,必须向卡特尔局完整地申报。申报中,每个参与合同的企业均应说明:

1. 商号或其他标识;

2. 营业地或住所;

3. 法律形式和通信地址;以及

4. 委任的代表人或其他全权代表的姓名和住址,企业是法人时,应说明其法定代表人的姓名和住址。

(2)终止或废止第31条第1款第1、2、4项中提到的合同时,应通知卡特尔局通告。

第三十一 b 条 水供应分配,卡特尔局的任务和权限,制裁

(1)对于根据第31条第1款第1、2、4项豁免的合同,卡特尔局应询问以下信息:

1. 31a条中的相关说明,以及

2. 合同和决定的主要内容,特别是合同的目的,计划中的措施,合同的有效期、通知终止、解除和退出。

(2)卡特尔局在与专门监管机构协商后,根据本法发布有关通过固定管道公共供水的处分禁令。

(3)在第31条第3款的滥用情形下,卡特尔局可以

1. 责令参与协议的企业停止被禁止的滥用行为;

2. 责令参与协议的企业修改合同或决定;或者

3. 宣布合同或决定无效。

(4)在决定实施本条第3款规定的措施时,卡特尔局要考虑豁免的意义和目的,特别是尽可能安全、价格低廉的供水的目的。

(5)第3款相应地适用于具有市场支配地位的供水企业。

(6)第19条的相关规定不受影响。

第六章　卡特尔当局的权限，制裁

第三十二条　违法行为的制止和事后确认

(1)卡特尔当局可以制止企业或者企业联合组织实施的违反本法或者《欧盟运行条约》第101条、第102条的行为。

(2)为了有效制止企业或者企业联合组织采取的违法行为，卡特尔当局可以以行为指导或者改变企业结构的方式，规定一切必要的、适当的补救措施。只有在缺乏同样有效的行为导向的补救措施时，或者在该措施与改变企业结构的补救措施相比会给参与协议的企业带来更大的负担时，才能实施改变企业结构的补救措施。

(2a)在制止禁令中，卡特尔局可以规定参与协议的企业偿还从违反卡特尔法的行为中获得的经济收益，包含该经济受收益的利息。在制止禁令中确定的偿还期限到期后，根据民法典第288条第1款第2句和第289条第1句，对到该时间点获得的经济收益计算利息。

(3)只要存在合法利益，卡特尔当局也可以在行为结束以后确认该行为违法。

第三十二a条　临时措施

(1)紧急情况下，如果存在将严重地、无法弥补地损害竞争的危险，卡特尔当局可以依职权采取临时措施。

(2)依第1款采取的临时措施应当附有期限。期限可以延长，但累计不得超过一年。

第三十二b条　义务承诺

(1)第30条第3款、第31b条第3款或第32条规定涉及的企业，表示愿意承担义务以排除卡特尔当局在临时判决中表达的顾虑的，卡特尔当局可以做出处分行为，宣布该企业受此义务承诺的约束，卡特尔当局将不行使30条第3款、第31b条第3款、第32条、第32a条中的权限，但本条第2款规定的情况除外。该处分可以附期限。

(2)卡特尔当局可以取消依第1款做出的处分，并且恢复程序，如果：

1. 处分所依据的客观事实事后发生了重大变化；或者

2. 相关企业没有遵守承诺；或者

3. 处分是建立在当事人不全面、不正确或者误导性陈述的基础上的。

第三十二c条 没有干预理由

卡特尔当局依据已有认识判定,第1条、第19条至第21条和第29条,《欧盟运行条约》第101条第1款或者第102条规定的条件不成立的,可以做出不予干预的决定。该决定的内容是,除非卡特尔当局有了新的认识,否则它将不行使第32条、第32a条中的权限。

第三十二d条 取消豁免

在个案中,如果集体豁免条例中规定的协议、企业联合组织的决议以及协同行为,在具备独立地域市场所有特征的国内市场上,产生了与第2条第1款或者《欧盟运行条约》第101条第3款不相符的影响,卡特尔当局可以取消该集体豁免优惠的适用。

第三十二e条 具体行业的调查和具体协议类型的调查

(1)如果根据固定价格或者其他情况可以推定,国内市场竞争可能受到限制或扭曲,联邦卡特尔局和州最高机关可以针对特定的经济行业或者跨行业地针对特定类型的协议展开调查。

(2)在调查过程中,联邦卡特尔局和州最高机关,可以开展适用本法或者《欧盟运行条约》第101条或者第102条所必需的调查。他们可以要求相关企业或者联合组织提供信息,特别是关于所有协议、决议以及协同行为的情况。

(3)联邦卡特尔局和州最高机关依第1款进行调查的,可以公布调查结果报告,并征求第三人意见。

(4)准用第49条第1款,第57、59、61条的规定。

第三十三条 不作为请求权,损害赔偿义务

(1)违反本法规定,或者违反《欧盟运行条约》第101条或第102条,或者违反卡特尔当局处分者,对相关主体负有排除妨碍的义务,存在重犯危险时,还负有停止侵害义务。只要受到违法行为的威胁,相关主体就享有停止侵害请求权。相关主体指受到非法损害的竞争者和其他市场参与者。

(2)以下主体也可以主张第1款规定的请求权:

1. 在第1款第3句意义上的数量可观的相关企业组成的有权利能力的工商业促进协会或者独立职业者利益促进协会,特别是以其人力、物力、财力能够事实上实现协会章程规定的促进工商业或者独立职业者利益的职责;

2. 证明其做过如下登记的机构:

a)登记在《停止侵害之诉法》第4条规定的适格机构名录中,或者

b)在欧盟委员会依欧洲议会和欧洲理事会 2009 年 4 月 23 日《关于保护消费者利益的停止侵害之诉的指令》第 2009/22/EG 号指令(ABl. L 110 vom 1. 5. 2009, S. 30)的第 4 条第 3 款规定的名单中登记注册。

(3)故意或者过失为第 1 款规定的违法行为的,对由此产生的损害负赔偿义务。违法行为引起过高的商品或者服务价格的,即使商品或服务被转售,也不能排除对其损害承担赔偿责任。在依《民事诉讼法》第 287 条认定损害范围时,尤其要注意企业通过违法行为获得的收益。企业应当从损害发生之日起,对依第 1 句产生的金钱之债支付利息。准用《民法典》第 288 条和第 289 条第 1 句的相关规定。

(4)因违反本法规定或者《欧盟运行条约》第 101 条或第 102 条规定,应当承担损害赔偿责任的,法院在认定违法事实时,应当受限于卡特尔当局、欧盟委员会、欧盟其他成员国的竞争主管机关或者承担类似职能的法院之前做出的已生效决定中对违法事实的认定。这一原则同样适用于撤销第 1 句中所称决定而做出的生效判决。依据《欧共体第 1/2003 年号条例》第 16 条第 1 款第 4 句,履行该义务不妨碍《欧盟运行条约》第 267 条所规定的权利和义务。

(5)当启动如下程序时,第 3 款规定的损害赔偿请求权的诉讼时效中断,

1. 因存在违反第 1 款的情况,卡特尔当局启动程序的;或者

2. 因存在违反《欧盟运行条约》第 101 条或者第 102 条的情况,欧盟委员会、欧盟其他成员国的竞争主管机关或承担类似职能的法院启动程序的。

准用《民法典》第 204 条第 2 款的规定。

第三十四条 卡特尔当局收缴额外收入

(1)企业故意或者过失违反本法规定,违反《欧盟运行条约》第 101 条或者第 102 条规定,或者违反卡特尔当局的处分,并由此获得额外收入的,卡特尔当局可以收缴该额外收入,并要求企业缴纳相当数额的款项。

(2)如果该额外收入以如下方式收缴,则不适用第 1 款的规定:

1. 损害赔偿;或者

2. 罚款;或者

3. 没收违法所得;或者

4. 偿付。

如果企业在被收缴额外收入之后又履行第 1 句中的义务的,可以在事后支付的额度内,要求卡特尔当局返还已缴纳的款项。

(3)实施收缴额外收入过于严厉而显失公平的,应当将收缴款项限定在适当额度之内,或者不予收缴。额外收入数额不大的,也不予收缴。

(4)额外收入的数额可以估算。应缴数额必须量化确定。

(5)卡特尔当局只能在违法行为结束之日起五年以内收缴额外收入,收缴最长持续五年时间。准用第33条第5款的规定。

第三十四a条 协会收缴额外收入

(1)故意违反第34条第1款的规定,并且对一定数量的供应者或者购买者造成负担,自己从中获得额外收入,卡特尔当局又没有通过罚款、没收违法所得、偿付或者依第34条第1款收缴此额外收入的,依第33条第2款享有停止违法行为请求权的权利人可以主张将此额外收入上缴给联邦财政。

(2)在主张收缴时,应当考虑企业因为违法已经支付的费用。对此准用第34条第2款第2句的规定。

(3)多个债权人主张收缴额外收入的,准用《民法典》第428条至第430条的规定。

(4)债权人主张第1款规定的请求权的,应当通知联邦卡特尔局。为了主张请求权而支出的必要费用,不能从债务人处得到补偿的,可以要求联邦卡特尔局予以补偿。补偿额度限于上缴给联邦财政的额外收入。

(5)准用第33条第4款和第5款的规定。

第七章 合并控制

第三十五条 合并控制的适用范围

合并前的最后一个营业年度存在以下情形的,适用有关合并控制的规定:

1. 参与合并的企业在全世界的总销售额超过5亿欧元;并且

2. 在德国国内至少有一个参与合并的企业的销售额超过2500万欧元,以及另一个参与合并的企业销售额超过500万欧元。

(1)如果与另一个企业合并的一个企业,不是第36条第2款意义上的从属企业,并且在上一个营业年度该企业在全世界的销售额低于1000万欧元,则不适用第1款的规定。第1款也不适用于随着地方区划改革而引起的公共机构和企业的合并。

(2)在合并涉及的市场上,至少已有5年的商品或者服务供应,并且在上一个自然年度市场上的销售额低于1500万欧元。

(3)根据理事会2004年1月20日(欧盟)第139/2004号关于《企业合并控制条例》的规定,欧盟委员会享有排他性管辖权的,不适用本法规定。

第三十六条 判断合并的原则

(1)妨碍有效的市场竞争并尤其可以预见合并将产生或者加强市场支配地位的,联邦卡特尔局应禁止合并,但这不适用于以下情形,

1. 参与合并的企业证明,合并也能改善竞争条件,并且这种改善超过对竞争的阻碍;或者

2. 在一个至少五年提供商品和商业服务并且上一年度销售额低于1500万欧元的市场上,满足本款第1句中的禁止前提;或者

3. 一家新闻出版商在接管了中小型报刊出版社后,市场支配地位得到加强,在此情形下要证明被接管的出版社在最近3年经历了商法典第275条第2款第20项意义上的显著年度亏损,并且其不合并将无法存续。此外,还必须证明,在合并前没有找到其他可以符合竞争规则的收购者。

(2)参与合并的企业属于《股份法》第17条意义上的从属企业或支配企业,或者是《股份法》第18条意义上的康采恩企业的,这些关联企业视为一个统一企业。数个此类企业开展合作经营,共同对另一企业施加支配性影响的,它们中的任何一个企业都视为支配企业。

(3)一个非企业的人或者人的组织在一个企业中具有控股地位的,视为企业。

第三十七条 合并

(1)以下情形构成合并:

1. 取得另一企业的全部财产或者财产中的主要部分的;

2. 一个或多个企业取得对另一个或多个企业的全部或部分的直接控制或间接控制的。这种控制建立在权利、合同或其他手段的基础之上,如果考虑所有事实上的或者法律上的情况,这些权利、合同或其他手段,单独或者共同保证了对企业活动产生特定影响的可能,尤其是通过

a)企业全部或部分财产的所有权或者用益权;

b)可以影响企业各机关的组成、商议或者决议的权利或者合同。

3. 取得另一企业的股份,使所购股份本身或者与企业已经取得的股份共同达到另一企业资本或表决权的

a)百分之五十,或者

b)百分之二十五。

企业所拥有的股份,包括他人为该企业的利益所拥有的股份;企业所有人是个体商人的,该商人的其他财产中含有股份的,也视为企业所拥有的股份。多个企业同时或者先后以上述规模取得另一个企业的股份的,就该另一企业所经营的市场而言,视为该多个企业相互间的合并。

4. 使一个或者多个企业能够直接或者间接地对另一企业施加竞争上的重大影响的其他任何形式的企业联合。

(2)参与合并的企业先前已经进行了合并的,仍然要认定合并,但合并不会从实质上加强已存在的企业联合的除外。

(3)信贷机构、金融机构或者保险企业为了事后转让而获得另一企业的股份,只要没有行使股份中的表决权并且在一年之内转让成功的,不视为企业合并。如果可以证明,在一年之内转让股份是不可合理期待的,可以向联邦卡特尔局申请延长这一期限。

第三十八条 销售额与市场份额的计算

(1)依据《商法典》第 277 条第 1 款的规定确定销售额。关联企业之间因供货和提供服务产生的销售额(内部销售额)以及消费税不计在内。

(2)对商品贸易,以销售额的四分之三为估定值。

(3)对报纸、期刊及其附属产品的出版、生产和销售以销售额的八倍为估定值,广播电视节目的生产、销售和举办以及广播电视广告时间的销售,以销售额的二十倍为估定值。

(4)对信贷机构、金融机构、建设储蓄所以及在《投资法》第 17 条第 2 款第 1 项意义范围内的外部资本管理公司,以适用的《信贷机构会计条例》第 34 条第 2 款第 1 句第 1 项 a 则至 e 则所称的收益额,作为其销售额,但应除去营业税以及其他对这些收益直接征收的税款。保险企业的销售额,以上一营业年度的保险费收入为准。保险费收入,指从首期保险和再保险中获得的收入,包括体现在保证金中的份额。

(5)当合并是通过收购一家或多家企业的部分来实现的时,不必考虑收购的部分是否具有法人格。从转让方的角度看,只考虑被转让部分的销售额或市场份额。当转让方保留第 37 条第 1 款第 2 项的控制或者 25% 或以上的份额时,本款第 1 句的规定不适用。当销售额第一次达到第 35 条设定的门槛时,两年内在相同个体或企业之间两次或多次发生的第 1 句意义上的收购程序，视为一个合并；最后一次收购程序发生的时间视为合并的时间点。

第三十九条 申报和报告义务

（1）在实施合并前，应当依本条第 2 款和第 3 款的规定，向联邦卡特尔局申报。电子申报只能由联邦卡特尔局设立的《德国电子邮件法》意义上的中央德国电子邮件地址接收，或者，对于含有合格电子标识的电子邮件申报，由联邦卡特尔局设立的中央电子邮件地址确定。两种发送方式都可以通过联邦卡特尔局的网页到达。

（2）负有申报义务的人是：

1. 参与合并的企业；

2. 在第 37 条第 1 款第 1 项和第 3 项规定的情况中，还包括出让人。

（3）申报时必须说明合并的形式。申报人还必须说明每个参与企业的下列情况：

1. 商号或其他标志，营业所所在地或者住所；

2. 经营种类；

3. 在国内、欧盟内和世界范围内的销售额；参与合并的企业是信贷机构、金融机构、建设储蓄所以及在《投资法》第 17 条第 2 款第 1 项意义范围内的外部资本管理公司的，则应当说明第 38 条第 4 款规定的总收益额，是保险企业的，则应当说明保险费收入；

4. 市场份额，包括其计算和评估的依据，但以参与合并的企业在本法的适用范围以内或者本法适用范围的主要部分至少共同占有百分之二十的市场份额为限；

5. 取得另一企业股份的，取得股份的数额和持股总额；

6. 一位国内的接收送达的代理人，但以企业住所不在本法适用范围内的为限。

在第 37 条第 1 款第 1 项或第 3 项的情形中，还应当依第 2 句第 1 项和第 6 项的规定对出让方做出说明。参与合并的企业是关联企业的，还应当依第 2 句第 1 项和第 2 项对关联企业做出说明，依第 2 句第 3 项和第 4 项对每个参与合并的企业及与之联合的企业做出总的说明，并且通告关联企业之间的康采恩关系、从属关系和参股关系。申报时不允许做出或者使用不正确的或不全面的说明，使卡特尔当局放弃做出第 36 条第 1 款的禁止或者第 40 条第 1 款的通知。

(4)欧盟委员会已将合并事宜转致联邦卡特尔局,并且联邦卡特尔局已有第3款要求说明事项的德语版本的,无须申报。联邦卡特尔局应当及时将转致决定到达的时间通知参与合并的企业,同时告知企业卡特尔当局已有的第3款下要求说明事项的德语版本。

(5)联邦卡特尔局可以要求任何一个参与合并的企业提供有关其市场份额的情况,包括其计算和评估的依据,以及该企业在合并前的最后一个营业年度内某种商品或者服务的销售额。

(6)参与合并的企业应当及时向联邦卡特尔局报告合并实施的情况。

第四十条 合并控制的程序

(1)联邦卡特尔局必须在申报依法送达后1个月内通知申报企业,它已开始合并审查(主审查程序),否则联邦卡特尔局不得禁止已经向它申报的合并。有必要对合并进行进一步审查的,应当开始主审查程序。

(2)在主审查程序中,联邦卡特尔局以做出处分的方式,决定禁止或者准许合并。申报企业在申报依法送达后四个月内没有获得处分决定的,视为准许合并。应当及时通知主审查程序参加者处分送达的时间。本款不适用于以下情况:

1. 申报企业同意延长期限的;

2. 因说明不正确或者企业没有及时依第39条第5款或第59条做出答复,联邦卡特尔局未为第1款的通知,或者未为禁止合并的处分的;

3. 违反第39条第3款第2句第6项的规定,没有任命一位国内的接收送达的代理人的。当根据本法第59条,因为之前企业出于自身原因未及时、完全的接受质询,联邦卡特尔局必须重新要求参与合并的企业提供信息时,本款第2句确定的期限中断。当企业向联邦卡特尔局提供完整的信息后,期限中断结束。当申报的企业在联邦卡特尔当局的程序中第一次提议根据本条第3款的规定附条件或义务时,本款第2句规定的期限可以延长一个月。

(3)为了保障参与合并的企业遵守对联邦卡特尔局的义务,同时也能避免禁止合并,准许可以附条件和义务。但这些条件和义务不能以长期控制参与合并企业的行为为目的。

(3a)准许合并的决定是以企业不正确的说明为基础的,或者是因被恶意欺骗而做出的,或者参与合并的企业没有履行对它有约束力的附加义务的,该决定可以被撤销。在不履行义务的情况下,准用第41条第4款。

（4）在做出禁止合并的决定以前，应当给参与合并企业住所地的州最高机关发表意见的机会。根据社会法典第五编第 172a 条的程序，在作出禁止合并的决定前要依据社会法典第四编第 90 条的规定与相关监管机构协商。

（5）在第 39 条第 4 款第 1 句的情况中，第 1 款和第 2 款第 2 句中的期限，自转致决定和第 39 条第 3 款所要求说明事项的德语版本到达联邦卡特尔局时起，开始计算。

（6）联邦卡特尔局的准许被法院的判决全部或者部分撤销的，第 2 款第 2 句中的期限自新判决生效之日起计算。

第四十一条 合并禁令，禁令的解除

（1）在第 40 条第 1 款第 1 句和第 2 款第 2 句规定的期限届满之前，企业不得实施未获联邦卡特尔局准许的合并或参与此类合并的实施。违反该禁令的法律行为无效。这不适用于

1. 关于土地行为的合同，但以该行为已在土地簿中进行登记、产生法律效力的为限；

2. 关于企业变更、加入、设立的合同以及《股份法》第 291 条和第 292 条意义上的企业合同，但以该类合同已在有关登记簿中进行登记、产生法律效力的为限；

3. 其他法律行为，如果未被申报的合并在执行后被通报；由于不存在禁止前提，停止按照第 3 款进行拆分程序或者由于第 3 款第 2 句、第 3 句的解散规定消除竞争限制或者获得了部长特批：

（1a）如果依据第 39 条不迟延的向联邦卡特尔局申报合并，并且购买者不行使与依附于其股份的投票权或者在联邦卡特尔局依据第 2 款解除禁令的情况下，为获得其投资的全部价值而行使投票权，第 1 款并不阻挠进行购买过程，在购买过程中根据第 37 条第 1 款或者第 2 款变卖者通过公开的收购要约或者与有价证券有关的法律行为，包括在交易所或者其他相似市场上可以转换的有价证券，在交易所获得控制、股份或者对竞争巨大的影响。

（2）参与合并的企业主张存在重大事由，特别是为了避免对参与合并的企业或者第三人造成严重损害的情况下，联邦卡特尔局可以根据申请解除禁止实施合并的命令。联邦卡特尔局可以在任何时候，也可以在申报之前，解除禁令，并且可以附加条件与义务。准用第 40 条第 3 款 a 的规定。

（3）已经实施的合并，符合第 36 款第 1 句规定的禁止条件，又没有依第 42 条规定获得联邦经济与技术部长颁布的许可的，应当予以解散。由联邦卡特尔

局下令采取解散合并的必要措施。除了恢复原状之外,还可以通过其他方式消除竞争限制。

(4)为了实施其命令,联邦卡特尔局可以

1.(已废止);

2.在一个参与企业的股份属于或者应归属于另一参与合并企业的情况下,禁止或者限制该另一企业行使股份的表决权;

3.任命一名受托人,实施解散合并。

第四十二条 部长特批

(1)已经被联邦卡特尔局禁止的合并,如果在个案中对整体经济带来的收益弥补了它对竞争造成的限制的,或者合并符合重大公共利益的,联邦经济与技术部长可以根据申请,特批准许合并。此时还应当考虑参与合并的企业在本法适用范围以外的市场上的竞争力。只有合并造成的限制竞争的程度没有危及市场经济秩序的,才能特批准许合并。

(2)特批可以附加条件和义务。准用第 40 条第 3 款第 2 句和第 3a 款。

(3)应当在禁止合并或者依据第 41 条第 3 款第 1 句之前没有禁止合并而进行解散的处分送达后一个月内向联邦经济与技术部长书面申请特批。该期限自禁止处分生效之日起开始计算或者自依据第 41 条第 3 款第 1 句颁布的解散处分生效之日起开始计算。

(4)联邦经济与技术部长应当在 4 个月以内对申请做出决定。在做出决定之前,应当征求垄断委员会的意见,并且给予参与合并的企业住所地的州最高机关发表意见的机会。

第四十三条 公告

(1)联邦卡特尔局依第 40 条第 1 款第 1 句开始主审查程序的情况,以及申请部长特批的情况,应当及时在联邦公报上予以公布。

(2)以下事项应当公布在联邦公报上:

1.联邦卡特尔局依第 40 条第 2 款所做的处分;

2.部长特批批准书,其撤回、改变或者拒绝;

3.撤销、撤回或者改变联邦卡特尔局的准许;

4.合并的解散以及联邦卡特尔局依第 41 条第 3 款和第 4 款采取的其他措施。

(3)应当根据第 1 款和第 2 款公布当时依第 39 条第 3 款第 1 句以及第 2 句第 1 项和第 2 项所做的说明。

第八章 垄断委员会

第四十四条 任务

(1)垄断委员会每两年发布一次专家意见，评估德意志联邦共和国内企业集中的现状与发展前景，评价合并控制法律规定的适用，并且对竞争政策方面的现实问题发表意见。专家意见书应当包括过去两个公历年的情况，并在下一年度的6月30日以前制作完毕。联邦政府可以有偿委托垄断委员会发表额外的专家意见。此外垄断委员会还可以根据自己的裁量发表专家意见。

(2)垄断委员会只受本法所规定的委托的约束，独立发表专家意见。编写意见书时持不同意见的少数人，可以将他们的意见记载在意见书中。

(3)垄断委员会向联邦政府递交其专家意见书。联邦政府应及时将第1款第1句规定的专家意见书交给立法机关，并在合理期限内发表意见。专家意见书由垄断委员会予以公布。第1款第1句中规定的专家意见书应当在联邦政府将它交给立法机关之时公布。

第四十五条 成员

(1)垄断委员会由五名成员，他们必须具备国民经济学、企业管理学、社会政策学、技术或者经济法学方面的知识和经验。垄断委员会从其成员中选举一名主席。

(2)垄断委员会成员由联邦政府提名，联邦总统任命，任期四年，可以连任。联邦政府在提议新成员之前，应听取委员会成员的意见。成员有权向联邦总统声明辞去职务。成员提前辞职的，应当任命新的成员完成辞职成员的任期。

(3)垄断委员会成员既不允许在联邦或州政府或立法机关任职，也不能在联邦、州或者其他公法法人担任公职，但高校教师或科学研究所的工作人员除外。此外，他们既不能代表一个经济协会，也不能代表雇主组织或者雇员组织，也不能与这些组织有长期的雇佣关系或者事务往来关系。在被任命为垄断委员会成员前的一年内，也必须不存在上述情形。

第四十六条 决议，组织，成员的权利和义务

(1)垄断委员会的决议至少要有三名成员同意。

(2)垄断委员会有章程和办事处。该办事处的任务是为垄断委员会提供科学上的、行政上的和技术上的支持。

(2a)为了依法完成其任务，垄断委员会可以查阅卡特尔当局制作的关于经

营管理机密和私人信息的档案。

(3)垄断委员会成员以及办事处工作人员对商议内容以及被垄断委员会视为保密的商议资料负有保密义务。保密义务还涉及提供给垄断委员会并且被视为保密的信息,或者依第2a款获得的信息。

(4)垄断委员会成员的车旅费获得一次性补偿或者报销。具体标准由联邦经济与技术部长会同内务部决定。垄断委员会的费用由联邦承担。

第四十七条 统计数据的传达

(1)为了评定企业集中的发展,联邦统计局从经济统计表(生产行业统计表,手工业统计表,商业与旅店餐饮业统计表,服务业统计表)和统计登记簿中汇总得出各个经济领域最大的企业、经营单位或者专业分公司在

a)用于销售特定产品的价值;

b)销售额;

c)从业人员人数;

d)工资和收入总额;

e)投资额;

f)用于承租和收益形承租实物设备的价值;

g)创造的价值和毛收益;

h)所属单位数量。

中所占的百分比的具体情况,应当传达给垄断委员会。传达最大企业集团的相关情况,准用第1句相应的规定。为了明确企业集团数据归属的情况,垄断委员会应当向联邦统计局说明企业的名称、住址、与某一企业集团的隶属关系以及共同的识别标志。汇总得出的具体数据所涉及的企业集团、企业、经营单位和专业分公司不得少于三家。通过与其他传达事项或者公知事项组合或者建立时间上的联系,不允许汇总得出的数据涉及少于三家企业集团、企业、经营单位或者专业分公司。该规定准用于概括性集中数值的核算,尤其是赫尔芬达尔指数和吉尼系数。各州统计局向联邦统计局提供必要的具体数据。

(2)不是公务员或者不为公共事业负担特定义务的人,应当获得第1款规定的汇总得出的具体数据的,在获得之前,应当责成其负有保密义务。适用《刑法典》关于侵害私人秘密(第203条第2款、第4款、第5款)以及职务秘密(第353b条第1款)的规定时,第1款中负有特殊义务的人,视为对公共事业负担特定义务的人。

(3)汇总得出的具体数据只能用于传达时规定的目的。一旦实现了第1款

中的目的,就应当注销这些具体数据。

(4)垄断委员会必须采取组织性措施和技术性措施,确保汇总得出的具体数据的获得者仅限于公务员、对公共事业负有特殊义务的人或者第 2 款第 1 句中规定的义务人。

(5)应当按照《联邦统计法》第 16 条第 9 款的规定,对数据传达进行记录。记录至少要保存五年。

(6)进行第 1 款规定的数据统计时,应当书面通知接受咨询企业,允许依第 1 款规定向垄断委员会传达汇总所得的具体数据。

第九章 为电力、天然气大宗交易和燃料设立的市场透明度发布站

第一节 为电力和天然气领域的大宗交易设立的市场透明度发布站

第四十七 a 条 设置、管辖、组织

(1)为确保电力和天然气大宗交易价格符合竞争要求,由联邦网络局设立电力、天然气、电信、邮政以及铁路(联邦网络局)的市场透明度发布站。其长期观察大宗交易层面电力和天然气的交易与市场化。

(2)联邦网络局和联邦卡特尔局共同布置市场透明度发布站的任务。

(3)联邦经济和技术部同意的联邦卡特尔局和联邦网络局合作协议中进一步详细的规定了共同合作。协议中特别规定了:

1. 工作分配;以及

2. 协调数据收集和数据、信息交换。

(4)联邦经济和科技部授权,通过法规的规定来公布合作协议。

(5)市场透明度发布站的领导者做出市场透明度发布站的裁决。市场透明度发布站的工作人员准用第 51 条第 5 款的规定。

第四十七 b 条 任务

(1)市场透明度发布站长期观察电力和天然气的全部大宗交易,为了可以发现滥用市场支配地位行为、滥用内部信息或者支配市场而引起的不同寻常的价格。不论大宗交易是否以物理履行或者财政履行为导向。市场透明度发布站也为了该目的通过生产企业以及作为常用能源的电力和天然气的市场化来

观察电力和天然气的生产、发电站投入以及市场化。市场透明度发布站可以考虑电力和天然气的大宗交易市场与排放交易系统的转换作用。

(2)市场透明度发布站作为国家的市场监督机构根据欧洲议会和欧洲理事会于2011年10月25日发布的关于能源大宗交易市场的完整和透明的(欧盟)第1227/2011号条例(ABl. L 326 vom 8.12.2011,S.1)第7条第2款第2子款与联邦网络局亦同监督电力和天然气的大宗交易。根据(欧盟)第1227/2011号条例第7条第2款和第10条的规定,市场透明度发布站与联邦网络局为能源管理机构的合作而共同工作。

(3)市场透明度发布站收集为履行其任务所必需的数据和信息。此时需要考虑通知责任人面对第47i条中所提及的行政机关或者监督机构时的申报义务,以及欧盟委员会根据(欧盟)第1227/2011号条例第8条第2款和第6款所确定的申报义务。为了掌握信息,需要使用可能存在的来源和申报系统。

(4)只要是为履行(欧盟)第1227/2011号条例的任务所必需,联邦网络局就可以授权于市场透明度发布站收集和利用数据。

(5)在根据第47g条并且结合依第47f条将要发布的法规发布决定之前,市场透明度发布站提前给予相关行政机关、利益代表者和市场参与者一定的期限来发表意见。为准备协商,市场透明度发布站按需要制作、补充所以数据的和数据类型的详细列表,第47e条第1款所规定的通知义务人基于第47e条和第47g条以及依据第47f条将要发布的法规需要长期进行通知,包括通知数据的特定时间,数据格式、传送路径以及可选择的申请渠道。市场透明度发布站不受到意见发表的制约。

(6)市场透明度发布站不断评定获得的数据和信息,以确定违反本法第1条,第19条,第20条或者第29条,《欧盟运行条约》第101条或102条,《有价证券交易法》,《交易所法》或者(欧盟)第1227/2011号条例第3条和第5条的禁止性规定的情形是否存在。

(7)如果存在自然人或者法人违反第6款中法律的规定,那么市场透明度发布站必须立即通知管辖机关,并且向其提交所掌握的情况。如果怀疑存在违反本法第1条、第19条、第20条和第29条或者《欧盟运行条约》第101条和第102条的情形,则市场透明度发布站需要通知联邦卡特尔局有管辖权的裁定部门。如果若干行政机关均有管辖权,则市场透明度公布站需要将怀疑案件和对其他行政机关的通知通知给所有有管辖权的行政机关。根据第47i条的规定,市场透明度发布站要将所有行政机关需要或者要求的信息和数据不迟延转接给行政机关。

(8)第1款至第3款也适用于国外的生产和市场化以及在国外惊醒的交易行为,只要其影响了本法适用领域的电力和天然气价格的形成。

第四十七c条 数据使用

(1)市场透明度发布站根据第47b条第3款将在以下情况使用获得的数据:

1. 联邦卡特尔局根据第48条第3款实施监察;

2. 联邦卡特尔局根据《能源经济法》第35条实施监察;

3. 有管辖权的联邦卡特尔局的裁定部门根据第35条至第41条进行合并控制程序,和根据第32e条进行领域调查,以及;

4. 联邦网络局为进一步履行来自《能源经济法》的任务,特别是根据下列条例监督透明度义务:

a)欧洲议会和欧洲理事会于2009年7月13日颁布的关于超限额进行电力交易的条件并且取消(欧共体)第1228/2003号条例的(欧共体)第714/2009号条例(ABl. L 211 vom 14. 8. 2009, S. 15),

b)欧洲议会和欧洲理事会于2009年7月13日颁布的关于天然气远程管道网的准入条件并且取消(欧共体)第1775/2005号条例的(欧共体)第715/2009号条例(ABl. L 211 vom 14. 8. 2009, S. 36),

c)欧洲议会和欧洲理事会于2010年10月20日颁布的关于保障安全的天然气供应措施并且取消欧洲理事会第2004/67/EG号指令的(欧盟)第994/2010号条例(ABl. L 295 vom 12. 11. 2010, S. 1);

(2)市场透明度发布站让联邦经济和科技部以及联邦网络局为履行《能源经济法》第54a条所规定的任务而使用这些数据。

(3)联邦统计局为履行《联邦统计法》中的任务,反垄断委员会为完成本法以及《能源经济法》第62条的任务而使用这些数据。

(4)如果该数据是实现目标所必须,那么市场透明度发布站允许数据以匿名的形式联邦部长为自己的或者委托实施的科学研究而使用。如果数据涉及企业秘密以及商业秘密,那么只有当与该企业不再有关联时,市场透明度发布站才可以提交这些数据。联邦部长允许委托根据第1句有市场透明度发布站获得的数据由第三人为了进行科学研究而使用,如果能够证明第三人为专家并且保证秘密使用数据。

第四十七d条 权限

(1)市场透明度发布站为履行其任务而面对自然人和法人时,依据第59条享有一定的权限。它可以根据第47f条的条件对第47e条第1款中的若干、一组或者全部人和企业在第47g条的决定领域中对数据类型、时间点以及通知的形式作出决定。根据第47f条的规定,只要对于履行任务是必需的,市场透明度发布站就有权在需要时改变决定。它尤其可以确定,必须使用互联网平台提交要求的情况和通知。此外,市场透明度发布站也可以根据第47f条的条件确定,将情况说明和数据提交给委托处理数据的第三方;数据的适用单独由市场透明度发布站进行。《行政程序法》第48条和第49条不受影响。准用第50c条,第54条,第56条,第57条和第61条至第67条以及第74至第76条,第83条、第91条和第92条。根据第61条的规定,由市场透明度发布站通过决定作出的裁决的送达可以由在联邦司法部公报上公告代替。对于第1句的情况说明义务和第47e条的通知义务而言,准用《刑事诉讼法》第55条的规定。

(2)市场透明度发布站作为国家市场监督机构,根据(欧盟)第1227/2011号条例第7条第2款第2子款的规定,准用符合(欧盟)第1227/2011号条例第7条第2款第1子款、第3款第2子款第2句、第4条第2款第2句、第8条第5款第1句以及第16条的法律规定。

(3)市场透明度发布站可以要求其依据第47b条第7款第1句提交怀疑案件的行政机关出具结束调查的通知。

第四十七e条 通知义务

(1)以下个人和企业根据第2款至第5款承担通知义务:

1.《能源经济法》第3条第21项意义上的大宗交易者;

2.《能源经济法》第3条第18项意义上的能源供应企业;

3.《能源经济法》第3条第15项意义上的能源设备运营商,排除最终消费者分配设备运营商或者天然气日用设备的最终制动设备的运营商;

4.《能源经济法》第3条第24项意义上的顾客,排除《能源经济法》第3条第25项意义上的最终消费者;以及

5.交易平台。

(2)通知义务人根据第47f条结合第47g条所规定的标准,向市场透明度发布站提交其在市场上行为的具体交易、运输、容量、生产和消费数据。包括:

1. 报告进行电力和天然气交易的大宗交易市场上的交易,包括交易委托,关于已购买和已出售的能源大宗交易产品、协议价格和数量、实施的日期和时间点以及交易当事人和受益人的准确说明;

2. 报告生产和储存场所的容量和利用率,电力或者天然气的消费、转让或者远程管道运输,或者报告液化天然气设备(简称 LNG 设备)的容量和利用率,包括该设备或者低消费的已计划或者未计划的不可实行;

3. 报告能够辨识若干生产单位的电力生产部门;

4. 报告与有申报义务的生产企业相关的费用,尤其是边际成本、燃料成本、二氧化碳成本、机会成本以及运输成本;

5. 报告与有申报义务的生产设备的企业相关的技术信息,尤其是最低停工期、最少运营时间以及最低产品数量;

6. 报告计划的停工或者冷储备;

7. 报告认购权合同;

8. 报告投资计划;以及

9. 报告天然气交易领域的进口合同和能源控制。

(3)根据第 47f 条和第 47g 条的规定,在被要求时,要通过信息远程传递的方式长期向市场透明度发布站提交这些数据。如果市场透明度发布站准备提供标准化的表格,那么这些数据需要填入到表格中通过电子方式提交。

(4)通知义务视为被履行,当

1. 第 1 款中的通知义务人已经申报了符合(欧盟)第 1227/2011 号条例第 8 条应申报或者被要求的信息,并且市场透明度发布站已确保可以获得相关信息;或者

2. 第三人已经以第 1 款结合第 47f 条第 3 项和第 4 项意义上的通知义务人的名义提交应申报或者被要求提供的信息,并且其已经通知市场透明度发布站;或者

3. 第 1 款结合第 47f 条第 3 项和第 4 项意义上的通知义务人已经向其依据第 47d 条第 1 款第 5 句结合第 47f 条第 2 项委托的第三人提交了应申报或者被要求提供的信息;或者

4. 第 1 款第 3 项结合第 47g 条第 6 款意义上的通知义务人已经按照《可再生能源法》或者基于此法而制定的法规的要求向网络运营商申报了应申报或者被要求提供的信息,并且已经通知市场透明度发布站,而且市场透明度发布站

已确保可以获得相关信息。

(5)第1款至第4款所规定的义务也适用于住所在欧盟其他成员国或者欧洲经济区协定的其他订约国的企业,如果这些企业在国内的交易所允许交易或者如果他们的行为在法律适用领域产生影响。如果该企业不提交被要求的信息,市场透明度发布站可以请求其住所国的有管辖权的机关采取合适的措施,以获得相关信息。

第四十七f条 法规授权

联邦经济和技术部就可以通过无需联邦参议院同意的法规的方式获得授权,与联邦财政部进行合作,并且只要生产电力的设备涉及《可再生能源法》意义上的可再生能源,其亦可以获得授权与联邦环境、自然保护及核能安全部根据(欧盟)第1227/2011号条例第6条第2款或者第6款所规定的实施行为的要求进行合作。

1. 进一步确定市场透明度发布站根据第47d条第1款第2句可以向通知义务人要求的数据和信息的方式、内容、范围、公布、时间点以及提交形式;

2. 进一步确定市场透明度发布站根据第47d条第1款第5句应该提供给委托的第三人的数据和信息的方式、内容、范围、公布、时间点、提交形式以及数据接收人;

3. 规定市场透明度发布站的下列部门长期提交能源大宗交易的书面记录:

a)有组织的市场,

b)买卖委托连接系统或者申报系统,

c)对进行电力和天然气交易的交易所的交易的监督机构,以及

d)第47i条中所提及的机构;

4. 规定,交易所或者合适的第三人允许提交根据第47e条第2款结合第47g条的规定就通知义务人成本的说明,确认详情;以及

5. 确认申报交易的合适的数额界限,并且规定开始实施通知义务的过渡期限。

第四十七g条 确定范围

(1)市场透明度发布站通过确定第2款至第12款所规定的范围,根据第47d条第1款、第47e条以及依第47f条颁布的法规的规定确定决定应该提交哪些数据和数据类型以及应该如何提交。

(2)市场透明度发布站可以确定,每单位超过10兆瓦生产或者存储容量的

电力生产单位和存储设备的运营者提交下列数据和数据类型的报告：

1. 每个电力生产单位的名称、地址、终端管制区域、生产容量和生产方式；

2. 每小时每生产单位的详细的信息

a）净产值，

b）合同所计划的生产量，

c）事实的生产量，

d）生产的边际成本，包括成本组成的信息，特别是燃料成本、二氧化碳成本、机会成本，

e）由于技术限制而产生的计划和非计划的不可使用性，

f）由于网络限制而产生的不可使用性，

g）提供和供应一般给付和储备给付，

h）合同中未规定的可使用的给付；

3. 每个生产单位详细的信息

a）运输成本（热启动和冷启动），最低停工期、最少运营时间以及最低产品数量，

b）计划的停工或者冷储备；

4. 认购权合同；

5. 投资计划；

6. 跨境交易量，使用的交易场所或者交易双方，分别根据州进行划分，交易行为通常在州内进行；以及

7. 使市场透明度发布站能够理解商业中要约行为的信息。

（3）市场透明度发布站可以确定，生产容量每年在 1 兆瓦到 10 兆瓦之间的生产单位的运营商告知根据生产类别划分的控制区中的所有生产单位的生产容量的总和。

（4）市场透明度发布站可以确定，电力消费单位的运营商提交以下数据和数据类型的说明：

1. 超过 25 兆瓦最高消费容量的消费单位的计划和未计划的最低消费量；以及

2. 提供和供应控制能源。

（5）市场透明度发布站可以确定，《能源经济法》第 3 条第 10 项意义上的传输网络的运营者提交下列数据和数据类型的说明：

1. 每小时边界连接器的传输容量;

2. 每小时的输入数据和输出数据;

3. 每小时根据《可再生能源法》进行的设备的预测和实际供应量;

4. 每小时在继续发展联邦平衡机制的法规范围内的销售量;

5. 控制能源拍卖的要约和结果。

(6)市场透明度发布站可以确定,使用可再生能源生产电力的且生产容量超过 10 兆瓦的设备的经营商提交下列数据和数据类型:

1. 依据设备型号区分生产数量;以及

2. 市场化形式的选择,特别是《可再生能源法》第 33b 条规定的直接市场化形式或者《可再生能源法》第 16 条规定的报酬,以及每个市场化形式下分摊的数额。

(7)市场透明化发布站可以确定,电力和天然气交易平台提交以下数据和数据类型:

1. 发生在平台上的要约;

2. 交易结果;以及

3. 交易所外的非标准化交易行为,即合同双方独自进行双边交易(OTC 交易),其金钱和商品抵押品在交易平台进行。

(8)市场透明度发布站可以确定,《能源经济法》第 3 条第 21 项意义上的进行电力交易的大宗交易者提交第 47e 条第 2 款第 1 项的交易的说明,只要该交易不属于第 7 款的范畴。对于使用可再生能源生产出的电力的交易而言,市场透明度发布站可以确定,大宗交易者根据《可再生能源法》第 33b 条的规定提交关于直接市场化的形式以及交易电量的说明。

(9)市场透明度发布站可以确定,《能源经济法》第 3 条第 21 项意义上的天然气交易的大宗交易者提交下列数据和数据类型:

1. 跨境数量和跨境金额以及输入和输出量的平衡;

2. 境内输送天然气数量及其首次销售价格;

3. 输入合同(跨境合同);

4. 在分配领域根据分配等级分配供应量;

5. 在天然气供应合同和与《能源经济法》第 3 条第 15a 项的与天然气相关的能源衍生物的范围内,与大宗交易顾客、远程管道网络运营商以及存储设备、液化天然气设备(LNG 设备)运营商进行的交易,包括持续时间、数量、进行的日期和时间、持续时间的规定、供货的规定、结账的规定以及交易价格；

6. 天然气拍卖的要约和结果；

7. 存在的天然气认购合同和天然气供应合同；以及

8. 其他作为场外交易（OTC 交易）进行的天然气交易行为。

（10）市场透明度发布站可以确定，《能源经济法》第 3 条第 5 项意义上的远程管道网络运营商提交下列数据和数据类型：

1. 已经存在的容量合同；

2. 就能流承诺与第三人达成的协议；以及

3. 关于能流承诺的招标投标的要约和结果。

（11）市场透明度发布站可以确认，《天然气网络准入法》第 2 条第 11 项意义上的市场领域责任人提交下列数据和数据类型：

1. 已经存在的控制能源合同；

2. 控制能源拍卖和招标投标的要约和结果；

3. 交易平台中进行的交易；以及

4. 作为场外交易（OTC 交易）进行的其他天然气活动。

（12）市场透明度发布站可以确定，在控制能源和有机天然气领域中，需要提交获得外部控制能源、招标投标结果以及有机天然气供应和市场化的说明。

第四十七 h 条 报告义务，发表

（1）市场透明度发布站告知联邦经济和科技部依第 47b 条第 7 款第 1 句提交的信息。

（2）市场透明度发布站每两年就其行为制作一份报告。只要大宗交易涉及电力和天然气，其会与联邦网络局共同制作该报告。报告中将不会记载市场透明度发布站在实施任务时获得的商业秘密。该报告会发表在市场透明度发布站的网页上。该报告可以与联邦卡特尔局依第 53 条第 3 款制作的报告同时进行，并相互联系。

（3）市场透明度发布站在其网页上发布其依据第 47b 条第 5 款制作的列表及草案。

（4）为提高大宗交易的透明度，一旦欧洲能源交易股份公司和运输网络运营商停止在透明度平台上发布生产和消费数据，市场透明度发布站可以与联邦网络局合作，共同发布该数据。基于《能源经济法》、根据《能源经济法》制定的法规以及欧洲法而产生的，为提高电力和天然气市场透明度的的市场参与者的

发布义务不受影响。

第四十七 i 条 与其他机关和监督机构的合作

(1)为履行市场透明度发布站第 47b 条中的任务,联邦卡特尔局和联邦网络局与下列机构共同合作:

1. 联邦金融监督局;

2. 交易所监督机构以及电力、天然气和《能源经济法》第 3 条第 15a 项意义上的能源衍生物交易场所的交易监督机构;

3. 能源监管机构和欧盟委员会的共同合作局,只要该任务依据(欧盟)第 1227/2011 号条例履行;以及

4. 其他成员国的监管机构。

只要是履行任务所必须,这些机构就可以不考虑其程序类别而互相交换信息,包括与个人相关的数据、企业秘密和商业秘密。他们可以在各自的程序中使用这些信息。证据使用禁止的规定不受影响。对刑事案件法律救济的规定、行政救济协定和法律救济协定不受影响。

(2)市场透明度发布站可以在联邦经济和科技部同意的情况下,与联邦金融监督局、交易所监督机构、电力、天然气和《能源经济法》第 3 条第 15a 项意义上的能源衍生物交易场所的交易监督机构以及能源监管机构合作局缔结合作协议。

第四十七 j 条 机密信息、运行可靠性、数据保护

(1)市场透明度发布站在日常商业活动中为履行其任务而获得的信息具有秘密性。市场透明度发布站的工作人员有义务对第 1 句意义上的机密信息保持缄默。其他应该获得机密信息的人员在提交之前也有义务保守秘密,只要其不是官员或者公共服务义务人。准用《义务法》第 1 条第 2 款、第 3 款和第 4 款第 2 项的规定。

(2)市场透明度发布站和联邦网络局一同确保数据观察的运行可靠性,保证机密性、完整性和详实性。市场透明度发布站和通知机构或者提出信息的机构一样,未经批准,也不允许他人获得这些信息。市场透明度发布站查明企业技术风险的来源,通过发展合适的系统、控制和程序将这些风险降到最低。

(3)根据第 47d 条第 1 款第 5 句应该获得信息的个人或者根据第 47c 条第 4 款已经获得信息的个人,准用第 1 款的规定。

(4)市场透明度发布站只允许储存、改变和使用其为履行第 47b 条中规定

的任务而获得的于个人相关的信息，只要这是为履行其管辖范围内的任务以及为实现（欧盟）第1227/2011号条例第7条第2款和第16条共同合作的目标所必需。

（5）市场透明度发布站根据第47b条第5款和第7款、第47d条第1款和第2款、第47e条和第47g条以及第81条第2款第2项c则和d则，第5a项、第5b项和第6项做出的裁决的相关者的文件审查限于列入相关者和市场透明度发布站法律关系的证明材料。

第二节　燃料市场透明度发布站

第四十七k条　燃料领域的市场观察

（1）联邦卡特尔局要设立燃料方面的市场透明度发布站，用于观察燃料交易，使卡特尔当局可以更容易发现和惩罚违反本法第1条、第19条和第20条，以及违反《欧盟运行条约》第101条和第102条的行为。其根据第2款至第9款的标准履行任务。

（2）自己确定提供给最终消费者燃料价格的公共加油站运营商有义务根据依第8款而制定的法规的要求向燃料市场透明度发布站提交各个类别的实时燃料价格的变化。如果出售价格由其他企业为运营商确定，那么享有价格决定权的企业有提交义务。

（3）本规定意义上的燃料是指汽油燃料和柴油燃料。公共加油站是指处于公众可以进入的地点，并且不受私人领域的限制可以使用的加油站。

（4）如果以企业违反第1款中的法律规定，燃料市场透明度发布站必须立即通知有管辖权的卡特尔当局，并向其提供相关资料。燃料市场透明度发布站要不迟延的向卡特尔当局提交其所需要或者要求的信息和数据。下列机构和情况可以使用燃料市场透明度发布站根据第2款查明的数据：

1. 联邦卡特尔局依据第35条至第41条进行的合并控制程序；
2. 卡特尔当局根据第32e进行的部门调查；
3. 联邦经济和科技部为统计上的目的；以及
4. 垄断委员会根据本法履行期任务。

（5）依据第8条制定的法规授权燃料市场透明度发布站为了消费者信息的目标，通过电子的方式向消费者信息服务提供者进一步提交其根据第2款获得的信息。在向消费者发布或者或者转交这些价格数据时，消费者信息服务提供者必须遵守依第 8 款第 5 项制定的法规中的进一步规定。燃料市场透明度发布站有权在其未遵守该规定时,不予考虑这些数据。

(6)燃料市场透明度发布站确保数据观察的运行可靠性,保障机密性、完整性和信息的翔实性。

(7)为了履行第 1 款第 1 句中的任务,燃料市场透明度发布站享有第 59 条所规定的权限。

(8)联邦经济和科技部通过无需经联邦参议院同意的法规授权,发布第 2 款申报义务和第 5 款提交价格数据的规定,特别是

1. 公布依第 2 款提交价格数据的准确的时间、类别和形式的详细规定;

2. 规定第 2 款申报义务的合适的金额界限,公布未达到规定金额的,可以自愿履行第 2 款申报义务的详细规定;

3. 公布对向第 5 款的消费者信息服务提供者要求的详细规定;

4. 公布燃料市场透明度发布站向第 5 款的提供者进一步提交价格数据的内容、类别、形式和范围的详细规定;

5. 公布第 5 款的消费者信息服务提供者向消费者进行价格发布或者进一步提交的内容、类别、形式和范围的详细规定。

法规由联邦经济和科技部转交给联邦众议院。联邦众议院可以裁定改变或者拒绝该法规。联邦众议院应该将改变或者拒绝转交给联邦经济和科技部。如果联邦众议院在该法规提交之后的三个会议周未作出反应,则视为其同意该法规。

(9)由燃料市场透明度发布站的领导人作出裁决。燃料市场透明度发布站的工作人员准用第 51 条第 5 款的规定。为履行第 1 款第 1 句中的任务,燃料市场透明度发布站享有第 59 条中的权限。

第三节 评 估

第四十七 l 条 市场透明度发布站的评估

联邦经济和科技部向立法机构报告市场透明度发布站的工作结果和由此取得的经验。电力和天然气大宗交易的报告应于根据第 47e 条第 2 款至第 5 款结合依第 47f 制定的法规而产生的通知义务开始后五年内及时进行。燃料领域的报告,特别是关于价格发展和中型石油经济的报告,应于根据第 47k 条第 2 款结合依第 47k 条第 8 款制定的法规而产生的通知义务开始后三年内及时进行。

第二编　卡特尔当局

第一章　总　　则

第四十八条　管辖权

(1)卡特尔当局,指联邦卡特尔局、联邦经济与技术部以及州法规定的有管辖权的州最高机关。

(2)本法没有特别说明哪个卡特尔当局享有管辖权,同时限制竞争行为的影响、歧视行为的影响或者竞争规则的效力超过一个州的范围的,由联邦卡特尔局履行本法委托给卡特尔当局的职责,享有本法赋予的权限。其他情况下则由州法规定的享有管辖权的州最高机关履行职责、享有权限。

(3)联邦卡特尔局在电力和天然气的市场和交易所中,对透明度、批发价格的程度,以及市场开放的程度和效果和在批发及零售层面上的竞争的范围,进行监管。联邦卡特尔局将在监管中获得的数据不延迟地提供给联邦网络局使用。

第四十九条　联邦卡特尔局和州最高机关

(1)联邦卡特尔局开始启动程序或者开展调查的,应同时通知相关企业住所地的州最高机关。州最高机关开始启动程序或者开展调查的,应同时通知联邦卡特尔局。

(2)联邦卡特尔局依第 48 条第 2 款第 1 句规定享有管辖权的,州最高机关应当将案件移交给联邦卡特尔局。州最高机关依第 48 条第 2 款第 2 句享有管辖权的,联邦卡特尔局应当将案件移交给州最高机关。

(3)根据案情需要,依第 48 条第 2 款第 2 句享有管辖权的州最高机关,可以依联邦卡特尔局的申请,将案件移交给联邦卡特尔局处理。

(4)根据案情需要,依第 48 条第 2 款第 1 句享有管辖权的联邦卡特尔局,可以依州最高机关的申请,将案件移交给州最高机关处理。一经移交,该州最高机关就享有管辖权。在移交之前,联邦卡特尔局应通知其他相关州的最高机关。在联邦卡特尔局设定的期限内,其他州的最高机关提出反对意见的,不得移交。

第五十条　欧洲法的执行

(1)依第 48 条和第 49 条享有管辖权的联邦卡特尔局和州最高机关,也是《欧共体第 1/2003 号条例》第 35 条第 1 句规定的有管辖权的竞争机构,负责

《欧盟运行条约》第 101 条和第 102 条的实施。

(2)州最高机关实施《欧盟运行条约》第 101 条和第 102 条的,通过联邦卡特尔局与欧共体委员会或者欧盟其他成员国的竞争机构开展业务往来。联邦卡特尔局可以对州最高机关发布开展上述业务往来的指令。在这些情况下,联邦卡特尔局还依《欧共体第 1/2003 号条例》第 14 条第 2 款第 1 句和第 7 款的规定,在咨询委员会中代理回答卡特尔和垄断方面的问题。

(3)联邦卡特尔局作为唯一的有权机构,参加欧盟委员会或者其他欧盟成员国的竞争机构实施《欧盟运行条约》第 101 条和第 102 条规定的程序。对此适用实施本法时的程序规定。

(4)联邦卡特尔局可以允许欧盟其他成员国竞争机构的职员或者其他获得其授权的人,和自己的职员一起,依《欧共体第 1/2003 年号条例》进行搜查和审问。

(5)在第 1 款至第 4 款规定以外的情况下,《欧盟运行条约》第 104 条和第 105 条,依《欧盟运行条约》第 103 条发布的条例,包括结合《欧盟运行条约》第 43 条第 2 款、第 100 条第 2 款、第 105 条第 3 款以及第 352 条第 1 款其他授权基础委托给欧共体成员国机构的任务,由联邦卡特尔局完成。准用第 3 款第 2 句的规定。

第五十 a 条 欧洲竞争机构网中的合作

(1)在适用《欧盟运行条约》第 101 条和第 102 条的规定时,卡特尔当局有权根据《欧共体第 1/2003 号条例》第 12 条第 1 款的规定

1. 向欧共体委员会和欧共体其他成员国竞争机构报告有关的事实或法律情况,包括保密资料,尤其是经营秘密和业务秘密,传送相应档案和数据;以及

2. 要求这些竞争机构根据第 1 项的规定接受该传送的信息并使用该信息作为证据。

准用第 50 条第 2 款的规定。

(2)卡特尔当局只能按照信息传送机构规定的目的,为了实施《欧盟运行条约》第 101 条或者第 102 条的规定,在关系到调查对象时将获得的信息用作证据。依照《欧共体第 1/2003 年号条例》第 12 条第 2 款第 2 句适用本法规定的,也可以为了本法的实施使用依第 1 款传送的信息。

(3)卡特尔当局为了对自然人施加惩罚而使用信息的,只有当信息传送机构所在国家的法律对违反《欧盟运行条约》第 101 条或者第 102 条的行为规定

了类似形式的惩罚时，才能将依第 1 款获得的信息用作证据。不满足第 1 句的条件，但提交信息时对自然人辩护权的保护水平与卡特尔当局所适用的法律规定的保护水平相当的，也可以将该信息用作证据。第 1 句中关于禁止用作证据的规定，不适用于法人或者人合组织。但这不得违背宪法规定的使用禁令。

第五十 b 条 与外国竞争机构合作的其他情形

(1) 联邦卡特尔局在其他情形下，为了实施反垄断法的规定而与欧盟委员会或者其他国家的竞争机构合作的，也享有第 50a 条第 1 款中规定的权限。

(2) 只有当接收信息的外国竞争机构符合下列条件时，联邦卡特尔局才能向其提供第 50a 条第 1 款中规定的信息：

1. 接收信息的竞争机构只按照联邦卡特尔局提交信息时规定的目，为了实施《欧洲共同体条约》第 81 条或者第 82 条，在关系到调查对象时将信息用作证据；并且

2. 接收信息的竞争机构对保密信息采取保护措施，只在获得联邦卡特尔局的同意时，才能将信息传送给第三人；这同样适用于在诉讼或者行政程序中公开保密信息。

联邦卡特尔局只有获得提供资料的企业的同意，才能将从合并控制程序中获得的保密资料，包括经营秘密和业务秘密，提供给外国竞争机构。

(3) 刑事案件中法律援助的规定以及官方条约和法律援助条约不受影响。

第五十 c 条 机构合作

(1) 卡特尔当局、监管当局以及基于《欧共体消费者保护执行法》第 2 条有管辖权当局可以不受限于当时所选程序的形式，相互交换信息，包括与私人有关的资料、经营秘密和业务秘密，并且在自己的程序中使用这些信息，但以实现各自所承担的任务为限。禁止用作证据的规定仍然适用。

(2) 卡特尔当局在实现其任务的范围内，与负责财政服务监察的联邦机构、德意志联邦银行、依据社会法典第四编第 90 条而享有管辖权的监督机构和州新闻媒体机构合作。卡特尔当局与第 1 句中规定的机构可以相互交换认识，但限于为完成各自任务所需要的范围之内。这不适用于

1. 保密信息，尤其是经营秘密和业务秘密；以及

2. 依第 50a 条或者《欧共体第 1/2003 号条例》第 12 条规定获得的信息。

第 2 句和第 3 句第 1 项不影响《有价证券和企业公开收购要约规范法》和《有价证券交易法》中关于与其他机构合作的规定。

(3)联邦卡特尔局可以向其他机构传送根据第39条第3款参与合并的企业的资料,只要这对于实现《对外经济法》第4条第1款第1项和第5条第2款所追求的目标是必需的。根据理事会2004年1月20日颁布的关于控制企业合并的《欧洲共同体第139/2004号条例》第1条第1款,合并的共同体层面上的意义在于联邦卡特尔局应当得到欧洲委员会根据该条例第4条第3款公布的资料的权限。

第二章 联邦卡特尔局

第五十一条 所在地,组织

(1)联邦卡特尔局是一个独立的联邦机构,所在地是波恩。它隶属于联邦经济与技术部。

(2)联邦卡特尔局的决定,由依联邦经济与技术部的规定设置的决议处做出。此外,联邦卡特尔局局长颁布工作条例,调整业务分配和业务程序;工作条例需经联邦经济与技术部确认。

(3)决议处以一名主席和两名委员的名义做出决定。

(4)联邦卡特尔局主席和委员必须是终身公务员并且具备担任法官职务或者高级行政职务的能力。

(5)联邦卡特尔局的成员不得是企业的所有人或者领导人,也不能是企业、卡特尔、经济联合组织或者企业联合组织的董事会或者监事会成员。

第五十二条 一般指示的公布

联邦经济与技术部依本法就应当做出或者不应当做出某项处分,向联邦卡特尔局发布一般指示的,应当将这些指示公布在联邦公报上。

第五十三条 业务报告

(1)联邦卡特尔局每两年发布一次关于其业务及其业务领域的现状和发展的报告。报告应当包括第52条规定的联邦经济与技术部做出的一般指示。此外,联邦卡特尔局持续公布其行政原则。

(2)联邦政府及时向联邦议会转呈联邦卡特尔局的报告,并附上自己的意见。

(3)只要涉及调整资源输送网络方面,根据第48条第3款联邦卡特尔局就应该在与联邦网络局协调一致后制作关于监管行为的报告,并将该报告转发给联邦网络局。

第三编　程　　序

第一章　行 政 事 项

第一节　卡特尔当局的程序

第五十四条　程序的启动，当事人

（1）卡特尔当局依职权或应申请启动程序。应相关申请，卡特尔当局可以为保护抗告人的利益而依职权启动程序。

（2）在卡特尔当局进行的程序中，当事人有：

1. 申请启动程序的人；

2. 作为程序相对人的卡特尔、企业、经济联合会或企业联合会；

3. 与决定发生重大利害关系的人或人合组织，卡特尔当局根据他们的申请传唤他们参加程序；受决定影响的消费者人数众多，从而对全体消费者的利益产生重大影响的，与决定发生重大利害关系者是由公共资金资助的消费者中心及其他消费者协会。

4. 第 37 条第 1 款第 1 项或第 3 项情形下的出让人。

（3）联邦卡特尔局也参加在州最高机关进行的程序。

第五十五条　关于管辖权的先行裁定

（1）当事人主张卡特尔当局不具有地域管辖权或事务管辖权的，卡特尔当局可以就管辖权做出先行裁定。该处分可以单独以抗告撤销之；抗告具有延缓效力。

（2）当事人并未主张卡特尔当局不具有地域管辖权或事务管辖权的，则不得以卡特尔当局错误地行使了管辖权为由提出抗告。

第五十六条　听取意见，口头辩论

（1）卡特尔当局应该给当事人以发表意见的机会。

（2）卡特尔当局可以在适当的情况下，给予和程序有关的各经济领域的代表发表意见的机会。

（3）卡特尔当局可以应申请或依职权举行公开的口头辩论。可能危害公共秩序，特别是国家安全，或者危害重大商业秘密或营业秘密的，口头辩论或口头辩论中的一部分可以不公开。在第 42 条的情况下联邦经济与技术部必须举行公开的口头辩论；经当事人同意的，也可以不经口头辩论做出决定。

（4）准用《行政程序法》第 45 条、第 46 条。

第五十七条 调查,取证

(1)卡特尔当局可以进行一切必要的调查,并获取一切必要的证据。

(2)对通过勘证、证人和鉴定人获取的证据,准用《民事诉讼法》第372条第1款、第376条、第377条、第378条、第380至第387条、第390至第397条、第398条第1款、第401条、第402条、第404条、第404a条、第406至第409条、第411至第414条的规定,不得为羁押。州高等法院对抗告做出裁决。

(3)证人证言应做成笔录,由进行调查工作的卡特尔当局成员签字;如有书记员在场,笔录还应由书记员签字。笔录应记载询问的地点和日期,以及工作人员和当事人的姓名。

(4)笔录应向证人宣读,或请证人亲自过目,经其核准。证人已为核准的,应将此记录在案,并由证人签字。没有签字的,应说明原因。

(5)在询问鉴定人时,准用第3款和第4款的规定。

(6)如卡特尔当局认为,证人只有宣誓才能做出真实的证言,则可以请求初级法院让证人宣誓。证人是否必须宣誓,由法院裁定。

第五十八条 扣押

(1)卡特尔当局可以扣押那些作为证据对调查具有重要意义的物品。扣押应即时向相关人公布。

(2)扣押时既没有相关人在场,又没有其他成年的亲属在场,或者相关人、或其不在场时相关人的成年亲属,对扣押明确提出异议的,卡特尔当局应当在三天内向扣押进行地的初级法院请求确认。

(3)相关人可以随时就扣押向法院请求裁定。应当将此项权利告知相关人。对于该申请,由依第2款具有管辖权的法院做出裁定。

(4)对于法院的裁定,可以提出抗告。准用《刑事诉讼法》第306条至第310条以及第311a条的规定。

第五十九条 要求提供情况

(1)以履行本法赋予卡特尔当局的任务所必需为限,卡特尔当局在它作出的决定生效之前可以:

1. 要求企业或企业联合组织提供有关它们经济关系的情况,并提交有关资料;其中包括可以评估和分析竞争条件或市场份额的、判断企业或企业联合组织情况的一般性市场调研;

2. 要求企业或企业联合组织提供有关它们与第36条第2款所规定的关联

企业的经济关系的情况，并要求其提交该关联企业的有关资料，前提是企业或企业联合组织已掌握上述信息，或者根据现有法律关系能够取得该关联企业的信息；

3. 在通常的营业时间内查阅和审核企业以及企业联合组织的业务资料。

对于经济联合会和企业联合会，就其活动、章程以及决议应适用的成员数量和姓名，准用第 1 句第 1 项、第 3 项。卡特尔当局可以规定，根据第 1 句和第 2 句以何种方式提供说明；尤其可以规定，必须使用互联网平台提供说明。

(2) 企业所有人或其代表，法人、合伙和无权利能力社团依法律或章程任命的代表人，有义务提交所要求的材料，提供所要求的情况，出示业务资料供查阅和审核，并接受对这些资料进行审核，允许卡特尔当局进入营业场所及营业用地。

(3) 受卡特尔当局委托进行审查工作的人员，有权进入企业以及企业联合组织的场所。在此范围内，《基本法》第 13 条的基本权利受到限制。

(4) 搜查只能根据卡特尔当局所在地的初级法院法官的命令进行。根据第 1 款应由卡特尔当局查阅、审核或者要求退还的材料位于上述相关场所时，其可进行搜查。公民住宅不受侵犯的基本权利(《基本法》第 13 条第 1 款)就此受到限制。对于该命令的撤销，准用《刑事诉讼法》第 306 条至第 310 条以及第 311a 条的规定。因延迟会发生危险的，即使没有法官的搜查令，第 3 款所称的人员也可以在营业时间内进行必要的搜查。应当就地对搜查及其主要结果做成笔录；搜查时没有法官搜查令的，笔录还应包括足以说明因延迟会发生危险这一推定的事实。

(5) 负有提供情况义务的人准用《民事诉讼法》第 55 条的相关规定。

(6) 联邦经济与技术部或州最高机关以书面的个别处分形式要求提供情况，联邦卡特尔局以决议的形式要求提供情况。在此类处分或决议中，应当载明要求提供情况的法律依据、提供情况的内容和目的，并应当为提供情况规定一个适当的期间。

(7) 联邦经济与技术部或州最高机关以书面的个别处分形式命令进行审核，联邦卡特尔局以决议的形式，并在征得局长的同意后，命令进行审核。命令中应当载明审核的时间、法律依据、内容和目的。

第六十条 临时命令

为规范临时状态，卡特尔当局可以在就下列事项做出最终决定之前，颁布

临时命令:

1. 第 31b 条第 3 款、第 40 条第 2 款,第 41 条第 3 款的处分,或第 40 条第 3a 款批准的撤回或变更;

2. 第 42 条第 1 款的特批,或第 42 条第 2 款第 2 句特批的撤回或变更;

3. 第 26 条第 4 款,第 30 条第 3 款或第 34 条第 1 款的处分。

第六十一条 程序的终结,处分的理由,送达

(1)卡特尔当局做出的处分应陈述理由,并应连同向当事人所做的允许其使用的法律救济手段的说明一起,依《行政送达法》的规定予以送达。根据第 98 条的规定,企业、企业联合组织以及采购人准用《行政送达法》第 5 条第 4 款、《民事诉讼法》第 178 条第 1 款第 2 项的规定。对于住所设在本法适用范围以外的企业做出的处分,由卡特尔当局送达给该企业向联邦卡特尔局任命的住所在境内的送达代理人。该企业未任命送达代理人的,卡特尔当局通过在联邦公报上公布该处分的方式送达处分。

(2)程序未以依第 1 款规定应予送达的处分终结的,应以书面形式通知当事人程序的结束。

第六十二条 处分的公布

卡特尔当局根据第 30 条第 3 款、第 31b 条、第 32 条至第 32b 条做出的处分,应当在联邦公报上公布。卡特尔当局可以公布第 32c 条所称的决定。

第二节 抗　　告

第六十三条 准许,管辖

(1)不服卡特尔当局处分的,可以提起抗告。抗告也可以以新的事实和证据为依据。

(2)在卡特尔当局进行的程序的当事人(第 54 条第 2 款和第 3 款),有权提起抗告。

(3)申请人声称享有要求做出某项处分的权利,并向卡特尔当局申请为该项处分的,如卡特尔当局未为该项处分,也可以就此提起抗告。卡特尔当局无充分理由,未在适当期间内对要求做出处分的申请给予答复的,也视作未为处分。该未为处分,视同于驳回。

(4)在卡特尔当局所在地有管辖权的州高等法院,对抗告做出裁决;在第 35 条至第 42 条情形,在联邦卡特尔局所在地有管辖权的州高等法院对抗告做

出裁决，因不服联邦经济与技术部长做出的处分而提起抗告的亦然。准用《民事诉讼法》第 36 条的规定。如果对卡特尔当局的裁决发生争议，并且该争议涉及依社会法典第五编第 172a 条设立的医疗保险机构自愿联合组织，那么适用《社会法院法》第 202 条第 2 句的规定。

第六十四条 延缓效力

(1)如果被撤销的处分有下列情形之一，则抗告具有延缓执行的效力。

1.（已废止）；

2. 根据第 26 条第 4 款、第 30 条第 3 款、第 31b 条第 3 款、第 32 条第 2a 款第 1 句或第 34 条第 1 款做出处分的；

3. 根据第 42 条第 2 款第 2 句撤回或变更特批的。

(2)依第 60 条作出临时命令的处分被撤销的，则抗告法院可以下令，被撤销处分的全部或一部在抗告过程终结之后或在提供了担保之后才可生效。该命令随时可以取消或修改。

(3)第 60 条规定准用于在抗告法院进行的程序。但不适用于第 65 条的情况。

第六十五条 立即执行的命令

(1)在第 64 条第 1 款情形下，卡特尔当局可以发布立即执行其处分的命令，但以此举符合公共利益或一名当事人的重大利益为限。

(2)第 1 款所称的命令，在提交抗告状之前即可以发布。

(3)应申请，在下列情形下，抗告法院可以全部或一部恢复延缓效力：

1. 未曾具备依第 1 款发布命令的要件，或已不再具备这些要件；或

2. 对被撤销的处分的合法性存在重大疑虑；或

3. 命令的执行将会给相关人产生不公平的、不符合重大公共利益的严重后果。

在抗告不具有延缓效力的情况下，卡特尔当局可以下令暂缓执行；具备第 1 句第 3 项要件的，应下令暂缓执行。具备第 1 句第 2 项或第 3 项要件的，应申请，抗告法院可以下令赋予抗告全部或一部延缓效力。第三人不服依第 40 条第 2 款所做的处分而提起抗告的，只有当他主张该处分损害其权利时，才准许他依第 3 句提交发布命令的申请。

(4)在提交抗告状之前，即可依第 3 款第 1 句或第 3 句提出申请。申请所依据的事实，申请人应予以证明。在做出裁决之时处分已被执行的，法院也可

以命令取消执行。恢复和下令赋予延缓效力,可以以担保或设定其他负担为要件。也可以为恢复和下令赋予延缓效力规定期限。

(5)对依第3款提出的申请所做出的裁定,可以随时变更或取消之。

第六十六条 期间和形式

(1)抗告应在一个月内以书面形式向做出应予撤销之处分的卡特尔当局提出。期间自卡特尔当局的处分送达之时起算。在第36条第1款情形下,如依第42条提出特批申请,则不服联邦卡特尔局的处分而提出抗告的期间自联邦经济与技术部长的处分送达之时起算。在上述期间内将抗告状送达抗告法院即可。

(2)对申请未做处分的(第63条第3款第2句),抗告不受期间约束。

(3)应在应予撤销的处分送达后两个月内对抗告陈述理由。在第1款第3句的情形下,陈述期间开始于联邦经济和技术部的处分送达时。如果处分被撤销,陈述期间自禁止不可被撤销时开始。在第2款的情形下,陈述理由的期间为一个月;自提交抗告状时起算。应申请,该期间可以由抗告法院院长予以延长。

(4)抗告理由必须包括下列事项:

1. 说明在何种程度上撤销处分以及在何种程度上申请变更或取消处分;

2. 抗告所依据的事实和证据。

(5)抗告状以及抗告理由必须由一名律师签字;这一规定不适用于由卡特尔当局提出的抗告。

第六十七条 抗告程序的当事人

(1)在抗告法院进行的程序中的当事人为:

1. 抗告人;

2. 其处分应予撤销的卡特尔当局;

3. 与决定有明显的利害关系、卡特尔当局应其申请传唤其参加程序的人或人合组织。

(2)不服州最高机关的处分而提起抗告的,联邦卡特尔局也应当参加抗告程序。

第六十八条 律师强制

在抗告法院,当事人必须由一名律师作为授权代理人代理自己。卡特尔当局可以由卡特尔当局的一名成员代表自己。

第六十九条 口头辩论

(1)抗告法院根据口头辩论对抗告做出裁决;当事人同意的,可以不进行口头辩论就做出裁决。

(2)虽然通知了当事人,当事人在辩论日不出庭或未为适当代理的,仍可就案件进行辩论并做出裁决。

第七十条 调查原则

(1)抗告法院依职权调查案情。

(2)法院院长应力求做到消除形式上的错误,解释意义不明的申请,提出有益的申请,补充不足的事实事项,并作出一切对认定和评价案情有重大意义的表示。

(3)抗告法院可以责成当事人在规定的时间内对需要澄清的问题发表意见、指称证据并呈交其手头持有的文书及其他证据。该期间届满后提供的证据可以不予考虑,而根据案件的实际情况做出裁决。

(4)以抗告撤销依第 59 条第 6 款提出的要求或依第 59 条第 7 款下达的命令的,卡特尔当局应对事实上的事由进行证明。适用《民事诉讼法》第 294 条第 1 款的规定。以第 20 条规定的中小企业依赖于其他企业,致其没有足够的、可合理期待的转向可能性为限,无需进行此项证明。

第七十一条 对抗告的裁决

(1)抗告法院根据其从程序的整个结果中获得的自主的信念,以裁定的形式做出裁决。裁定只能以当事人得以对此发表意见的事实和证据为依据。被传唤人因重大事由,即如为保守商业秘密或营业秘密,而不能查阅卷宗材料,以及因这些原因没有公布卷宗材料内容的,抗告法院可以不遵守上述原则。被传唤人参与有争议的法律关系,以致裁决也必须对他们统一做出的,不适用前句规定。

(2)如抗告法院认为卡特尔当局的处分是不合法的或不成立的,则应撤销该处分。处分事先已经被撤回或以其他方式失效的,应当事人申请,抗告法院宣布卡特尔当局的处分曾经是不合法的或不成立的,但以抗告人对该项认定具有合法利益为限。

(3)依第 32 条至第 32b 条或第 32d 条所做的处分,因事后实际情况的变更或通过其他方式失效的,应当事人申请,抗告法院宣布该处分是否、在何种范围内以及直到何时曾经是成立的。

(4)如抗告法院认为拒绝处分或不为处分是不合法的或不成立的,则应宣布卡特尔当局有义务做出被申请的处分。

(5)卡特尔当局做出了错误裁量的,即如超越了裁量的法定界限或因裁量违反了本法的意义和目的,处分也是不合法的或不成立的。在此,法院不应对整体经济的形势以及发展做出评价。

(6)裁定必须陈述理由,并连同司法救济手段的说明一起送达当事人。

第七十一a条 法定听证权受到损害时的救济

(1)因法院裁决而承受负担的当事人可以提起申诉使程序继续下去,条件是:

1. 裁决缺乏法律手段或其他法律救济;并且

2. 法院因裁决而损害了该当事人的法定听证请求权

对作为该裁决前提的最终裁决不得提起申诉。

(2)申诉应在得知法定听证权受损害之日起两周内提起;对得知的时间应予以证明。可申诉的裁决宣布一年后不得再针对它提起申诉。非要式裁决投邮后第三天视为宣布。申诉应以书面形式或经办事处书记员签字向做出被申诉裁决的法院提出。申诉必须写明被申诉的裁决,并陈述第1句第2项所称的条件。

(3)其他当事人如有必要,应有机会发表意见。

(4)申诉不正确的或者没有以法定形式或没有在法定期间内提起的,不准受理。申诉理由不成立的,由法院驳回。裁决以不可撤销裁定的方式做出。裁定应简要说明理由。

(5)申诉理由成立的,法院依申诉的要求继续进行相关程序,对申诉人予以救济。程序回到口头辩论结束之前的状态。在书面程序中,以可以提交书状的时间替代口头辩论的结束。法院的宣布准用《民事诉讼法》第343条。

(6)准用《行政法院法》第149条第1款第2句。

第七十二条 卷宗材料的查阅

(1)第67条第1款第1项和第2项以及第2款所称的当事人,可以查阅法院的卷宗材料,并可以用自己的费用请办事处制作卷宗材料的副本、节录和复本。准用《民事诉讼法》第299条第3款的规定。

(2)查阅原始卷宗、附本卷宗、鉴定书或情况资料,必须征得保存卷宗材料或搜集意见的机构的同意。因重大事由,即如为了保守商业秘密或营业秘密,卡特尔当局应当拒绝查阅其保存的材料。在查阅卷宗材料受到拒绝或查阅卷宗材料是不合法的情况下，裁决时依据的材料仅限于内容已经披露的材料。因重大事由，即如为了保守商业秘密或营业秘密，而要求对某些事实或证据进行保密的，抗告法院在听取相关当事人的意见后，可以以裁定的形式，命令公布这些事实或证据，但以不存在其他澄清事实的可能性，而这些事实或证据对判决具有决定性意义，并且在权衡了具体情况的一切情形后发现本案对于维护竞争的意义超过了相关当事人对于保守秘密的利益为限。该裁定应陈述理由。在依第 4 句进行的程序中，相关当事人无须由律师代理。

(3)抗告法院在征求处分权利人的意见后，可以给第 67 条第 1 款第 3 项所称的当事人以同样范围的卷宗材料查阅权。

第七十三条 《法院组织法》和《民事诉讼法》规定的适用

对于在抗告法院提起的程序，准用下列规定，但另有规定的除外：

1.《法院组织法》第 169 条至第 201 条关于公开性、法警、法庭用语、评议和表决的规定，以及关于在逾期的法庭程序中的权利保护的规定；

2.《民事诉讼法》关于法官的排除与回避、关于诉讼代理人和诉讼支持人、关于依职送达、传唤、期日和期间、关于当事人亲自到庭的命令、关于诉的合并、关于证人证言和鉴定人鉴定以及其他种类的质证程序以及关于延误期限时恢复原状的规定。

第三节 法律抗告

第七十四条 准许，绝对的法律抗告理由

(1)州高等法院准许提出法律抗告的，对于州高等法院就诉讼标的做出的裁定，应向联邦普通法院提出法律抗告。如果对州社会法院的裁定发生争议，且该争议涉及依社会法典第五编第 172a 条设立的医疗保险机构的自愿联合组织，那么适用《社会法院法》第 202 条第 3 句的规定。

(2)在下列情形，必须准许提出法律抗告：

1. 应对某个具有根本意义的法律问题做出裁决；或

2. 为了法律的发展，或为了确保司法的统一，需要由联邦普通法院做出裁决。

(3)州高等法院在裁决中应表明准许或不准许提出法律抗告。不准许提出法律抗告的，应说明理由。

(4)抗告程序有下列瑕疵之一,并且当事人主张该瑕疵的,对不服抗告法院的裁决提出法律抗告无需准许:

1. 做出裁定的法院没有按规定配备人员;

2. 参与做出裁决的一名法官依法不得担任法官职务,或因涉嫌偏颇而遭回避;

3. 一名当事人没有被依法赋予听证权;

4. 一名当事人在程序中没有依法律规定由代理人代理自己,但其以明示或默示的方式同意进行程序的除外;

5. 裁决根据口头辩论做出,而在进行口头辩论时违反了程序公开性的规定;或

6. 没有在裁决中说明理由。

第七十五条 针对不准抗告的抗告

(1)对不准提出法律抗告的裁定,可以独立地以针对不准抗告的抗告撤销之。

(2)联邦普通法院以裁定的形式,就针对不准抗告的抗告做出裁决;裁决必须说明理由。该裁定可以不以口头辩论为前提而做出。

(3)针对不准抗告的抗告应在一个月内以书面形式向州高等法院提交。期间自被撤销的裁决送达之日起算。

(4)对不准抗告的抗告,本法第64条第1款和第2款,第66条第3款、第4款第1句和第5款,第67条,第68条,第72条以及第73条第2项,《法院组织法》第192条至第201条有关评议和表决,以及在逾期的法庭程序中的权利保护的规定准用之。临时命令的发布由抗告法院管辖。

(5)不准许提出法律抗告的,州高等法院的裁决在联邦普通法院的裁定送达之时起生效。准许提出法律抗告的,则抗告期间自联邦普通法院的裁定送达之日开始计算。

第七十六条 抗告权利人,形式和期间

(1)卡特尔当局以及抗告程序的当事人有权提出法律抗告。

(2)法律抗告只能以裁决违反了法律规定为依据;准用《民事诉讼法》第550条,第551条第1项至第3项以及第5项至第7项的规定。法律抗告不得以卡特尔当局违反第48条规定、错误行使管辖权为依据。

(3)法律抗告应在一个月内以书面形式提交给州高等法院。期间自被撤销

的裁决送达之时起算。

(4)联邦普通法院受被撤销的裁决中做出的事实认定的约束,但对这些认定提出合法的和成立的法律抗告原因的除外。

(5)此外,对法律抗告还准用第64条第1款和第2款、第66条第3款、第4款第1项和第5款、第67条至第69条、第71条至第73条的规定。临时命令的发布由抗告法院管辖。

第四节　共同规定

第七十七条　当事人能力

除自然人和法人外,无权利能力的人合组织也有能力参加在卡特尔当局进行的程序、抗告程序和法律抗告程序。

第七十八条　费用的承担和确定

在抗告程序和法律抗告程序中,法院可以命令一名当事人全部或一部支付为合理解决问题所需要的费用,但以此举符合公平原则为限。一名当事人因使用查无实据的法律救济手段或因重大过失造成支出费用的,应责成其承担这些费用。此外准用《民事诉讼法》关于费用确定程序和因费用确定而为强制执行的规定。

第七十八a条　电子文件的传递

第130**a**条第1款和第3款以及第133条第1款第2句的抗告程序和法律抗告程序中主要依照民事诉讼法适用,当事人能够根据第67条参与电子的法律关系中。联邦政府和州政府在各自范围内以法规确定向法院呈递电子文件的时间以及修订文件的合适形式。州政府可以通过法规授权于州司法行政部门。对电子形式的许可仅限于一些法院或程序。

第七十九条　法规

有关在卡特尔当局进行的程序的具体事宜,由联邦政府制定法规加以规定,法规必须征得联邦参议院的同意。

第八十条　需缴费的行为

(1)在卡特尔当局进行的程序,为弥补行政开支应征收费用。下列行为必须缴纳费用(需缴费的行为):

1. 依第31a条第1款和第39条第1款为申请登记;对于由欧盟委员会移交给联邦卡特尔局的合并而言,向欧盟委员会提交的移交申请或者向欧盟委员会

进行申报与依第 39 条第 1 款进行的申报具有同等法律效力;

2. 根据第 26 条,第 30 条第 3 款,第 31b 条第 3 款,第 32 条至第 32d 条,第 34 条结合第 50 条至第 50d 条亦然,第 36 条,第 39 条,第 40 条,第 41 条,第 42 条,以及第 60 条所为的职务行为;

3. 依据第 41 条第 3 款设置解散程序;

4. 从卡特尔当局的卷宗材料中制作认证的副本。

此外,还应收取预先垫付的出版费、公告费、另外的工本费、复印费、节录费以及根据《司法收费法》与《偿付法》所应支付的费用。第 36 条第 1 款所称批准或禁止合并的费用应从第 39 条第 1 款所称申请合并的费用中扣除。

(2)收费标准根据卡特尔当局的人力物力消耗,并考虑需缴费行为之标的所具有的经济意义,予以确定。但收费标准:

1. 在第 36 条,第 39 条,第 40 条,第 41 条第 3 款和第 4 款,以及第 42 条情形,不得超过 50,000 欧元;

2. 在第 31b 条第 3 款,第 32 条与第 32d 条第 1 款,第 32c 条,第 32d 条,第 34 条与第 41 条第 2 款第 1 句、第 2 句情形,不得超过 25,000 欧元;

3. 在第 26 条第 1 款、第 2 款与第 30 条第 3 款和第 31a 条第 1 款情形,不得超过 5000 欧元;

4. 制作经认证的副本的(第 1 款第 2 句第 4 项),不得超过 17.5 欧元;

5.

a)在第 40 条第 3a 款情形,结合第 41 条第 2 款第 3 句与第 42 条第 2 款第 2 句亦然,不得超过退还,免除或者同意时收取的费用,

b)涉及对第 28 条第 1 款所称的协议或决定的处分费用,不得超过 250 欧元,

c)在第 26 条第 4 款情形,不得超过依第 26 条第 1 款(第 4 项)所做裁决收取的费用;

d)在第 32a 条与第 60 条情形,不得整个诉讼应收费用的五分之一。

(3)对于多次同类的职务行为或同一缴费债务人的同类申请,可以规定用支出较少行政费用的总额收费标准进行收费。

(4)在下列情形下,不得收费:

1. 以口头或书面形式要求提供情况或提出要求;

2. 如正确处理案件,就不会产生费用;

3. 在第 42 条情形下,联邦卡特尔局先前依第 36 条第 1 款做出的处分被取消;

(5)在做出决定之前撤回申请的,按半价收费。申请登记在递交卡特尔当局后三个月内予以撤回的,亦同。

(6)缴费债务人为:

1. 在第1款第2句第1项情形,递交申报或者移交申请的人;

2. 在第1款第2句第2项情形,因申请致使卡特尔当局开展工作的人,或卡特尔当局做出的处分所指向的人;

3. 在第1款第2句第3项情形,根据第39条第2款有义务进行申报的人;

4. 在第1款第2句第4项情形,要求制作副本的人。

因在卡特尔当局发出的意思表示或因向卡特尔当局通知的意思表示而承担支付费用义务的人,或依法对他人的缴费债务承担责任的人,也是缴费债务人。多个缴费债务人作为连带债务人负责。

(7)对支付费用的请求权,在费用确定后四年间因不行使而消灭时效。对偿还垫付费用的请求权,在费用产生后四年间因不行使而消灭时效。

(8)兹授权联邦政府制定法规,对收费标准和执行第1款至第6款规定向缴费债务人收取费用以及对偿还第1款第3句所称的垫付费用做出规定;法规必须征得联邦参议院的同意。在此,联邦政府也可就免向公法人收费、消灭时效以及收费事宜做出规定。

(9)有关偿还因在卡特尔当局进行程序而产生的费用的详细事宜,由联邦政府制定法规,根据第78条的原则加以规定;法规必须征得联邦参议院的同意。

第二章 罚金程序

第八十一条 罚金规定

(1)违反2008年5月9日公告版本的《欧盟运行条约》(ABl. C 115 vom 9. 5. 2008. S. 47),故意或过失为下列行为者,违反社会秩序:

1. 形成《欧盟运行条约》第101条第1款所称的协议或决议,或互相合谋为该行为方式;或者

2. 为《欧盟运行条约》第102条第1句所称的滥用市场支配地位行为。

(2)故意或过失为下列行为者,违反社会秩序:

1. 违反第1条,第19条,第20条第1款至第3款第1句,或者第5款,第21条第3款或第4款,第29条第1句或第41条第1款第1句各条款中有关禁止

法律所称的协议,禁止法律所称的决议,禁止互相合谋的行为方式,禁止滥用市场支配地位,禁止操纵市场或滥用优势市场力量,禁止设置不公平障碍或差别对待,禁止拒绝企业进入市场,禁止滥用强制措施,禁止附加不利的经济条件,或禁止实施企业合并的规定;

2. 违反依下列条款作出的可执行命令:

a)第30条第3款,第31b条第3款第1项和第3项,第32条第1款,第32a条第1款,第32b条第1款第1句或第41条第4款第2项,结合第40条第3a款亦然,结合第41条第2款第3句或第42条第2款第2句亦然,或第60条,或者

b)第39条第5款,或者

c)第47条第1款第2句结合根据第47条第1款所制定的法规,或者

d)第47条第1款第5句前半句结合第47条第2款所制定的法规。

3. 违反第39条第1款的规定,将决议做不正确的或不完整的申请登记;

4. 违反第39条第6款的规定,怠于做报告、做不正确的报告、做不完整的报告或不及时做报告;

5. 违反依第40条第3款第1句或第42条第2款第1句可执行的规定;

5a. 违反依据第47f条第3项字母a、b、c所制定的法规或者依据该法规确定的可执行的规定,只要该法规包含罚金规定确定的构成要件;

5b. 违反第47条第2款第1句、第2句结合依据第47k条第8款第1句第1项或者第2项而制定的法规,怠于通知、未正确通知、未完整通知或者未及时通知所进行的改变;或者

6. 违反第59条第2款结合第47d条第1款第1句的规定,怠于提供、未正确提供、未完整提供或未及时提供情况,怠于提交、未完整提交或未及时提交资料,怠于出示、未完整出示或未及时出示业务资料供查阅和审核,或不接受对这些业务资料的审核,以及拒绝他人进入营业场所和营业用地;或者

7. 违反第81a条第1款第1句的规定,怠于提供、未正确提供、未完整提供或未及时提供情况,怠于提交、未正确提交、未完整提交或未及时提交资料。

(3)为下列行为者,违反社会秩序:

a)违反第21条第1款的规定,为供货或进货设置障碍,

b)违反第21条第2款的规定,以不利条件相威胁或附加不利条件,或者承诺或提供有利条件,或者

c)违反第21条第4款第3句或第39条第3款第5句的规定,做出或利用

指示。

(4)在第1款、第2款第1项、第2项字母a与第5项以及第3款情形下,对违反社会秩序的处以一百万欧元以下的罚金。对企业或企业联合组织做出的,可以超出第1句的规定,处以更高的罚金;该罚金不超过企业或企业联合组织在依政府决定的上一营业年度内所完成营业总额的百分之十。营业总额的计算应以作为经济统一体的所有自然人和法人的全球收入为基础。营业总额能够被估计。其他情形下,对违反社会秩序的处以十万欧元以下的罚金。罚金数额的确定应考虑到违反社会秩序的程度及其持续时间的长度。

(5)罚金的确定准用《违反社会秩序法》第17条第4款,但以通过第4款所称的罚金可以收缴从违反社会秩序中所取得的经济利益为限。仅处以罚金的,在确定罚金时对此应予考虑。

(6)对法人和人合组织发出的罚金决定上所注明的罚金可以追加利息;利息自罚金决定送达后两周起算。准用《民法典》第288条第1款第2句与第289条第1句。

(7)联邦卡特尔局可以对确定罚金,特别是罚金数额的确定行使自由裁量权,也可对和外国竞争主管部门的协作,制定一般管理原则。

(8)对第1款至第3款所列违反社会秩序行为的追诉时效,以《违反社会秩序法》的规定为准,在以扩散印刷品的方式实施行为时亦然。对第1款,第2款第1项以及第3款所列违反社会秩序行为的追诉时效为五年。

(9)和卡特尔当局一样,因协议、决议或行为方式违反《欧盟运行条约》第101条或第102条的规定,欧洲委员会或欧盟其他成员国的竞争主管部门应抗告或依职权而进行程序的,第1款所列的违反社会秩序行为因《违反社会秩序法》第33条第1款所称的竞争主管部门的行为而中断时效。

(10)《违反社会秩序法》第36条第1款第1项意义上的行政机关是指

1. 只要存在违反第47d条第1款第1句结合第59条第2款的规定,根据第2款第2项c则和d则、第5a项和第6项违反秩序时,联邦网络局作为电力和天然气的市场透明度发布站;

2. 只要存在违反第47k条第7款结合第59条第2款的规定,根据第2款第5b项和第6项违反秩序时,联邦卡特尔局作为燃料的市场透明度发布站;

3. 在第1款、第2款和第3款的其他情况下,联邦卡特尔局和根据州法具有管辖权的最高州行政机关分别对其管辖领域负责。

第八十一a条 情况说明义务

(1)在依据第81条第4款第2句和第3句确定法人或者任何组织的罚金时,第81条第10款意义上的行政机关必须就下列情形提供情况说明:

1. 对依行政机关第81条第4款第2句做出的裁决可能或者已经产生重要影响的企业或者企业联合组织本经营年度以及未来五个经营年度的总销售额;

2. 在确定的或者可以确定的时间内,因所有的、确定的或者根据抽象特征可以确定的顾客或者产品而获得的企业或者企业联合组织的销售额,以及资料。在查明总销售额时,《刑事诉讼法》第81条第4款第3句、第136条第1款第2句以及第163a条第3款和第4款不予适用。

(2)向法院提供情况或者提交资料时准用第1款的规定。

(3)为法人或者人合组织做事的自然人可以拒绝提供一些问题的情况,即他自己的责任或者由于犯罪行为或者《刑事诉讼法》第52条第1款中所规定的违反秩序行为而产生危险的参与者;关于此事,为法人或者人合组织做事的自然人将被劝导。准用《刑事诉讼法》第56条的规定。提供资料准用第1句和第2句的规定。

第八十二条 因对法人或人合组织确定罚金而进行的程序的管辖权

在下列情形下,卡特尔当局对针对法人或人合组织确定罚金的程序(《违反社会秩序法》第30条)享有专属管辖权:

1. 实施了某项同时符合第81条第1款,第2款第1项与第3款构成要件的犯罪行为;或

2. 实施了某项《违反社会秩序法》第130条所列故意或过失违反社会秩序行为,该应予以刑事处罚的违反义务行为同时也符合第81条第1款,第2款第1项与第3款的构成要件。

但该机关将涉及《违反社会秩序法》第30条的程序移送给检察机关处理的,前句规定不适用。

第八十二a条 在法院罚金程序中的职权和管辖权

(1)在法院的罚金程序中,可以允许卡特尔当局的代表询问当事人、证人与鉴定人。

(2)作为行政机关处理了前置程序的联邦卡特尔局,依执行罚金通知的规定,凭法院办事处书记员签发的具备可执行证明的判决书认证副本,执行罚金及规定的到期应支付金额。罚金及到期应支付金额上缴给承担国库开支的联邦金库。

第八十三条 州高等法院在法院程序中的管辖权

(1)在因实施第 81 条所列违反社会秩序行为而进行的法院程序中,由具有管辖权的卡特尔当局所在地的州高等法院做出裁决;在《违反社会秩序法》第 52 条第 2 款第 3 句和第 69 条第 1 款第 2 句情形下,州高等法院也对他人提出的要求做出法院裁决的申请做出裁决。《刑事诉讼法》第 140 条第 1 款第 1 项结合《违反社会秩序法》第 46 条第 1 款的规定不适用。

(2)州高等法院通过包括首席法官在内的三名法官做出裁决。

第八十四条 向联邦普通法院提起法律抗告

联邦普通法院对法律抗告(《违反社会秩序法》第 79 条)做出裁决。联邦普通法院取消撤销裁决,而未对案件本身做出裁决的,应将案件发回其裁决已被取消的州高等法院重审。

第八十五条 对罚金决定的再审程序

因不服卡特尔当局的罚金决定而进行的再审程序(《违反社会秩序法》第 85 条第 4 款),由依第 83 条具有管辖权的法院做出裁决。

第八十六条 执行时的法院裁决书

执行时所必需的法院裁决书(《违反社会秩序法》第 104 条),由依第 83 条具有管辖权的法院发布。

第三章 执 行

第八十六 a 条 执行

卡特尔当局可以依据执行行政措施的规定执行其命令。罚款的金额为一千欧元至一千万欧元。

第四章 民事法律纠纷

第八十七条 州法院的专属管辖权

因本法或因适用《欧盟运行条约》第 101 条或第 102 条或因适用《欧洲经济区协定》第 53 条或第 54 条,所产生的民事纠纷,不论诉讼标的价值大小,都由州法院专属管辖。如果一个法律纠纷的裁决全部或部分地取决于依本法或依《欧盟运行条约》第 81 条或第 82 条或依《欧洲经济区协定》第 53 条或第 54 条做出的另一个裁决的,也适用第 1 句的规定。

第八十八条 诉讼的合并

依第 87 条第 1 款提起的诉讼,可以与因另一项请求权而提起的诉讼合并,但以该另一项请求权与依第 87 条在具有管辖权的法院主张实现的请求权之间具有法律上的或直接经济上的联系为限;对因另一项请求权而提起的诉讼有专属管辖权的,也适用该规定。

第八十九条 一个州法院对多个法院辖区的管辖

(1)兹授权州政府制定法规,将依第 87 条由州法院专属管辖的民事法律纠纷,指定由一个州法院对数个州法院的辖区进行管辖,但以该集中有利于卡特尔案件的司法审理,特别是有利于保证司法统一为限。州政府可以将该项授权转授给州司法行政机关。

(2)州与州之间可以订立条约,确定某个州法院管辖数个州的个别辖区或整个区域。

(3)当事人在第 1 款和第 2 款规定的法院中,也可以让在如没有第 1 款和第 2 款规定本应受理该法律争议的法院中准许营业的律师代理自己。

第八十九 a 条 诉讼标的价值的调整

(1)在主张第 33 条或第 34a 条所称请求权的法律纠纷中,一方当事人证明,依全部诉讼标的金额的诉讼费用将严重危害其经济状况的,依其申请法院可以下令,该当事人应付的法院费用按照依其经济状况调整过的部分诉讼标的金额予以缴纳。法院的命令可以附加条件,要求该当事人证明没有第三人直接或间接承担本应由该当事人承担的法律纠纷费用。命令产生的后果是,受优待的当事人仅按其部分诉讼标的价值支付律师费用。责令受优待当事人承担法律纠纷费用或该费用本由受优待当事人承担的情况下,受优待当事人仅按其部分诉讼标的价值支付由对方支付的法院费用和对方的律师费用。责令对方承担庭外费用或该费用本由对方承担的情况下,受优待当事人的律师按对对方有效的诉讼标的价值向对方收取律师费用。

(2)第 1 款所称的申请经当事人签字向法院的办事处提出。申请应在法庭辩论之前提出。此后只有法院提高已被采纳或确认的诉讼标的金额的,才得提出申请。法院对申请做出裁决之前应听取对方当事人陈述意见。

第五章 共同规定

第九十条 告知卡特尔当局,卡特尔当局参加诉讼

(1)法院应将一切依第 87 条第 1 款的法律纠纷告知联邦卡特尔局。依请求,法院应向联邦卡特尔局送交一切书状、笔录、处分和裁决的副本。在其他涉及适用《欧盟运行条约》第 101 条或第 102 条的法律纠纷中,准用第 1 句和第 2 句。

(2)如联邦卡特尔局局长认为有利于维护公共利益,则可以从联邦卡特尔局的成员中任命一名代表,该代表有权向法院提交书面表示,说明事实和证据,参加庭审,在庭审中做出陈述,并向当事人、证人和鉴定人提问。代表人的书面表示应当由法院通知当事人。

(3)法律纠纷的意义仅限于一个州的领域内,则在第 1 款第 2 句和第 2 款的范围内,由州最高机关代替联邦卡特尔局行事。

(4)第 1 款和第 2 款规定准用于以根据第 30 条对受约束的购买人或其他企业实施价格约束为内容的法律纠纷。

第九十 a 条 法院与欧共体委员会及卡特尔当局的协作

(1)在所有涉及适用《欧盟运行条约》第 101 条或第 102 条的法院程序中,法院在裁决送达各方当事人后,立即经联邦卡特尔局向欧盟委员会送交各裁决的副本。联邦卡特尔局可以向欧盟委员会送交第 90 条第 1 款第 2 句所称的文件。

(2)在第 1 款所称的程序中,欧盟委员会可以依职权向法院送交书面意见。(欧共体)第 1/2003 号条例第 15 条第 3 款第 5 句要求,法院向欧盟委员会送交所有审理案件所必需的书面文件,法院向联邦卡特尔局和各方当事人送交欧盟委员会依(欧共体)第 1/2003 号条例第 15 条第 3 款第 5 句所做出的意见的复印件。欧盟委员会也可在口头辩论中发表口头意见。

(3)在第 1 款所称的程序中,法院可以请求欧盟委员会向其提供现有的信息,或对《欧盟运行条约》第 101 条或第 102 条的适用发表意见。法院将其依第 1 句向欧盟委员会提出的要求告知当事人,并将欧盟委员会答复的复印件送交当事人和联邦卡特尔局。

(4)在第 2 款与第 3 款情形下,法院与欧盟委员会之间的公务往来亦可经联邦卡特尔局为之。

第九十一条　州高等法院的卡特尔庭

州高等法院设卡特尔庭。卡特尔庭对依据第 57 条第 2 款第 2 句、第 63 条第 4 款、第 83 条、第 85 条规定指定由其审理的诉讼案件,对不服州法院依第 87 条第 1 款对民事法律纠纷做出的判决(Endurteil)提起的上诉,以及对不服州法院依第 87 条第 1 款对民事法律纠纷做出的其他裁决而提起的抗告,进行裁决。

第九十二条　一个州高等法院对数个法院辖区的行政案件和罚金案件的管辖

(1)一个州设有多个州高等法院的,州政府可以制定法规,将依第 57 条第 2 款第 2 句、第 63 条第 4 款、第 83 条和第 86 条由州高等法院专属管辖的法律案件,指定由一个或几个州高等法院或者由州最高法院审理,但以该集中有利于卡特尔案件的司法审理,特别是有利于保证司法统一为限。州政府可以将授权转授给州司法行政机关。

(2)州与州之间可以订立条约,授权某个州高等法院或州最高法院管辖数个州的个别辖区或整个辖区。

第九十三条　对上诉和抗告的管辖权

因不服依第 87 条第 1 款对民事法律纠纷做出的终局判决而提出上诉的,因不服依第 87 条第 1 款对民事法律纠纷做出的其他裁决而提出抗告的,对此类上诉和抗告的裁决,准用第 92 条第 1 款和第 2 款的规定。

第九十四条　联邦最高法院的卡特尔庭

(1)联邦最高法院设卡特尔庭;它对下列法律救济程序做出裁决:

1. 在行政案件中,对不服州高等法院所做出的裁决提出的法律抗告(第 74 条、第 76 条)以及对不准抗告的抗告(第 75 条);

2. 在罚金程序中,对不服州高等法院所做出的裁决提出的法律抗告(第 84 条);

3. 在因第 87 条第 1 款所产生的民事法律纠纷中:

a)不服州高等法院的终局判决而提起的三审上诉,以及不准抗告的抗告,

b)不服州法院的终局判决提起的越级上诉,

c)不服州高等法院的根据《民事诉讼法》第 574 条第 1 款作出的决定而提起的法律抗告。

(2)在《法院组织法》第 132 条意义上,卡特尔庭在罚金程序中视为刑事庭,在其他一切程序中视为民事庭。

第九十五条 专属管辖

依本法对裁决有管辖权的法院系专属管辖。

第九十六条 民事法律纠纷

(已废止)

第四编 公共采购的招标投标

第一章 招标投标程序

第九十七条 一般原则

(1)公共采购人应根据下列规定,通过竞争以及透明的投标招标程序,采购商品、建筑工程和服务。

(2)招标投标程序的参与人应受一视同仁,除非根据本法明确规定,区别对待参与人是合适的或合法的。

(3)中小企业的利益在公共采购的招标投标中应该予以特别照顾。采购可以按照数量划分(部分份额)和按照种类或者行业划分(行业份额)。如果因经济或者技术需要,若干部分份额或行业份额应该共同进行招标。当一个不是公共采购人的企业被委托实施公共采购时,如果分合同采购向第三人招标,采购人有义务要求企业按照第1句至第3句的规定进行。

(4)采购应向精通业务、高效可靠以及遵守法律的企业招标;在实施采购时可以向投标人提出额外的尤其是社会、环境或者创新方面的要求,如果这些要求与采购的标的有实质联系并且产生于对货物的描述。只有在联邦法和各州法有相应规定的情况下,才能向投标人提出其他的要求或进一步的要求。

(4a)采购人可以设立或者允许质量优先系统,在该系统下可以事后证明企业的资格。

(5)最为经济的投标中标。

(6)兹授权联邦政府制定法规,对投标招标因遵循的程序,即如对招标投标的公告、过程以及种类,对企业和投标的选择和审核,对合同的订立及投标招标程序的其他问题,做出规定;法规必须经联邦参议院同意。

(7)企业有权要求投标人遵守有关招标投标程序的规定。

第九十八条 采购人

本编意义上的公共采购人,是指:

1. 区域性公法团体及其特别财产;

2. 其他旨在履行公共利益范围的非营利性任务而专门设立的公法法人或私法法人,但以第1项或第3项所称实体通过参股或以其他方式,单独或共同向这些法人提供主要资金,或者监督其领导,或者决定其事务执行机关或监管机关中一个机关半数以上的成员人选为限。单独或与他人共同提供主要资金,或决定事务执行机关或监管机关中一个机关半数以上成员人选的实体是前句所称的法人的,亦同;

3. 以第1项或第2项所称主体为成员的联合会;

4. 私法上的自然人或法人,它们在饮用水供应或能源供应领域,或在交通从事经营,但以此类主体依据主管机关授予的特殊的或排他的权利从事该经营活动为限,或以第1项至第3项所称的采购人可以单独或共同对此类主体施加支配性影响为限。特殊的或排他的权利是指导致从事该经营活动为一个或若干企业所保留,而且有可能严重的损害其他企业从事该经营活动的权利。饮用水供应、能源供应以及交通领域的设施的经营活动即属于此;

5. 私法上的自然人或法人以及不属于第2项的公法上的法人,它们为实施地下工程,为修建医院、体育设施、休养设施、业余娱乐设施,为修建学校馆舍、高校馆舍或行政办公大楼,或为提供与此相关联的服务和悬赏征答程序,而从第1项至第3项所称的实体处获得超过此类工程项目所需资金百分之五十的资金;

6. 私法上的自然人或法人,它们与第1项至第3项所称的实体订立有关建筑特许权的合同,即取得向第三人发包的权利。

第九十九条 公共采购

(1)公共采购,是指公共采购人与企业之间以货物供应、建筑工程或提供服务为内容的有偿采购合同,建筑特许权以及旨在产生服务采购的悬赏征答程序。

(2)货物采购,是指购置商品的合同,即如买卖合同或分期付款买卖合同,或融资租赁合同、使用租赁合同或收益租赁合同,而不论这些租赁合同是否约定留购权。此类合同也可以包括次要给付。

(3)建筑工程采购,是指有关对建筑工程项目或者对于公共采购人而言作为地下建筑工程或地上建筑工程之结果的、具有某种经济功能或技术功能的建筑物进行施工或同时进行规划和施工合同,也指第三人根据采购人提出的要求提供直接的经济上收益的建筑服务的合同。

(4)服务采购,是指有关不属于第 2 款或第 3 款范围的提供服务的合同。

(5)本编意义上的悬赏征答程序,仅指旨在依据价格法庭的比较性评价帮助采购人实现某项规划的悬赏征答程序,而不论是否发奖金。

(6)建筑许可,是指实施建筑工程采购的合同。在该合同中,建造工作的对待给付不是酬资,而是有期限的对建筑设施的使用权,在有些情况下也可能需要支付一定的使用费用。

(7)具有国防或安全重大意义的采购,是指采购对象至少包括以下 1 至 4 项中的一项:

1. 采购第 8 款意义上的军事装备,包括与之配套的零件和建造部件;

2. 采购涉及第 9 款意义上的密件的装备,包括与之配套的零件和建造部件;

3. 在上述 1、2 两项所提及的装备的生命周期各个阶段,与装备有直接关系的建造、采购及服务;

4. 专门针对军事的建造和服务,或者第 9 款密件采购范围内的建造和服务。

(8)军事设备,是指为实现军事目标专门设计,或者与军事目标的实现相切合并能够作为武器、弹药或者其他战争资料使用的设备。

(9)密件采购,是指以安全为目的的采购,

1. 密件采购的履行或密件的生产要遵守本法第 4 条规定的前提与联邦安全审核程序或各州相应规定;

2. 采购第 1 项意义上的密件或者包含第 1 项意义上的密件。

(10)如果一个公共采购的内容既包括购买货物,又包括服务采购,且服务采购的价值高于货物价值,则该采购被看作为服务采购。如果一个公共采购除服务采购外还涉及建筑工程采购,且该建筑工程采购是主给付外的附随工作,则该采购被看作为服务采购。

(11)如果一个公共采购涉及多个内容,则适用主给付内容的相关规定。

(12)如果一个采购的内容既涉及饮用水或能源供应、交通或《联邦矿山开采法》领域,也涉及本法第 98 条第 1 项到第 3 项领域,且无法确定何为该采购的主要内容,则适用本法第 98 条第 1 项到第 3 项针对采购人的规定。如果采购中有一项内容,仅涉及饮用水或能源供应、交通或《联邦矿山开采法》,而不涉及本法第 98 条第 1 项到第 3 项,则适用饮用水或能源供应、交通或《联邦矿山开

采法》中针对采购人的相关规定。

(13)如果一个采购以建筑工程、货物供应或服务为内容,其中部分具有国防和安全重大意义,则该采购整体依照具有国防和安全重要性采购的相关规定,只要这种整体形式具有客观合理性。如果一个采购以建筑工程、货物供应或服务为内容,其中部分具有国防和安全重大意义,而其他部分既不属于这个领域,也不适用部门规章中招标投标的规定与招标投标法规,则本法第四部分不适用于该采购的招标投标,只要整体形式的采购具有客观合理性。

第一百条 适用范围

(1)本部分适用于采购值达到或高于各确定门槛值的采购,

1. 如果采购人是第98条第1项到第3项、第5项和第6项意义上的采购人,且不属于本条第2项、第3项意义上的采购人,则采购合同门槛值的确定依据《公共采购招标投标条例》第2条得出;

2. 如果采购人是第98条第1项到第4项意义上的采购人,其行为涉及饮用水或能源供给、交通领域,则采购合同门槛值的确定依据《特殊领域公共采购招标投标条例》第1条得出;

3. 如果采购人是第98条意义上的采购人,并且具有第99条第7款意义上的国防和安全重要性,则采购合同门槛值的确定依据本法第127条第3项的相关规定。

(2)本部分不适用于第3款到第6款、第8款以及第100a条和第100b条所述及的情况。

(3)本部分不适用于劳动合同。

(4)本部分不适用于具有以下内容的采购的招标投标:

1. 仲裁及调节;或者

2. 研发服务,除非研发结果作为采购人独占财产应用于其自己的活动,并且服务完全由采购人负担。

(5)不论经费来源,本部分不适用于以下合同:

1. 获得土地、已有建筑或其他不动产;

2. 以土地、已有建筑或其他不动产为对象的租赁关系;

3. 土地、已有建筑或其他不动产上的权利。

(6)本部分不适用于以下采购的招标投标:

1. 如果适用本部分,将迫使采购人告知与招标投标程序或采购执行相关的信息，而这种信息泄露与《欧盟运行条约》第 346 条第 1 款 a 项意义上的国家重要安全利益相冲突；

2. 属于《欧盟运行条约》第 346 条第 1 款 b 项所规定的内容。

（7）第 6 款意义上的具有阻却本部分适用的效果的重大安全利益可以是：武装力量的运营和投入，反恐措施的贯彻，信息技术或通信设备的购置。

（8）本部分不适用于不具有国防或安全重要性且具有以下特点的采购的招标投标：

1. 依据国内法律及行政规章应当予以保密；

2. 执行第 1 项中所提及的规范需要特别的安全措施；

3. 为了实现武装力量的投入、为了贯彻反对恐怖主义的措施、为保护国家重要安全利益而购置信息技术或通信设备而明确规定不适用《招标投标法》；

4. 依据联邦德国与一个或多个非欧洲经济区协议成员国间的国际条约，为实现签字国共同承担的项目的执行，招标投标适用其他程序规定；

5. 依据与派驻军队有关的国际条约，招标投标适用其他程序规定；

6. 依据国际组织的特殊程序规定进行招标投标。

第一百 a 条 对非特别领域及非具有国防安全重要性的采购的特殊例外

（1）在第 100 条第 1 款第 2 句第 1 项所规定的情况下，本部分除不适用于第 100 条第 3 款到第 6 款以及第 8 款所述及的情况外，也不适用于本条第 2 款到第 4 款所述及的采购。

（2）本部分不适用于具有以下内容的采购的招标投标：

1. 购买、完善、制作或者联合摄制通过广播或者电视台播放的节目；或者

2. 与有价证券或其他金融工具发行、销售、购买或者转让有关的金融服务，尤其是为采购人筹集资本的行为以及中央银行的服务。

（3）如果本法第 98 条第 1 项、第 2 项或第 3 项所规定的采购人享有法律或法规赋予的提供服务的排他性权利，则这种服务采购的招标投标不受本部分规制。

（4）如果采购的主要目的是使采购人有能力提供或运营公共通信网络或者提供一个或多个公共通信服务，则此种采购不受本部分规制。

第一百 b 条 特别领域中的特殊例外

（1）在第 100 条第 1 款第 2 句第 2 项所规定的情况下，除第 100 条第 3 款到第 6 款以及第 8 款所述及的情况外，本条第 2 款到第 9 款所列采购也不受本部

分规制。

(2)本部分不适用于具有以下内容的采购的招标投标:

1. 与有价证券或其他金融工具发行、销售、购买或者转让有关的金融服务,尤其是为采购人筹集资本的行为以及中央银行的服务;

2. 在饮用水供给领域的获得水源的行为;或者

3. 在能源供给领域获得能源或者获得提供能源的燃料的行为。

(3)如果本法第98条第1项、第2项或第3项所规定的采购人享有法律或法规赋予的提供服务的排他性权利,则这种服务采购的招标投标不受本部分规制。

(4)本部分不适用于以下采购的招标投标:

1. 由本法第98条第4项的采购人提出的,服务于其他目标的采购的招标投标;

2. 以贯彻饮用水、能源供给或交通领域的活动为目标的,超过欧盟范围的,并且这类活动没有在该地区内与现实使用的网络或设备相连接的采购的招标投标;

3. 采购以向第三人转让或出租为目的,并且满足一下条件:

a)采购人不享有出售或者出租采购标的的特别或者独占权利,

b)其他企业有在相同条件下出售或者出租同采购人一样的产品或服务的可能。

4. 如果欧盟委员会依据欧洲议会和欧洲委员会于2004年3月31日颁布的《通过采购人实现饮用水、能源供给、交通和邮政领域的合作的指令》第30条,认定该采购所涉及的德国境内的行为阻碍了自由进入市场、阻碍了竞争,并且欧盟委员会的这一认定已经由联邦经济与技术部加以通告。

(5)本部分不适用于以执行饮用水、能源供给或交通领域活动为目的建筑许可采购的招标投标。

(6)本部分在第7款条件下不适用于以下采购的招标投标:

1. 采购合同分配给与采购人有关联的企业;或者

2. 饮用水或能源供给或交通领域的多个采购人共同设立的专门执行该领域活动的企业,将采购合同分配给与其中一个采购人有关联的企业。

(7)只有在欧盟范围内,在过去的三年中,关联企业在相应的供货、建筑和服务领域至少80%的平均销售额来自为采购人供应该种货物或提供该种服务时,第6款才不予适用。对于一个成立不到三年的企业而言,如果可以期待在其成立的头三年有可能达到80%,则可适用第6款。如果货物供应、建筑或服务由多个与采购人有关联的企业提供,则应当以所有企业的供应该种货物或提供该种服务所获得的销售额总额计算比例。适用第36条第2款和第3款。

(8)在第9款条件下,该部分不适用于以下采购的招标投标:

1.饮用水或能源供给或交通领域的多个采购人共同设立的专门执行该领域活动的企业,将采购合同分配给其中一个采购人;或者

2.采购人将采购合同分配给其自己参与的第1项所述及的共同企业。

(9)只有在以下情况下,才适用第8款:

1.共同企业设立的目的是,在至少为三年的时间范围内执行相应活动;以及

2.在设立文件中明确载明,设立该企业的采购人至少在相同的时间段内属于该企业。

第一百c条 国防和安全领域的特殊例外

(1)在第100条第1款第2句第3项情况下,除第100条第3款到第6款的情况外,本部分也不适用于本条第2款到第4款所述采购。

(2)本部分不适用于以下采购的招标投标:

1.以金融服务为内容的采购的招标投标,保险服务除外;

2.以新闻服务为目的的采购的招标投标;

3.以下合作项目框架内采购的招标投标:

a)基于研发,以及

b)与至少一个欧盟成员国合作促进一个新产品,合作项目也可能在一个新产品全部或部分生命周期的最后阶段才实施。

4.由联邦政府、州政府或地方机构分配给另一政府或其他国家地方机构的采购合同,并且采购以以下标的为内容:

a)军事设备的供应或第99条第9款意义上的密件采购中的设备的供应,

b)与设备有直接联系的建筑工程和服务,

c)专门满足军事目的的建筑工程和服务,

d)第99条第9款意义上的密件采供中的建筑工程和服务。

(3)本部分不适用于超出欧盟范围的采购的招标投标;这类采购也包括欧盟范围外的,武装力量或联邦或州警力派驻框架内的民用购置,只要该派驻要

求民用购置合同须与派驻地企业签订。民工购置,指的是为后勤目的购置非军事产品、建筑工程或服务。

(4)本部分不适用于受以下特殊程序规定调整的采购的招标投标:

1. 特殊程序规定的依据是,一个或多个成员国与一个或多个非欧洲经济区协议国所签订的国际条约或国际协议;

2. 特殊程序规定的依据是,涉及成员国或第三国企业的,与派驻军队有关的国际条约或国际协议;

3. 特殊程序规定适用于国际组织,如果该国际组织为实现其目标进行购置活动或者成员国必须依据该规定进行招标投标。

第一百零一条 招标投标的方式

(1)公共货物采购、建筑工程采购和服务采购的招标投标,以公开程序、不公开程序或商议程序进行。

(2)公开程序,是指邀请无数量限制的企业公开进行投标的程序。

(3)不公开程序,是指虽公开发出招标邀请,但其后在竞争者范围内邀请有数量限制的企业进行投标的程序。

(4)竞争的对话是特别复杂的采购的招标投标程序,由不在饮用水供应或能源供应或者交通领域从事经营活动的采购人根据第98条第1项至第3项进行,以及其他采购人根据第98条第5项进行。在该程序中要求参与以及与被选择的企业关于采购的所有细节进行商谈。

(5)商议程序,是指不论事先是否发出公开招标邀请,采购人与择定的一个或若干个企业就采购条件进行协商的程序。

(6)电子拍卖服务于商业报价的电子查明。一个充满活力的电子程序是一个以购置市场上普遍流通的服务为目标,不包括电子公开程序的,限时性的招标投标程序。呈现市场上可购买货物的目录便可以满足采购人的要求。

(7)公共采购人应当使用公开程序,但本法规定可以采用其他程序的出完。饮用水或能源供应或者交通领域的采购人可以自由选择公开程序、不公开程序和商议程序。国防和安全领域的采购的招标投标,公共采购人可以选择不公开程序或商议程序。

第一百零一 a 条 通知义务和等待义务

(1)采购人要不迟延的以文本形式通知投标未被考虑的出价者投标被采纳企业的名字、其投标不被考虑的理由和合同缔结最早的时间。这也适用于在向相关出价者发出中标决定的通知之前,没有得到拒绝其申请的通知的申请者。合同允许在根据第1句和第2句发出通知后的15日内缔结。如果通知是通过传真或者电子方式发出,则该期限缩短为10日。期限开始于采购人发出通知之日,不取决于送达到出价者和申请者的日期。

(2)商议程序由于特别紧急没有进行事前公告,是有正当理由的,此时取消通知义务。

第一百零一b条 不生效力

(1)合同自始不生效力,如果采购人

1. 违反第101a条;或者

2. 直接将公共采购给予一个企业,而没有其他企业参与招标投标程序且没有给予法律的许可以及该违反已经在审查程序中根据第2款得到确认。

(2)如果在审查程序中自知道违反行为起30日内且在合同缔结后6个月内主张不生效力,那么不生效力根据第1款可以被确认。如果采购人字欧盟公报上公布了采购招标投标,那么主张不生效力的期限于在欧盟公报上公布采购招标投标后的30日结束。

第二章 审查程序

第一节 审查机关

第一百零二条 原则

对公共采购的招标投标的审查,由招标投标审核处承担;有关监督检查部门的审查权不受影响。

第一百零三条(已废止)

第一百零四条 招标投标审核处

(1)联邦招标投标审核处负责对归属于联邦的公共采购的招标投标进行审核,各州招标投标审核处负责对归属于各州的公共采购的招标投标进行审核。

(2)第97条第7款规定的权利,以及其他要求公共采购人在招标投标程序中为或不为某项行为的请求权,只能向招标投标审核处以及抗告法院主张。普通法院对主张损害赔偿请求权的管辖权以及卡特尔当局的权限不受影响。

(3)普通法院对损害赔偿请求权的主张的管辖权和卡特尔当局追究违反行为尤其是违反第19条和第20条的权限不受影响。

第一百零五条 组织,独立性

(1)招标投标审核处在法律规定的范围内独立地、自负责任地从事其活动。

(2)招标投标审核处以一名主席和两名委员的名义做出决定;两名委员中,一名是荣誉委员。主席和专职委员必须是终身任期的、具有担任高级行政职务或相应专业职务能力的公务员。主席或专职委员必须具有担任法官职务的能力;通常情况下主席应当具有担任法官职务的能力。委员应当具备扎实的招标投标知识,荣誉委员亦应当在招标投标领域具有多年的实践经验。在对第99条第7款具有国防和安全重大意义的采购的招标投标审查中,招标投标审核处也可以背离第1句的规定,以一名主席和两名专职委员的名义作出决定。

(3)招标投标审核处可以在不举行口头辩论的情况下,以不可撤销的决定的形式,将有关程序转交给主席或专职委员单独处理。只有当案件在事实方面或法律方面都没有重大的困难,并且对案件的处理决定不会产生根本性的意义时,才可为前句的转交。

(4)招标投标审核处成员的任职期为五年。他们独立地做出决定,仅对本法负责。

第一百零六条 设立、组织

(1)联邦在联邦卡特尔局设立必要数量的招标投标审核处。联邦卡特尔局局长决定有关招标投标审核处的设立、人员配备以及分工等事宜。联邦卡特尔局局长应诸公法公会的最高组织的提议,任命荣誉职位的委员及其代理人。联邦卡特尔局局长在征得联邦经济和技术部的同意后,颁布招标投标审核处工作条例,并将其公布在联邦公报上。

(2)本章所称的各州机关(审查机关)的设立、组织和人员配备,由依州法律具有管辖权的机关决定;如无此类决定,由州政府决定;州政府可以将该授权再行转让。各州可以设立共同的招标投标审查机关。

第一百零六 a 条 招标投标审核处管辖权的界限

(1)联邦招标投标审核处负责审查招标投标程序

1. 联邦的;

2. 第98条第2项意义上的采购人,如果联邦参股主要管理或者提供其他主要资金或者监督其领导或者决定其事务执行机关或监管机关中一个机关的成员人选。除非参与采购者已经同意由另一个招标投标审核处管辖;

3. 第98条第4项意义上的采购人,如果联邦对其产生支配性影响;当联邦直接或者间接享有采购人大多数资金或者拥有与采购人份额联系在一起的大多数投票权或者能够指定采购人的管理机构或领导机构或监督机构的过半数成员时,存在支配性影响;

4. 第 98 条第 5 项意义上的采购人,如果联邦同意主要的措施;

5. 第 98 条第 6 项意义上的采购人,如果第 98 条第 1 项至第 3 项的机构被归入联邦;

6. 在机构借出的范围内由联邦实施。

(2) 如果在采购行政的范围内,由州代替联邦实施招标投标程序,那么该州的招标投标审核处有管辖权。如果采购人在运用第 1 款第 2 项至第 6 项时归入州,那么该州的招标投标审核处有管辖权。

(3) 在其他所有的情况下,招标投标审核处根据采购人的住所确定管辖权。在对州具有决定性意义的采购中,采购人在招标投标公告中只能提名一个有管辖的招标投标审核处。

第二节 在招标投标审核处进行的程序

第一百零七条 程序的启动,申请

(1) 招标投标审核处仅依申请启动审核程序。

(2) 任何一个对采购具有利益,且主张因违反招标投标规定而损害其依第 97 条第 7 款享有的权利的企业,都有权提出申请。申请人应表明,违反招标投标规定的行为给该企业造成了损害,或可能造成损害。

(3) 申请不合法,只要:

1. 申请人在招标投标进行过程中即已发现其声称的违反招标投标规定的事实,但未及时向采购人提出申诉;

2. 基于公告申请人可以发现违反招标投标规定的事实的情况下,如最迟在公告中所称的投标期间或竞答期间届满之时,仍未向采购人提出申诉的;

3. 在招标投标书面资料中可以发现违反招标投标规定的事实的情况下,如最迟在公告中所称的投标期间或竞答期间届满之时,仍未向采购人提出申诉的;

4. 在收到采购人的通知 15 日后仍未提出申诉的。

根据第 101b 条第 1 款第 2 项,第 1 句不适用于合同不生效力的确认的申请。第 101a 条第 1 款第 2 句不受影响。

第一百零八条 形式

(1)申请应以书面形式提交给招标投标审核处,并应即时陈述理由。申请书中应记载一项特定的请求。申请人在本法适用范围内没有住所或惯常居留地、所在地或业务领导机关的,应任命一名在本法适用范围内享有受领权的代理人。

(2)陈述理由时,必须指出被申请人的姓名,描述所声称的权利侵害行为及案情,指称可资利用的证据,并说明已向采购人提出异议;以已知为限,还应指出其他当事人的姓名。

第一百零九条 程序的当事人,传唤

程序的当事人是:申请人,采购人,有关决定将对其利益产生重大影响因而招标投标审核处传唤其参加程序的企业。有关传唤的裁决是不可撤销的。

第一百一十条 调查原则

(1)招标投标审核处依职权调查案情。招标投标审核处可以仅调查当事人提出的事实或者其他他认为重要的事实。招标投标审核处没有责任进行全面的合法性控制。在其全部活动中,都应注意不对招标投标的进展过程产生不适当的影响。

(2)招标投标审核处审查申请是否明显不合法或者不成立。招标投标审核处会考虑采购人预先提交的诉状,如果申请并非明显不合法或不成立。招标投标审核处将申请书的复印件转交给采购人,并要求采购人提供说明招标投标的卷宗材料(招标投标卷宗材料)。采购人应立即提供招标投标卷宗材料。准用第57条至第59条第1款至第5款的规定。

第一百一十a条 保管机密资料

(1)招标投标审核处对各方提供材料所包含的密件及其他机密信息予以保密。

(2)招标投标审核处成员有义务保守秘密;决定理由不得公开保密文件、卷宗、电子文档和答复。

第一百一十一条 卷宗材料的查阅

(1)当事人可以在招标投标审核处查阅卷宗材料,并以自己的费用,要求办事处制作副本、节录或复本。

(2)因重大事由,即如为了保守秘密或为了维护营业秘密或商业秘密,而不宜查阅的,招标投标审核处应拒绝当事人查阅卷宗材料。

(3)每一个当事人在提交其卷宗材料或意见时,都应指明第2款所称的秘密,并在有关资料中做相应的注明。否则,招标投标审核处可以认为当事人同意查阅。

(4)对查阅卷宗材料的拒绝,只能与主案中的即时抗告一起,予以撤销。

第一百一十二条 口头辩论

(1)招标投标审核处依据口头辩论做出决定;口头辩论应限于一个期日。全体当事人都有发表意见的机会。经当事人同意,或申请不合法或明显不成立的情况下,可以不经口头辩论根据卷宗材料提供的情况做出决定。

(2)即使当事人在辩论日没有出席或者没有被依法代理,也可以对案件进行辩论并做出决定。

第一百一十三条 程序的加快

(1)招标投标审核处在收到申请书后五周内,以书面形式做出决定,并说明理由。存在事实上的或法律上的特殊困难的,主席可以在例外情况下,通知当事人将期间延长到所需要的时间。该期间应当不超过两周。主席以书面形式陈述做出这一处分的理由。

(2)当事人应当本着促进程序进行以及使程序迅速终结的精神,协助澄清案情。可以给当事人规定期间,一旦期间届至,所做陈述可以不予考虑。

第一百一十四条 招标投标审核处的决定

(1)招标投标审核处对申请人的权利是否受到损害做出决定,并且采取适当措施,以排除权利侵害行为并阻止对相关利益人的损害。招标投标审核处不受申请书的约束,它也可以在申请事项之外,对招标投标程序的合法性产生影响。

(2)有效确定的中标不得撤销。审核程序以中标的确定、招标投标程序的废止或中止或以其他方式终结的,应一个当事人的申请,招标投标审核处认定是否发生权利侵害行为。在此情况下,第113条第1款规定不适用。

(3)招标投标审核处的决定以具体行政方式的方式做出。决定根据联邦和各州的行政执法法执行;被执行人为公权载体的,亦然。准用第61条和第86a条第2句的规定。

第一百一十五条 招标投标程序的中止

(1)如果招标投标审核处通知公共采购人以文本形式审核申请书,那么采购人不得在招标投标审核处做出决定以及第117条第1款规定的抗告期间届满前,确定中标。

(2)如顾及一切可能遭受损害的利益以及要求迅速终结招标投标程序的公共利益,将招标投标延迟至审核完毕之时所产生的弊害超过了其优越性,则依采购人或者依第101a条由采购人提名的能够中标的企业申请,招标投标审核处可以允许采购人在招标投标审核处的决定公布两周后确定中标。在权衡时要考虑采购人经济上履行采购时的公共利益;涉及第99条第7款所规定的具有国防和安全重大意义的采购时,还必须额外特别考虑国防和安全利益。依申请,抗告法院可以恢复禁止依1款确定中标;第114条第2款第1句规定不受影响。招标投标审核处不允许确定中标的,依采购人申请,抗告法院可以在具备第1句至第4句要件的情况下,允许立即确定中标。对于在抗告法院进行的程序,准用第121条第2款第1句和第2句和第3款规定。不服招标投标审核处依本款规定做出的决定的,不得依第116条第1款提出即时抗告。

(3)在招标投标程序中,如申请人依第97条第7款享有的权利确定中标以外的其他方式受到危害,则依特别申请,招标投标审核处可以采取其他临时性措施干预招标投标程序。在干预时,招标投标审核处应以第2款第1句的评价标准为依据。这一决定不得单独予以撤销。招标投标审核处可以根据联邦和各州的行政执行法实施其他相关的临时措施;这些措施是立即可执行的。准用第86a条第2句。

(4)如果采购人提出递交符合第100条第8款第1项到第3项的证明,相关文书送达申请人五天后,取消依据第1款对确定中标的禁止;文书到达后,招标投标审核处必须不延迟的送达。依据申请,上诉法院可以重新禁止确定中标。适用第121条第1款第1句,第2款第1句以及第3款和第4款。

第一百一十五a条 排除不一致的州法

州的法律不得与本法规定的行政程序不一致。

第三节 即时抗告

第一百一十六条 合法性,管辖权

(1)不服招标投标审核处做出的决定的,可以提出即时抗告。在招标投标审核处进行的程序的当事人,有权提出即时抗告。

(2)招标投标审核处未在第113条第1款规定的期间内对要求审核的申请做出决定的,也可以提出即时抗告;在此情况下,申请视作被驳回。

(3)对于即时抗告,由对招标投标审核处所在地具有管辖权的州高等法院专门做出判决。州高等法院内设立一个招标投标审判庭。

(4)州政府可以制定法规,将第1款和第2款所称的法律案件交给其他州高等法院或州最高法院审理。州政府可以将该授权转授给州司法行政机关。

第一百一十七条 期间,形式

(1)即时抗告应在决定送达之日起两周内,在第116条第2款情形,自该期间届满之日起两周内,以书面形式向抗告法院提出。

(2)在提出即时抗告的同时应陈述理由。陈述抗告理由时必须说明下列事项:

1. 在何种程度上撤销招标投标审核处的决定并申请做出不同于此项决定的决定;

2. 抗告所依据的事实和证据。

(3)抗告状必须由一名律师签名。这一要求不适用于公法法人提出的抗告。

(4)一旦提出抗告,抗告人应以传达抗告状副本的方式,向招标投标审核处进行的程序中的其他当事人发出通知。

第一百一十八条 效力

(1)即时抗告对招标投标审核处做出的决定具有延缓效力。延缓效力在抗告期间届满两周后消灭。招标投标审核处驳回要求审核的申请的,应抗告人申请,抗告法院可以将延缓效力延长至对抗告做出判决之时。

(2)如虑及一切可能遭受损害的利益将招标投标延迟至对抗告作出判决之时所产生的弊害超过了其优越性,法院应依据第1款第3句驳回申请。在权衡时,应该考虑采购人经济任务完成后的公共利益;根据本法第99条第7款,在与军事防卫和安全相关关的采购中应该额外的考虑特别的军事防卫利益和安全利益。法院在作出决定时,也应该考虑抗告的取胜前景,申请人在招标投标程序中获得采购的一般前景以及要求迅速终结招标投标程序的公共利益。

(3)招标投标审核处以禁止确定中标的方式对要求审核的申请表示支持的,在抗告法院依第121条或第123条规定撤销招标投标审核处的决定之前,不得确定中标。

第一百一十九条 抗告程序的当事人

在抗告法院进行的程序的当事人,即是在招标投标审核处进行的程序的当事人。

第一百二十条 程序规定

(1)在抗告法院,当事人必须由一名律师作为其代理人。公法法人可以由具有担任法官职务能力的公务员或职员代理。

(2)准用《民事诉讼法》第69条、第70条第1款至第3款、第71条第1款和第6款、第71a条、第72条、第73条——对第227条第3款的援引除外——应当适用本法的第78条、第111条和第113条第2款第1句规定。

第一百二十一条 对确定中标的先行裁定

(1)应采购人或者根据本法第101a条由采购人提名、能够中标的企业的申请,法院在考虑即时抗告取胜可能的情况下,可以允许继续进行招标投标程序并确定中标。如虑及一切可能遭受损害的利益,将招标投标延迟至对抗告做出判决之时所产生的弊害超过了其优越性,法院也可允许中标。在权衡时,应该考虑采购人经济任务完成后的公共利益;根据本法第99条第7款,在与军事防卫或安全相关的采购中应该额外的考虑特别的军事防卫或安全的利益。法院在作出决定时,也应该考虑抗告的取胜前景,申请人在招标投标程序中获得采购的一般前景以及要求迅速终结招标投标程序的公共利益。

(2)前款申请应以书面形式提出,且应同时陈述理由。应对陈述申请理由时提出的事实以及紧急处理的原因进行证明。在对申请做出裁定之前,关于抗告的程序可以中止进行。

(3)裁决应即时做出并陈述理由,最迟应在收到申请书后五周内做出并陈述理由;存在事实上的或法律上的特殊困难的,主席可以在例外情况下,以向当事人发出通知并说明理由的方式,将期间延长到所需要的时间。陈述理由,即解释招标投标程序的合法性或违法性。适用第120条规定。

(4)不服依本条规定做出的裁定的,不得进行法律救济。

第一百二十二条 招标投标程序在抗告法院做出裁决后终结

采购人依第121条规定向抗告法院提出的申请未获支持的,裁决书送达十日后,招标投标程序视为终结,除非采购人采取裁决书中规定的旨在使程序恢复合法性的措施;不得将程序继续进行下去。

第一百二十三条 抗告裁决

法院认为抗告成立的,应撤销招标投标审核处的决定。在此情形下,法院自行对案件做出判决,或者宣告招标投标审核处负有考虑法院的法律观点、对本案重新做出决定的义务。依申请,法院认定,提出审核申请的企业的权利是否受到了采购人的损害。准用第 114 条第 2 款的规定。

第一百二十四条 约束力和呈交义务

(1)因违反招标投标规定而请求损害赔偿的,如已在招标投标审核处进行过程序,普通法院受招标投标审核处的生效决定、州高等法院以及可能依第 2 款接受申请的联邦最高法院对抗告做出的裁决的约束。

(2)州高等法院打算做出不同于另一个州高等法院或联邦最高法院裁决的判决的,应将该案件呈交给联邦最高法院。联邦最高法院取代州高等法院做出裁决。联邦最高法院可以只作出意见分歧问题的判决,而将主案移交给抗告法院并由其作出判决,如果这根据抗告程序的事实情况和争议情况是合适的。该呈交义务不适用于依第 118 条第 1 款第 3 句以及依第 121 条进行的程序。

第三章 其 他 规 定

第一百二十五条 权利滥用时的损害赔偿

(1)依第 107 条提出的申请或依第 116 条提出的即时抗告自始即为不当的,申请人或抗告人有义务赔偿被申请人或有关当事人因滥用申请权或抗告权而遭受的损害。

(2)所谓滥用,即如:

1. 因故意或重大过失,做出虚假的陈述,以使招标投标程序中止或继续中止;

2. 以阻止招标投标程序的进行或损害竞争对手为目的,提出审核的申请;

3. 以事后撤回申请而获得金钱或其他利益为目的,提出申请。

(3)招标投标审核处对依第 115 条或第 3 款提出的特别申请予以支持而采取临时措施的,如这些临时措施自始即为不当,则申请人应赔偿采购人因执行规定的措施而遭受的损害。

第一百二十六条 赔偿信赖损害的请求权

采购人违反某项旨在保护企业的规定,使如无此项违法行为在评标时本应有很大中标机会的企业,因采购人的违法行为而遭受损害的,该企业可以要求赔偿其为准备投标或为参加招标投标程序所支出的费用。其他损害赔偿请求权不受影响。

第一百二十七条　授权

联邦政府可以制定法规,对下列事项进行规范:

1. 将欧盟指令中规定的招标投标的门槛值转化为其适用的文本;

2. 对饮用水供应、能源供应领域和交通领域由采购人进行的招标投标应该遵循的程序,企业和投标的选择和审核,合同的缔结以及招标投标程序其他问题作出规定;

3. 对在与军事防卫和安全相关的公共采购的招标投标时应该遵循的程序,企业和投标的选择和审核,招标投标程序的排除,合同的缔结,招标投标程序的取消以及招标投标程序的其他问题包括在与军事防卫和安全相关的采购中要求保密,保密的一般规定,供应安全以及分合同采购的招标投标的特别问题做出规定;

4. 至5.(已废止);

6. 对下列程序做出规定:根据这种程序,公共采购人可以通过独立的审核人取得一份证明,证明其在招标投标中的行为符合本法以及根据本法制定的规定;

7. 根据1992年2月25日欧洲共同体部长理事会92/13号指令(《欧洲共同体公报》L76,第14页)第四章对自愿调解程序做出规定;

8. 对采购人、联邦经济和技术部长为履行欧洲共同体或者欧盟部长理事会诸指令所设定的义务而应当传送的信息做出规定;法规必须征得联邦参议院的同意;

9. 对采购人在饮用水供应、能源供应、交通领域的行为,以及采购人根据《联邦矿山法》可以免除适用这一部分规定的条件,同时也对包含联邦卡特尔局必要调查权限的适用程序做出规定。

第一百二十七a条　由部门规章、法规授权来规定鉴定和提供意见的费用

(1)基于本法第127条第9项公布的法规而进行的鉴定与提供意见,联邦卡特尔局可以收取费用(费用和预付款)作为行政费用的保证金。准用本法第80条第1款第3句,第2款第1句、第2句第1项、第3句、第4句,第5款第1句以及第6款第1句第2项、第2句和第3句。考虑到关于费用决定的控告可能性,准用第63条第1款和第4款。

(2)联邦政府可以在联邦参议院的同意下通过法规来规定收取费用的细节。简化执行程序应该提前规定。

第一百二十八条 在招标投标审核处进行的程序的费用

(1)招标投标审核处的职务行为应收取费用(费用和预付款),以弥补行政开支。适用1970年6月23日的《行政费用法》(BGBl. I S. 821)在2013年8月14日生效的版本。

收费不低于2500欧元;出于公平事由,可以将这一金额减免至十分之一。收费不应超过5万欧元,但在个别情况下,开支或经济意义特别重大的,可以将收费标准提高到10万欧元。

(2)在程序中败诉的当事人,应承担上述费用。多个费用债务人作为连带债务人承担责任。由于一个当事人的过错而产生的费用,可以由其承担。在招标投标审核处做出决定之前撤回申请或以其他方式终结程序的,申请人缴纳一半费用。在公平的衡量之后做出由谁承担费用的决定。出于公平事由,可以完全或部分减免收取费用。

(3)在审查程序中败诉的当事人,应承担被申请人为合理实现权利所必需支出的费用。当招标投标审核处出于公平让败诉方承担该费用时,被传唤人的费用可以退还。如果申请人撤回申请,则他要偿还被申请人和被传唤人为合理实现权利所必需支出的费用。准用《行政程序法》第80条第1款、第2款和第3款第2句以及各州行政程序法的相应规定。不分开进行费用确认程序。

第一百二十九条 委员会的校正机制

(1)如果联邦政府在缔结合同前的招标投标程序中收到欧盟委员会的通知,该通知的内容是:欧盟委员会认为,在公共采购领域存在严重违反共同体法律的情形而应被排除,那么联邦经济与科技部会将此通知采购人。

(2)采购人有义务在收到通知后的14日内,向联邦经济和科技部提交详细的事实说明,并陈述违反的情形是否已被消除或者解释为何不消除,招标投标程序是否是审查程序的对象或者出于其他的原因可以被推迟。

(3)如果招标投标程序是审查程序的对象或者它被推迟,那么采购人有义务不迟延的通知联邦经济和技术部审查程序的结果。

第一百二十九 a 条 审查机关的通报义务

招标投标审核处和州高等法院要在每年的1月31日之前通报联邦经济和科技部上一年度的审查程序的数量及其结果。

第一百二十九 b 条 《联邦矿山开采法》对采购人的规定

(1)根据《联邦矿山开采法》有权寻找或者开采石油、天然气、煤或者其他固体燃料的采购人,必须在货物采购、建筑工程采购或者服务采购的招标投标时遵守欧洲议会和欧洲理事会2004年3月31日颁布的2004/17/EG号指令第16条中为了协调饮用水供应、能源供应、交通和邮政业务领域(欧盟公报Nr. L317 S.34)的采购人确定中标而确定的寻找或开采石油、天然气、煤或者其他固体燃料的采购值(门槛值)的规定。邮政业务在委员会2007年12月4日颁布的2007/1422号条例(欧盟公报Nr. L317 S.34)中有所改变。特别的,采购人必须充分通知对该采购有利益的企业,给出采购的招标投标的客观标准。以上这些不适用于标的为能源或者产生能源燃料的采购的招标投标。

(2)采购人根据第1款向联邦经济和科技部之上的欧洲委员会提供关于这些规定中的采购的招标投标的情况时,必须满足委员会1993年5月13日颁布的93/327/EWG号决定中确定的前提。在这些前提下,使用地理上有限的区域为寻找或者开采石油、天然气、煤或者其他固体燃料的公共采购人要提供给委员会其招标投标的采购的情况(欧盟公报Nr. L 129 S.25)。采购人在法律规定的程序中,满足本法第127条第9项所规定的前提时可以免除适用该规定的义务。

第五编　本法适用范围

第一百三十条　公有企业,适用范围

(1)本法也适用于全部或部分属于公共部门所有或由公共部门管理或经营的企业。本法第19条、第20条和第31b条第5款不适用于公法上的各项收费。本法第一编至第三编的规定不适用于德意志联邦银行和复兴信贷机构。

(2)本法适用于一切在本法适用范围内产生影响的限制竞争行为,包括本法适用范围以外的原因所导致的限制竞争行为系。

(3)《能源经济法》的规定并不影响第19条、第20条和第29条规定的适用,以《能源经济法》第10条没有另外规定为限。

第六编　过渡性规定

第一百三十一条　过渡性规定

(1)本法第29条在2017年12月31日后不再适用。

(2)在2009年4月24日之前开始的招标投标程序,包括接着审查程序的招标投标程序以及在2009年4月24日仍然悬而未决的审查程序,根据当时有

效的规定直至程序结束。

(3)2011年12月14日之前开始的招标投标程序,根据当时有效的规定直至程序结束;这也适用于其后的招标投标程序的审查程序以及在2011年12月14日仍未判决的审查程序。

附件(第98条第4款)

在饮用水供应、能源供应或者交通领域的经营行为是:

1. 饮用水供应:

为饮用水的开采、运输、分配准备、经营固定的网络以及饮用水网络的供应;当行为与转移和净化污水或者水利工程计划以及灌溉和排水领域的计划有关,只要饮用水供应量超过包括计划或者灌溉或者排水的总水量的20%,这也同样适用。只要饮用水的开采对于其他饮用水供应或能源供应或交通行为是必需的,根据第98条第4项在公共网络中提供仅依赖于采购人的自己消费以及根据第98条第4项,在最近3年包括本年不超过采购人总饮用水开采量的30%,根据第98条第4项,采购人就没有进行饮用水供应的经营行为;

2. 电供应和天然气供应:

为生产、运输或者分配电或者开采天然气准备、经营固定的网络以及电或者天然气网络的供应;只要电或者天然气的生产是其他饮用水供应或者能源供应或者交通行为所必需的,在公共网络中提供电或者天然气只依赖于自己消费,提供天然气的目的只在于经济上使用生产结果,其判断基础为:根据第98条第4项过去三年包括本年中电的提供不超过采购人总能源生产量的30%,天然气的提供不超过采购人的销售额的20%,根据第98条第4项,采购人的行为就不能够视为电供应和天然气供应的行为;

3. 热能供应:

为生产、运输或者分配热能准备、经营固定的网络以及热能网络的供应;只要根据第98条第4项热能的生产是进行饮用水供应或能源供应或交通领域行为而必然产生的,在公共网络中提供的目的在于经济上使用生产结果,其判定基础为在过去三年包括本年不超过采购人销售额的20%,该行为就不能视为热能供应的行为。

4. 交通:

准备、经营机场的目的在于为运输企业通过机场企业提供航空运输,机场企业根据 2008 年 7 月 10 日公告版本的《航空运输允许条例》第 38 条第 2 款第 1 项获得了许可；

准备、经营港口或其他的交通设施的目的在于为运输企业提供海上或内河运输；

交通运输量的产生，为大众提供铁路、公路或其他有轨交通准备或者经营基础设施，准备、经营缆车以及自动系统，根据客运法在公共客运领域准备、经营公共汽车和无轨电车。

图书在版编目(CIP)数据

中德法学论坛. 第14辑. 上卷 / 方小敏主编. —北京:法律出版社,2017
ISBN 978-7-5197-1091-0

Ⅰ. ①中… Ⅱ. ①方… Ⅲ. ①法律—文集 Ⅳ. ①D9-53

中国版本图书馆CIP数据核字(2017)第172698号

中德法学论坛(第14辑·上卷)
ZHONGDE FAXUE LUNTAN (DI 14 JI · SHANGJUAN)

方小敏 主编

策划编辑 李峰沄
责任编辑 李峰沄
装帧设计 李 瞻

出版 法律出版社
总发行 中国法律图书有限公司
经销 新华书店
印刷 三河市龙大印装有限公司
责任校对 杨昆玲
责任印制 陶 松

编辑统筹 学术·对外出版分社
开本 720毫米×960毫米 1/16
印张 20.25
字数 308千
版本 2017年7月第1版
印次 2017年7月第1次印刷

法律出版社/北京市丰台区莲花池西里7号(100073)
网址/www.lawpress.com.cn
投稿邮箱/info@lawpress.com.cn
举报维权邮箱/jbwq@lawpress.com.cn
销售热线/010-63939792
咨询电话/010-63939796

中国法律图书有限公司/北京市丰台区莲花池西里7号(100073)
全国各地中法图分、子公司销售电话:
统一销售客服/400-660-6393
第一法律书店/010-63939781/9782 西安分公司/029-85330678 重庆分公司/023-67453036
上海分公司/021-62071639/1636 深圳分公司/0755-83072995

书号:ISBN 978-7-5197-1091-0 **定价**:68.00元
(如有缺页或倒装,中国法律图书有限公司负责退换)